Opere di Osho pubblicate da Feltrinelli

IL MESSAGGIO ILLUMINATO DEL BUDDHA
La mente che mente (2006)
La saggezza dell'innocenza (2007)
L'avventura della verità (2008)
Una risata vi risveglierà (2010)
Il mondo è in fiamme (2010)
L'intuizione della realtà (2012)
Il tempo che non conosce tempo (2014)

LO ZEN COME METAFORA DELLA VITA
La danza della luce e delle ombre (2011)
Il sentiero si crea camminando (2013)
L'eterno contrasto (2014)

IL GIARDINO CINTATO DELLA VERITÀ
Discorsi sul mistico sufi Hakim Sanai
Scolpire l'immenso (2011)
Lo specchio nel cuore (2016)
Il velo impalpabile (2016)

ALTRE OPERE
Cogli l'attimo (2009)
Su la testa! (2013)
Pioggia a ciel sereno (2015)
Segreti e misteri dell'eros (2015)

OSHO
Il quarto elemento dell'amore

Visioni, intuizioni e bagliori
per crescere insieme

Traduzione e cura di Anand Videha

Titolo dell'opera originale
THE FOURTH ELEMENT OF LOVE e altri testi di Osho sul tema
© 1979, 2013 International copyright by Osho International Foundation
osho.com/copyrights
All rights reserved

© 2016 Italian translation copyright by News Services Corporation, Arona (NO)

Traduzione dall'inglese e cura di ANAND VIDEHA

Revisione di MA ANAND TEA PECUNIA

Copyright su licenza per l'edizione italiana
© 2016 Giangiacomo Feltrinelli Editore Milano
Prima edizione nell'"Universale Economica" – ORIENTE marzo 2017
Seconda edizione febbraio 2018

OSHO, OSHO Active Meditations, OSHO Talks sono marchi registrati di proprietà della Osho International Foundation usati su licenza
osho.com/trademarks

Per l'immagine di copertina:
Copyright © & Photo courtesy by Osho International Foundation

Si ringraziano Shanti Yuki, Leela Waduda, Deva Prisha, Antar Urjas, Eugenio, Sahaja, per la preziosa collaborazione

Stampa Nuovo Istituto Italiano d'Arti Grafiche - BG

ISBN 978-88-07-88929-5

I testi di Osho sono tratti da diversi suoi discorsi. Tutti i discorsi di Osho sono pubblicati come libri, come eBook o sono disponibili nel formato audio originale; e questi diversi formati sono disponibili su osho.com
Per un elenco completo, consultare la Online OSHO Library su osho.com/library. Qualsiasi utilizzo del materiale protetto da copyright e dei marchi registrati privo dell'espressa concessione scritta del proprietario è strettamente vietato.

www.feltrinellieditore.it
Libri in uscita, interviste, reading, commenti e percorsi di lettura.
Aggiornamenti quotidiani

razzismobruttastoria.net

Premessa dell'Autore
Risvegliarsi all'amore

Si tramanda un aneddoto che non smette di stupire:

> Il grande filosofo tedesco, il professor Von Kochenbach, una notte vide in sogno due porte: una si apriva direttamente sull'amore e sul paradiso, l'altra si apriva su un auditorium in cui si teneva una lezione sull'amore e sul paradiso.
> Von Kochenbach non ebbe esitazioni: si precipitò ad ascoltare la lezione!

La storia è davvero significativa. È una leggenda, ma non così irreale. Rappresenta la mente umana: più interessata al sapere che alla saggezza, più interessata all'informazione che alla trasformazione; più interessata a conoscere qualcosa su dio, la bellezza, la verità, l'amore che a *sperimentare* il divino, la bellezza, la verità, l'amore.

La mente umana è ossessionata dalle parole, dalle teorie, dai sistemi di pensiero, ma è del tutto ignara dell'esistenziale che ti circonda; ed è l'esistenziale – l'esperienza – che può renderti libero, non il sapere, non la cultura.

Questa storiella rappresenta la mente di ciascuno di voi. Però ieri, mentre leggevo un libro di due filosofi, Silvano e James A. Arieti, *Love Can Be Found* (Puoi trovare l'amore, 1977 – *N.d.T.*), con mia sorpresa ho visto che la citavano. Ovviamente, speravo che ne ridessero, e ne criticassero il principio; invece, con mio grande stupore ho letto che la difendevano, sostenendo che quel professore fece la cosa giusta!

Anziché varcare subito la porta dell'amore e del paradiso, è entrato nell'auditorium in cui si svolgeva una lezione sull'amore e sul paradiso! Naturalmente la lezione era tenuta da un altro professore... e i due filosofi scrivono che quel professore fece la scelta giusta. Come mai? Il ragionamento degli autori è questo: se non sai nulla dell'amore, come potresti conoscerlo? Se prima non hai alcuna notizia del paradiso, come potresti entrarci immediatamente?

In superficie, il ragionamento appare logico: prima devi familiarizzarti con l'idea di ciò che è il paradiso, solo a quel punto potrai entrarci. Prima devi possedere una mappa: la cultura ti dà quella mappa. È un ragionamento logico, tuttavia è stupido. È logico soltanto in apparenza: in profondità manca di qualsiasi intelligenza.

Non hai bisogno di avere informazioni sull'amore, poiché non è qualcosa che sta all'esterno di te: l'amore è l'essenza stessa del tuo essere. È già in te, devi solo permettergli di fluire. Il paradiso non è un luogo all'esterno del tuo essere; se lo fosse, avresti bisogno di una mappa per raggiungerlo. Tu *sei* già in paradiso, ti sei soltanto addormentato: hai unicamente bisogno di risvegliarti.

Un risveglio può accadere immediatamente, un risveglio può essere subitaneo; di fatto, il risveglio può essere *soltanto* improvviso! Quando svegli qualcuno, non si sveglia lentamente, a porzioni, gradualmente. Non accade che si svegli prima al dieci per cento, poi al venti, poi al trenta, poi al quaranta, poi al novanta, poi al novantanove e infine al cento per cento. No! Quando scuoti una persona addormentata, si sveglia immediatamente: è sveglia o è addormentata, non c'è alcun intervallo tra i due stati.

Per questo motivo il Buddha ha detto che l'illuminazione è un'esperienza improvvisa; non è graduale, non la raggiungi facendo un passo dopo l'altro. Non puoi dividerla in parti: l'illuminazione è indivisibile, è un'unità organica. Sei illuminato o non lo sei.

Tuttavia l'essere umano è rimasto – e rimane – aggrappato alle parole: sono parole vuote, prive di significato, parole che sono state pronunciate da persone ignoranti, come voi. Forse erano persone colte, ma la cultura non dissipa l'ignoranza.

Sapere cos'è la luce non significa riuscire a dissipare le tenebre: potresti sapere sulla luce tutto ciò che è conoscibile nel mondo, potresti possedere una biblioteca che contiene soltanto trattati sulla luce... ebbene, tutto lo scibile della tua biblioteca non riuscirebbe a dissipare le tenebre. Per dissiparle ti occorre una semplice candela; sarà quella a compiere il miracolo!

Sfogliando l'*Enciclopedia Britannica*, con mia grande felicità ho scoperto che non contiene alcun articolo sull'amore. È stata una grande intuizione! Di fatto, è impossibile spiegare a parole l'amore: puoi amare, puoi essere innamorato, puoi perfino diventare l'amore stesso, tuttavia è impossibile scrivere qualcosa sull'amore. L'esperienza è talmente sottile e le parole sono così grossolane!

Le parole hanno creato divisioni nell'umanità. Qualcuno crede in alcune parole vuote di significato e si definisce hindu; altri credono in altre parole vuote di significato e si definiscono ebrei; qualcun altro si definisce cristiano; e altri ancora si definiscono musulmani... e via di seguito. E tutti credono in parole vuote, senza aver mai sperimentato nulla personalmente. Non è stata la tua esperienza personale a determinare il tuo essere hindu, ebreo o musulmano: sono convinzioni che hai preso in prestito dagli altri e tutte le convinzioni prese in prestito sono futili, fasulle, fallaci.

Eppure gli uomini hanno sofferto moltissimo a causa delle parole: alcuni credevano nel *Talmud*, altri nel *Tao Te Ching*, altri ancora nel *Dhammapada*... perciò si sono criticati a vicenda, hanno discusso, hanno lottato e non solo: si sono anche uccisi tra di loro. La storia intera gronda sangue nel nome di dio, nel nome dell'amore, nel nome della fraternità, nel nome dell'umanità.

Ebbene, si può continuare a discutere all'infinito di tutte queste cose...

Un professore francese e un professore americano parlavano tra di loro.
Il professore francese disse: "Ci sono cento posizioni per fare l'amore".
L'americano obiettò: "Ce ne sono cento e una!".
La discussione si accese immediatamente, al che l'americano disse: "Elencami le tue cento, poi io ti elencherò le mie cento e una!".
Il francese non si fece pregare e descrisse nei dettagli le cento posizioni che conosceva. La centesima consisteva nello stare appeso a un lampadario e nell'avere un rapporto con l'orecchio della donna!
Quando venne il suo turno, l'americano iniziò dicendo: "La prima posizione è questa: la donna giace supina e l'uomo sta sopra di lei".
Al che il professore francese esclamò: "Mio dio! Non ho mai pensato a una posizione simile! Hai ragione tu: le posizioni sono cento e una. Non è necessario che mi elenchi le altre cento, sono proprio cento e una. Non avevo mai sentito parlare di questa posizione, non l'ho neppure mai immaginata. Voi americani siete proprio il massimo!".

Questi professori, questi studiosi hanno dominato l'umanità e l'hanno distratta dalla naturalità dell'esistenza, dalla vita semplice. Hanno reso le vostre menti sofisticate, acute, furbe, scaltre, sapienti; ma hanno distrutto in voi l'innocenza e la meraviglia. E sono proprio l'innocenza e la meraviglia a dare vita al ponte che ci collega all'immediato... e ciò che è immediato è anche l'Assoluto, ricordalo.

La tua mente è piena di parole vuote. Voi tutti continuate a parlare e non siete neppure consapevoli di ciò che state dicendo. Quando usi la parola "dio" sai cosa significa? Come potresti saperlo, senza aver conosciuto il divino? Questa parola è vuota, la parola in sé non ha alcun significato: il significato deve scaturire dalla tua esperienza.

Dopo aver conosciuto il divino, la parola "dio" diventa luminosa – è luminosa, è un diamante –, ma non sapendo nulla del divino, la parola "dio", che qualcun altro ti ha insegnato, è simile a un comune sasso, senza colore, senza luminosità, senza traccia di luce.

Puoi continuare a portarla con te, è solo un peso, un gravame opprimente... puoi continuare a trascinartela dietro. Non ti darà le ali, non ti darà leggerezza e non ti aiuterà in alcun modo ad avvicinarti al divino. Di fatto, sarà un ostacolo, un impedimento. Infatti, più pensi di sapere tutto su "dio", solo conoscendo la parola "dio", meno investigherai nella realtà del divino che è l'esistenza.

Più aumenterà il tuo sapere e più diminuirà la tua possibilità di imbarcarti nell'avventurosa ricerca della verità del divino. Se già sai, che bisogno hai di ricercare, che bisogno hai di investigare? Hai già ucciso la tua domanda; senza aver trovato la soluzione, senza aver ottenuto la risposta: l'hai solo presa in prestito dagli altri; ma le risposte altrui non possono essere le tue.

Il Buddha è giunto a conoscere ma, quando parla, le sue parole non possono portare con sé la sua esperienza; quando partono dal suo cuore sono ricolme di luce, sono ricolme di una danza sublime. Quando ti raggiungono, sono ottuse, morte. Puoi anche accumulare le sue parole e puoi pensare di possedere un grande tesoro; invece non possiedi niente, possiedi soltanto parole vuote di significato.

Un Buddha vuole che tu sia consapevole di questo fenomeno, poiché comprenderlo è importantissimo. Se non ti liberi dalle parole vuote e superficiali, non comincerai mai il tuo viaggio di ricerca. Se non ti liberi dal sapere, da tutta la tua cultura, se non getti via tutte le informazioni acquisite, se non torni innocente come un bambino, ignorante come un bambino, la tua ricerca sarà futile, superficiale.

E qual è il criterio? Qual è la parola luminosa? Qual è la parola ricolma di fragranza? È quella che porta la pace, che non proviene mai dall'esterno: è la sottile e ferma e quieta voce del tuo cuore. *Quella* parola risuona nei recessi più profondi del tuo essere, è il suono del tuo stesso essere, è il canto della tua stessa vita.

Non devi cercarla nelle sacre scritture, non devi cercarla nei discorsi appresi da altri, la troverai soltanto nella tua interiorità; la troverai solo nella meditazione, nel silenzio più profondo. Allorché tutto il sapere preso in prestito ti avrà lasciato e sarai solo; quando avrai bruciato tutte le sacre scritture e sarai solo. Quando non saprai più niente, quando le tue azioni sgorgheranno dal tuo stato di non sapere... allora sentirai la tua voce interiore, poiché si sarà spento in te tutto il clamore, il rumore del sapere... allora potrai udire la tua ferma, flebile e sottile voce interiore! E avvertirai un'unica parola... è una sola parola: il suono *Aum*.

Nell'istante in cui entrerai nel tuo essere, rimarrai sorpreso nello scoprire che c'è un unico suono: *Aum*. I musulmani l'hanno udito come *Amin*: è *Aum*; i cristiani l'hanno udito come *Amen*, è sempre *Aum*. Di conseguenza, tutti: cristiani, musulmani, hindu, giainisti, buddhisti, terminano le loro preghiere con *Aum*.

È inevitabile che la preghiera finisca con *Aum*, in quanto ti rende sempre più silenzioso... alla fine non rimane in te nient'altro che *Aum*. Le sacre scritture hindu terminano tutte con "*Aum, shanti, shanti, shanti... Aum*, pace, pace, pace". Questo è l'*Aum*.

Il criterio per giudicare se l'hai udita davvero, oppure se hai solo preteso di udirla, o se hai soltanto immaginato di udirla, è questo: quella parola è portatrice di pace.

All'improvviso sei colmo di pace, una pace mai conosciuta prima.

La pace è qualcosa di gran lunga più elevato rispetto alla felicità, poiché la felicità è sempre seguita dall'infelicità; è sempre un continuo alternarsi di poli opposti, di felicità e infelicità. Come il giorno si alterna alla notte, la felicità si alterna all'infelicità.

Se sei pessimista, puoi contare le notti; se sei ottimista, puoi contare i giorni: questa è la sola differenza nelle persone.

Alcune dicono: "Ci sono due giorni e una notte tra i due giorni": sono gli ottimisti.

Altre dicono: "Ci sono due notti e un solo giorno tra le due notti": sono i pessimisti.

In realtà tutti sono in errore. Ogni notte ha il proprio

giorno e ogni giorno ha la propria notte: esiste una parità. C'è parità tra tutti i poli opposti; ed è così che l'esistenza rimane equilibrata.

Se oggi sei felice, aspettati l'arrivo dell'infelicità per domani. Se oggi sei infelice, non preoccuparti: la felicità è proprio dietro l'angolo.

È inevitabile che sia così, poiché la natura è equilibrata.

La pace è molto più elevata rispetto alla felicità. Il Buddha non l'ha chiamata beatitudine, proprio per questo motivo: potresti chiamarla beatitudine, in realtà lo è... il Buddha ha evitato la parola beatitudine poiché, dandole questa denominazione, la gente immediatamente sottintende "felicità".

La parola "beatitudine" trasmette alla gente l'idea della felicità assoluta, di una felicità immensa, incredibile. Nella mentalità della gente, la differenza tra la felicità e la beatitudine consiste solo nella quantità: è come se la felicità fosse una goccia e la beatitudine fosse l'oceano. Per la gente comune la differenza è soltanto nella quantità, laddove non è la differenza di quantità che fa la differenza. Solo una diversa qualità *può fare* la vera differenza.

Per questo motivo, il Buddha ha scelto la parola "pace", invece di "beatitudine". Egli ha parlato di "pace" e la pace dà alla tua indagine, alla tua ricerca, una direzione del tutto diversa. Pace significa: assenza di felicità e assenza di infelicità.

Anche la felicità è uno stato rumoroso, uno stato di tensione, di eccitazione.

Ti sei mai osservato a fondo? Non puoi rimanere in uno stato di felicità molto a lungo poiché, dopo un po', ti innervosisci, ti senti stanco e annoiato da quella condizione. Certo, riesci a tollerare lo stato di felicità fino a un certo punto, oltre il quale ti diventa impossibile.

Quanto a lungo puoi continuare ad abbracciare la tua donna? Certo, per alcuni momenti è bello, estatico... ma per quanto tempo? Un minuto, due minuti, trenta minuti, un'ora, un giorno, due giorni? Per quanto tempo? La prossima volta, prova a osservarti e riuscirai a notare il momento in cui la felicità si trasforma in infelicità.

Quando vuoi conquistare una donna, ti senti totalmente attratto, soggiogato. Le donne intuiscono il tuo stato, di conseguenza fanno di tutto per sfuggirti dalle mani.

Restano evasive, non si rendono prontamente disponibili. Le donne sono consapevoli, intuitivamente consapevoli – non intellettualmente – del fenomeno, sanno che tutta questa attrazione sparirà in fretta, tutto questo grande amore morirà in breve tempo. Ogni cosa muore, ogni cosa che sia nata è destinata a morire.

In questo senso, le donne sono molto più intelligenti: ti evitano, fuggono; ti permettono solo una certa dose di intimità, poi si allontanano da te. In questo modo ravvivano il gioco, altrimenti finirebbe troppo presto.

Qualsiasi felicità dura solo per un certo lasso di tempo, oltre il quale si trasforma nel suo opposto: diventa infelicità, amarezza.

Pace significa andare oltre l'eccitazione sia della felicità sia dell'infelicità, trascendere entrambe.

"Pace" è uno stato di salute interiore, di integrità interiore, grazie al quale non torturi gli altri, né torturi te stesso; non dai peso né alla felicità, né all'infelicità. Tutto il tuo interessamento è rivolto semplicemente all'essere totalmente silenzioso, calmo, quieto, raccolto, integro.

Certo, quando avrai lasciato perdere la tua mente... e con mente si intende tutto il tuo passato, tutto il tuo sapere e tutte le nozioni che hai accumulato. La mente è il tuo tesoro sottile, è la tua proprietà impalpabile; quando l'avrai lasciata alle spalle e te ne sarai allontanato, quando sarai entrato in uno stato di assenza della mente, in te discenderà una grande pace: è silenzio, ed è colma di beatitudine; il Buddha ha evitato questa parola, io invece non la evito affatto.

Il Buddha *fu costretto* a evitarla, poiché i suoi contemporanei parlavano molto di beatitudine. Se ne parlava troppo!

Il Buddha deve aver sentito che era meglio non usare quella parola; era diventata troppo ortodossa, troppo convenzionale, troppo conformista. E poiché era stata abusata, aveva perso il suo significato, il suo sapore, la sua intensità e la sua bellezza. Ma oggi possiamo risuscitarla, visto che ai tempi nostri nessuno parla di beatitudine.

Comunque, che tu la chiami pace, oppure beatitudine, è irrilevante. Devi solo comprendere una cosa: *quello* è ciò che ti conduce oltre ogni dualismo. Giorno e notte, estate e inverno, vita e morte, dolore e piacere, amore e odio; *quello* ti conduce oltre ogni dualismo. Ti conduce oltre ogni fenomeno di dissociazione, oltre ogni schizofrenia: ti conduce verso l'unità interiore.

È uno stato semplice, melodioso e armonioso, della tua salute interiore, della tua assennatezza interiore. Ed è sufficiente *una parola*; qualcosa il cui significato ti tocca profondamente.

I Buddha sono poeti di un tipo assolutamente diverso...

Ascoltare un Buddha è come ascoltare una musica divina; è come ascoltare il divino stesso. Un Buddha è dio che si è reso visibile, è il divino che si è reso disponibile. Un Buddha è una finestra sul divino, è un invito dal trascendente.

Ci sono Shakespeare, Milton, Kalidas, Bhavbhuti e migliaia di altri poeti. Costoro sono dei sognatori, grandi sognatori e i loro sogni sono bellissimi; ma questi poeti non possono trasformare il tuo essere.

Possono farlo Maometto, Cristo, Krishna, il Buddha, Kabir, Nanak, Farid; certo, costoro possono trasformare il tuo essere.

Qual è la differenza tra un poema di Kabir e uno di Shakespeare? Dal punto di vista dell'arte poetica, Shakespeare è migliore, ricordalo, poiché Kabir non sapeva niente dell'arte di poetare. Shakespeare è molto sofisticato, tuttavia un solo verso di Kabir ha più valore dell'intera opera poetica di Shakespeare: poiché anche una sola parola di Kabir emana dalla sua intuizione e non dalla fantasia. Questa è la differenza!

Kabir ha chiarezza interiore, ha occhi che riescono a vedere nel trascendente. Shakespeare era cieco, come lo siete tutti voi; naturalmente, era abilissimo nel tradurre in parole la propria fantasia. La sua è arte meritevole di rispetto che, al massimo, può essere un intrattenimento; può tenerti piacevolmente occupato, ma non ha alcuna possibilità di generare in te una trasformazione. Perfino Shakespeare non era un essere trasformato, come potrebbe trasformare gli altri?

Soltanto un Buddha, solo colui che si è risvegliato, può risvegliarti. Shakespeare era addormentato come lo sei tu; forse ancor più profondamente, visto che ha fatto sogni così belli! Il suo sonno interiore doveva essere inevitabilmente profondo poiché, non solo ha fatto sogni bellissimi, ma li ha anche cantati; ha tradotto in parole i suoi sogni, eppure il suo sonno interiore non si è interrotto.

Il Buddha è un essere risvegliato; e solo colui che si è risvegliato è in grado di risvegliarti.

E in che modo riuscirai a comprendere di essere vicino a un Buddha? La sua stessa presenza porterà in te una pace che ha il sapore del trascendente.

Perché accompagnarsi a me? Fatelo solo se la mia presenza genera in voi la pace. Fatelo solo se, ascoltandomi, nella vostra interiorità inizia a vibrare una corda generatrice di pace. Rimani con me solo se il tuo amore per me ti aiuta a trascendere il mondo dei dualismi. Se non ti accade nulla di tutto ciò, è inutile che tu stia qui con me.

La mia presenza non può essere utile a tutti. Può essere utile solo a pochi eletti; solo a coloro che sono arrivati a me spinti realmente da una sete, dalla ricerca; solo a coloro che sono pronti a rischiare tutto per conoscere il divino: soltanto a chi è pronto a morire per conoscere la verità, a chi è pronto a sacrificarsi, posso essere utile... E la vittoria consiste nella pace. Quando la pace ti inonda, interiormente ed esteriormente, quando trabocchi di pace, sei arrivato a casa; hai conquistato te stesso, sei un maestro.

Quella è l'unica vittoria che non può esserti portata via.
Ricorda: è davvero tuo solo ciò che non potrà esserti tolto.

Qualsiasi cosa possa esserti sottratta non è un tuo possesso: non aggrapparti a cose simili poiché, se ti aggrapperai, ti creeranno infelicità.

Non essere possessivo con tutto ciò che potrà esserti tolto, poiché la tua possessività ti creerà angoscia. Convivi solo con ciò che ti appartiene veramente, che nessuno può toglierti; qualcosa che non può esserti rubato e che non ti può essere scippato; qualcosa che non possa mai finire in bancarotta... neppure la morte potrà toglietela!

Quando il tuo corpo brucerà sulla pira funeraria, andrà in fumo, ma tu non sarai affatto arso: se avrai conosciuto te stesso, se avrai compreso cosa sia questa consapevolezza presente in te, se avrai conquistato la tua consapevolezza, il tuo corpo brucerà e si ridurrà in cenere, ma il tuo essere non sarà bruciato; il fuoco non lo sfiorerà neppure! Tu esisterai per sempre: *tu sei eterno*. Ma potrai conoscere la tua eternità, soltanto quando sarai diventato padrone di te stesso.

Non sciupare il tuo tempo nel dominare, nel voler fare da padrone agli altri; oppure nella conquista di potere, prestigio... non cercare di conquistare il mondo, conquista te stesso! L'unica cosa che vale la pena conquistare è il proprio essere!

Prendi contatto con la tua confusione

Osho spiega che la mente è simile a una macchinetta che produce chiacchiere a non finire. E quella mente chiacchierona rende praticamente sordi e insensibili; incapaci di ascolto, elemento fondamentale e fondante per un buon uso di questo libro.

Prima di avvicinarsi al testo, si consiglia, dunque, di prendere coscienza del proprio chiacchierio interiore.
Lo si può fare utilizzando questo semplice esercizio, da praticare nella quiete della propria stanza, da soli...

In Oriente, i grandi detti dei maestri sono stati chiamati "sutra", fili conduttori, per un motivo ben preciso.

Quando nasce, ogni essere umano è simile a un mucchio di fiori; è solo un mucchio. Se non avrà un filo conduttore, se non attiverà un filo che scorre attraverso quei fiori, riunendoli, il mucchio rimarrà tale e non diventerà mai una ghirlanda.

I detti dei maestri sono chiamati sutra, fili conduttori, poiché possono trasformarti in una ghirlanda. E solo quando sarai diventato una ghirlanda, potrai offrirti al divino; solo quando sarai diventato un cosmo, un'armonia, un canto.

Adesso sei soltanto un mucchio di chiacchiere prive di qualsiasi senso, è un accumulo sconclusionato.

Prova a mettere per iscritto i tuoi pensieri... siediti in camera tua; chiudi la porta e scrivi su un foglio tutto ciò che ti passa per la mente.

Non correggere, non cancellare e non aggiungere niente, poiché non mostrerai il tuo scritto a nessuno. Tieni accanto a te una scatola di fiammiferi, così, quando avrai finito di scrivere, potrai bruciare immediatamente quei fogli; in questo modo puoi essere autentico.

Scrivi semplicemente tutto ciò che ti passa per la mente e rimarrai sorpreso: dopo soli dieci minuti di questo esercizio, comprenderai ciò che intendo quando affermo che sei soltanto un mucchio di chiacchiere sconclusionate.

Constatare, diventare consapevole di come la mente salti di qua e di là, da un argomento all'altro, casualmente e senza motivo, è davvero una grande rivelazione; osserva quali e quanti pensieri del tutto privi di senso, percorrono la tua mente, pensieri privi di importanza, inconsistenti... è un puro e semplice spreco, un'inutile dispersione di energia!

Ed è proprio questo continuo chiacchierio che impedisce di ascoltare, sebbene non si sia sordi. E ricorda... udire non è sufficiente, l'ascolto richiede una comunicazione silenziosa.

Per fare spazio all'ascolto, ma anche per non tirarsi dietro tanto, forse troppo, pattume, Osho suggerisce di sfogare quel chiacchierio. E il metodo più semplice, da lui utilizzato fin dai primi Campi di Meditazione, è il gibberish. *Tutti coloro che l'hanno sperimentato sono rimasti stupiti dall'efficacia nel ripulire la mente da ogni sorta di accumulo.*

Il metodo è semplice. Si tratta di parlare in qualsiasi lingua sconosciuta, riversandovi ogni sorta di follia, così che venga sfogata ed espulsa dall'organismo.

Osho ha chiarito: "Ricorda di evitare assolutamente qualsiasi lingua che conosci, perché quella lingua non potrà portarti a sfogare tutte le assurdità che si annidano dentro di te, rimarresti legato alla struttura grammaticale".

Il gibberish *ha anche la capacità di aiutare a rompere la nostra abitudine solidificata a verbalizzare continuamente: un continuo borbottare che persiste ormai dentro ognuno di noi, come un ininterrotto rimuginare.*

E per dare una diversa rotta alla propria vita – ma anche per tornare a riposare la notte – Osho ha consigliato di concludere la giornata con questo esercizio, prima di andare a dormire, soprattutto se si ha un sonno disturbato o se al mattino ci si sveglia intorpiditi.

La cosa importante è fare un vero e proprio gibberish *– ovvero, esprimersi in una lingua che non si conosce – un semplice uso di suoni vocali non sarà di alcuna utilità!*

Ogni sera, prima di andare a dormire, prova questa tecnica, è semplice ma ti potrà aiutare enormemente.

Spegni la luce, siediti sul letto, pronto per dormire, ma resta seduto per quindici minuti. Chiudi gli occhi, e inizia a ripetere monotonamente un qualsiasi suono senza senso, per esempio: "La, la, la..." e aspetta che la mente ti fornisca altre parole.

Devi solo ricordare una cosa: quelle parole non devono appartenere a nessuna delle lingue che conosci. Se sai l'inglese, il tedesco, l'italiano, non devono essere in quella lingua. Qualsiasi altra lingua che non conosci è permessa: tibetano, cinese, giapponese. Ma se conosci il giapponese, allora scegli parole in italiano. Parla in una qualsiasi lingua sconosciuta!

Per qualche secondo, ti troverai in difficoltà, ma solo il primo giorno: come puoi parlare una lingua che non conosci? Puoi farlo e, una volta che inizierai, qualsiasi suono, qualsiasi parola senza senso servirà a spegnere il conscio, e permetterà all'inconscio di parlare...

Quando l'inconscio parla, non conosce linguaggio alcuno. Si tratta di un metodo antichissimo: viene dall'Antico Testamento. A quell'epoca era chiamato "glossolalia", e alcune chiese americane lo usano ancora, lo definiscono "parlare in lingue"; è un metodo meraviglioso, uno dei metodi più profondi e penetranti, per ciò che concerne l'inconscio.

Inizia con: "La, la, la...", poi prosegui con qualsiasi cosa affiori in te. Solo il primo giorno, ti sentirai un po' in difficoltà; quando prenderai familiarità, capirai il trucco.

Dunque, per quindici minuti, usa le parole che affiorano in te, e usale come fossero un linguaggio comune; di fatto, stai parlando con quelle parole.

In questo modo, il conscio si rilasserà profondamente.

Dopo quindici minuti, sdraiati semplicemente, e va' a dormire. Il tuo sonno diventerà più profondo e, nel giro di qualche settimana, sentirai che è sceso in profondità: al mattino ti sentirai davvero fresco e riposato; e durante la giornata non avvertirai più alcun torpore.

Prefazione
Destinazione infinito, quieora!
di Anand Videha

> L'insieme delle figure [del discorso amoroso] è come un *canovaccio*: ciascuno lo completa con la lana sua.
>
> ROLAND BARTHES, *Il discorso amoroso*,
> Mimesis/Filosofie

Questo libro è iniziato – inizia, inizierà – con il primo sguardo sull'abisso che noi tutti lanciamo venendo al mondo: quei tre secondi tremendi – indicibili, abbacinati, accecanti – che precedono il primo vagito sono il punto di origine ideale. Tuttavia, per molti questo libro vedrà il suo inizio con l'ultimo sguardo che ci attende, quando l'esistenza ci catapulterà nell'abisso ignoto dove la vita sembra proseguire. E per alcuni fortunati quell'inizio verrà colto al volo... tre secondi prima del grande balzo, in tempo forse per comprendere qualcosa che può mutare il destino prossimo venturo.

Per tutti il primo sguardo rimane lo sfondo dal quale trarremo, passo dopo passo, ciò che ci occorre per dare un senso e un valore alla nostra vita; l'ultimo riassumerà il nostro vissuto e lo metterà a confronto con ciò che abbiamo – o non abbiamo – intessuto; molto probabilmente attivando le comprensioni che ritmeranno i nostri passi ulteriori nell'infinito viaggio cui diamo il nome di esistenza.

Ma l'infinito che ci attende – e che i mistici di ogni epoca e Paese riconoscono essere la nostra vera natura, nonché la nostra essenza – aleggia sempre e comunque intorno a noi, ansioso di solleticare un'attenzione che, consciamente o inconsciamente, noi stessi ricerchiamo. Magari definendola "un attimo di quiete", liberi da una routine che ci fagocita, ci imprigiona, e chiede di essere permanentemente attivi e connessi.

Si può dunque dire che questo libro inizia nei tre secondi che ogni giorno, all'improvviso, ci catapultano in uno spontaneo uscire dal tempo – stanchi dei tanti ingranaggi che sembrano imporci una vita sempre più priva di significato – per immergerci in un senso di pienezza e in una calma assoluta, fattori indispensabili per ricostruire la propria integrità, sentirsi vivi ed entrare in quel "presente del presente", altrimenti detto ***intuizione***, che è la dimensione dell'appagamento, della realizzazione, ma anche delle infinite possibilità.

Tre secondi che nessuno si può far mancare nell'arco della giornata e di nuovo nel cuore della notte, altrimenti non saremmo vivi: quella boccata di vita è assolutamente indispensabile, di tanto in tanto.

Tre secondi generati dall'inevitabile bisogno di tirare un sospiro di sollievo; oppure attivati da qualcosa in cui ci si perde – un'alba, un tramonto, un panorama particolarmente coinvolgente; ma anche il nostro semplice esistere... altro ancora, che ciascuno può divertirsi a scoprire e annotare.

Tre secondi che possono anche essere l'incontro di due sguardi per quell'attimo di troppo, un istante in cui si disintegrano le infinite ragioni che fanno di noi degli estranei e al tempo stesso si rivela la segreta potenzialità che anima la nostra esistenza.

A quella potenzialità viene dato il nome di amore, senza che ancora si sia riusciti a definirla o a definirlo: in quanto tale, infatti, può solo essere assimilabile alla materia oscura che sembra comporre quasi il novanta per cento della massa presente nell'universo; una totalità, insomma, il cui senso – dicono i saggi – si scoprirà solo diventando un nulla, ovvero annullandosi in quell'immensità, con totalità.

Una cosa non facile e non scontata, semplicemente possibile; ciò non toglie che a tutti quei tre secondi di troppo offriranno un'opportunità d'incontro che con il tempo può diventare uno specchio in cui riflettersi e grazie al quale riflettere, così da prendere coscienza di sé, e vedere dove ci si trova nel lungo viaggio della vita; e quel relazionarsi diverrà una scuola per capire ciò che si è, al di là di ciò che crediamo o vorremmo; ma soprattutto aiuterà a comprendersi al di là di schemi, stereotipi, pregiudizi, idee e sentito dire comunemente condivisi, permettendo di evolvere in quanto individuo responsabile di sé e del proprio agire.

I consigli e i metodi presentati in questo libro aiutano a vedere e fermare quell'attimo, ma anche a coltivarlo così da ampliare quei secondi di ***presenza consapevole*** e generare un ritmo interiore che permetta di acquisire spessore, un maggior e miglior equilibrio, una capacità di comprensione e di visione più ampia con cui gestire diversamente la nostra vita.

Una cura di sé che sarebbe meglio attivare da subito, in nome di un amore più grande, il più semplice e il più ignorato: quello per se stessi. Infatti, l'amore inteso come relazione richiede la nostra presenza e una partecipazione che può solo essere frutto della familiarità con se stessi, della capacità di sentire e di ascoltare – facoltà che senza una precisa attenzione non si possono sviluppare; ed è necessaria un'intima sintonia con il mistero che permetta di accogliere l'ignoto che un'altra persona rende manifesto.

Come prima cosa, il libro suggerisce quindi in che modo ***fare chiarezza*** dentro di sé. E spiega cosa coltivare per rafforzare la propria armonia interiore; per esempio la solitudine, così da non arrivare impreparati al momento in cui ci si ritroverà soli – intimamente soli – ad affrontare quei tre fatidici secondi, nei quali si verrà catapultati nell'occhio di un vero e proprio ciclone, da sempre chiamato innamoramento, in cui tutto di noi verrà stravolto, travolto, innalzato e scaraventato chissà dove.

Per quanto possa sembrare paradossale, l'istante in cui il nostro sguardo si perde nello sguardo dell'altra persona è un istante di estrema solitudine. Si è soli e nudi, indifesi e privi delle abituali protezioni... l'altro ancora non è entrato in gioco, potrebbe ritrarsi, negarsi o, peggio ancora, invaderci! Oppure noi potremmo ritrarci, negarci, oppure invadere... e nulla di ciò che era il nostro mondo fino a un attimo fa ci può garantire, rassicurare, proteggere.

Il coraggio necessario per scegliere di uscire dal proprio guscio e tuffarsi non lo si inventa lì, sui due piedi. E può essere facilitato da una familiarità con se stessi e con l'esistenza; aiuta, infatti, a vedere quell'incontro come un'immensa potenzialità e spinge a un balzo che ci cambierà per sempre.

Si potrebbe obiettare che l'amore ha in sé qualcosa di meccanico, essendo in realtà "frutto" di un programma strategico, funzionale alla conservazione della specie, inscritto nel nostro codice genetico. Come tale dipende da due ormoni "arcaici" – l'ossitocina e la vasopressina – di cui un antenato regola la riproduzione nel lombrico, e ha una durata ben precisa che addirittura è stata quantificata: tre anni!

Ma è proprio la cura di sé ad aggiungere una variabile che la natura non ha incluso nel patrimonio donatoci, un "fuori programma" che fa la differenza tra noi e gli altri animali... l'opportunità che ci rende una specie in evoluzione, sempre che lo si scelga. E proprio questo chiama in causa il fattore X, cui per comodità daremo il nome di *consapevolezza*, senza cercare di definirla.

Altri diranno che per molti, forse per tutti, si tratta soltanto di una pulsione sessuale, colorando la parola con giudizi di colpa che ne fanno – ancora !? – qualcosa di peccaminoso, di morboso, di moralmente esecrabile. In questo caso, il suggerimento è mettere da parte inutili conflitti, privilegiando una semplice evidenza: ognuno di noi, proprio grazie all'atto sessuale, ha avuto la possibilità di venire al mondo; adesso la vera questione è scegliere cosa fare di questa opportunità, magari dando uno sguardo agli infiniti orizzonti che quell'energia dai molti nomi dischiude.

In questo senso, *il libro è un punto di svolta*, l'opportunità di mettere da parte moralismi tanto atavici quanto obsoleti, uscire da schemi dettati dalla psicologia di massa, senza sostituirli con altri e aprirsi invece alla vita, diventandone testimoni ed espressione; incamminandosi così verso quello che rimane e sempre sarà il nostro vero destino: essere se stessi e conoscere se stessi.

Ciò che può fare la differenza è racchiuso in un'altra parola che ricorrerà spesso nel testo: ***esperienza***. Un termine da non sottovalutare che implica un "passare attraverso" e chiama in causa sia ciò che si vive, sia l'elaborazione di quel vissuto, ma soprattutto spinge a prestare attenzione al processo di comprensione che porta ad assimilare le tante sollecitazioni del quotidiano.

In questo senso, è bene tener presente che poco di ciò che viviamo ogni giorno può essere catalogato come esperienza reale; vuoi perché perlopiù ci si protegge e ci si tiene a distanza, vuoi perché mascherato e reso artificiale da morali o tradizioni che ora e sempre impediscono una reale connessione con la realtà. Inoltre, oggi esiste un ulteriore fattore di alterazione, che va visto e compreso per evitare pericolosi effetti collaterali: non può essere definita "vissuta" una vita trascorsa all'interno di una realtà sempre più virtuale, nella quale si è perennemente connessi, ovvero aperti a una continua ricezione di informazioni e di dati; qualcosa che moltiplica la percezione di possibilità, di idee, di ideali – e soprattutto di vite altrui – riducendo però nella stessa proporzione i tempi di assimilazione e di elaborazione che danno valore di esperienza al nostro vissuto.

Ancora non sono state realmente valutate le conseguenze di una dipendenza eccessiva dall'incredibile innovazione tecnologica che segna la nostra epoca, di certo se si aspira a una vita reale, è bene fare attenzione ad alcuni pericoli, forse non così evidenti; tra questi, l'atrofia dell'esperienza e l'inevitabile superficialità che la nuova agorà sollecita. Per equilibrare queste e altre distorsioni, è sufficiente rispettare una priorità inderogabile: *darsi sempre un tempo per essere*, così da sedimentare ed elaborare quanto ci giunge dal mondo come stimolo e come sollecitazione.

Non va infatti dimenticato che la vera esperienza è data dall'affiorare in noi di intuizioni improvvise, è frutto del permettere la gestazione e lo schiudersi in noi di qualcosa che all'inizio non ha nome, né ha una forma... ed è proprio lasciando esistere quella vibrazione che si fa suono e poi voce, fino a germogliare in una forma, per poi fiorire e sprigionare una fragranza magari ignota fino a quel momento, che ci sentiamo realizzati. In sintesi, esperienza è ciò che sentiamo, è un sottile pulsare con il cuore dell'universo; è cercare di avvicinare e fondere la scintilla che ci anima con la silenziosa armonia che muove l'intero universo.

Un mistero che un libro non potrà mai rivelare, né lo si dovrebbe mai cercare in un libro. Meglio prendersi in mano e iniziare a sgombrare il terreno, dando alle categorie della mente il posto che spetta loro, e affinare altre facoltà – finora tenute in secondo piano, se non ignorate –, in grado di cogliere il senso profondo e più ampio di ciò che accade, di trarre insegnamento dagli eventi cruciali, di beneficiare degli incontri che scandiscono la nostra giornata.

In questo modo, vivere non si ridurrà a girare e rigirare nello stesso solco fino all'esaurimento delle proprie forze. Piuttosto diventerà un movimento a spirale, un diverso modello creativo che la natura già utilizza proficuamente; in questo modo, tra l'altro, diventa possibile *accettare l'errore*, senza doverlo necessariamente ripetere. Al momento opportuno, si attiverà in noi una comprensione che ci farà vedere un'apertura in grado di fare la differenza.

È così che l'idea di una prospettiva "trascendente" si può fare strada dentro di noi, come preziosa intuizione. Ed è proprio nella scelta di aprirsi – o di non chiudersi –, nella capacità di includere il nuovo, il diverso, una potenzialità inattesa... in breve di accettare l'ignoto come fattore determinante della vita, che l'amore potrà crescere divenendo qualcosa in continua rigenerazione.

Meglio però non farsi prendere da aspettative, evitare di porre qualcosa come un fine e non dare nulla per scontato... insomma, *godersi il viaggio*! E uno dei segreti che il libro rivela è noto a tutti i bambini, ed è alla base della loro vitalità irrefrenabile: *giocare*, *divertirsi* sono gli ingredienti fondamentali di una vita realmente vissuta. In quel puro sprizzare energia da ogni poro si rivelano lo splendore e la meraviglia di essere semplicemente vivi... ed è lì che qualcosa accade.

L'arte sarà riportare nel proprio quotidiano quella preziosa realizzazione. A ciascuno spetterà decidere in che modo non perdere quella connessione, e non limitarla a tre casuali secondi! Di certo, aver scoperto quanto può essere prezioso e fondamentale un guizzo di consapevolezza faciliterà la scelta di ampliare la propria presenza attenta al resto della giornata.

E il fascino che oggi sembra accompagnare l'importanza di una vita consapevole – tutti ne parlano! – suggerisce una segreta comprensione collettiva che qualcosa non va: tutti, ciascuno singolarmente, stiamo ignorando qualcosa; viviamo all'insegna di un eccessivo non detto, non vissuto, proprio perché assenti a noi stessi; l'analfabetismo emotivo e l'incapacità di esprimere il proprio sentire che ne conseguono stanno creando una frattura che per molti è già voragine. Un disagio che si amplifica al punto da aver generato una sindrome detta "metabolica", che può essere curata solo dando spazio a comprensione e armonia dentro di noi.

Purtroppo, non è semplicemente sovrapponendo una nuova facciata al proprio caos che tutto si può risolvere. Questa è la vera diversità che fa la differenza rispetto ad altre proposte meditative. Osho, infatti, spiegava: "Per arrivare fino a me, hai percorso una strada; anche per essere ciò che sei, hai fatto un cammino... che ora devi fare a ritroso, se vuoi tornare a casa".

Il senso della ricerca che vuol suggerire questo incredibile maestro di realtà è racchiuso in questa comprensione, e per ciascuno il viaggio sarà diverso: fondamentale diventa rendersi conto che qualcosa di veramente prezioso è andato perduto nel tentativo di adattarsi, di trovare un posto nel mondo, di essere accettati, di essere amati... e soprattutto rendersi conto che la vita è qualcosa di ben diverso da tutto ciò che abbiamo costruito intorno alla nostra essenza, spesso tradendo proprio noi stessi e il nostro sentire. Forse è tempo di lasciarsi fiorire, anche perché proprio il profondo rispetto di sé metterà fine al nostro essere perennemente sballottati da antiche e nuove onde: sperimentarlo cambierà di per sé il corso delle cose, e ci chiarirà il vero motivo del nostro essere al mondo.

Sarà quindi solo l'esperienza a ritmare quel viaggio: *pochi piccoli passi fatti all'insegna della consapevolezza* permetteranno di fare altri pochi passi... e poi altri ancora, lungo una rotta che non può essere tracciata, essendo per sua natura indefinibile; e soltanto quel viaggiare – rispondendo momento per momento a ciò che la vita ci mette di fronte – porterà a *sentirsi* finalmente in armonia, a proprio agio, *a casa*.

La semplice lettura potrebbe dare qualche bagliore, ma sarebbe bene non farne un ideale. Diventerebbe una fuga dalla realtà che comunque obbligherà alla fine a confrontarsi con quanto si è cercato di evitare in modo così maldestro!

Pertanto, possiamo dire che questo libro inizia allorché si sceglie di sperimentare ciò che Osho suggerisce. Ecco perché si è deciso di orientare il testo verso una proposta di tracce, spunti differenti, suggerimenti immediati, espedienti estemporanei – alcuni da praticare nell'immediato, anche interrompendo la lettura, così da sollecitare intuizioni, stimolare la connessione con se stessi, attivare capacità come l'osservazione e l'ascolto, sciogliere qualcosa che frena, inibisce e distorce qualsiasi messaggio. *Vivere per esperienza*, insomma, così da cogliere gli infiniti bagliori improvvisi che ci aprono alle nostre potenzialità, dando forma e sostanza a ciò che implica "essere umani".

Osho non ha mai proposto filosofie o stili di vita "ideali", piuttosto provoca e sollecita, impedendo a questo insieme di stimoli di diventare una dottrina, con cui rimboccare i propri sogni e rafforzare il sonno della propria coscienza. Troppo di ciò che viviamo rafforza già le mura di una caverna psicologica dalla quale è necessario uscire, in realtà, se si vuole iniziare a vivere!

La differenza tra le tante prediche e gli innumerevoli predicatori è sostanziale: per Osho è chiaro che nell'individuo è presente la risposta, la verità, la vita... occorre solo provocare quel divino scontento che ci rende tutti stranieri in terra straniera, estranei anche a noi stessi, potenziali outsider alla ricerca della propria casa.

Da qui una proposta esistenziale che parrebbe contraddittoria, in quanto alterna una sollecitazione alla *fiducia* con l'invito a *dubitare* – e a dubitare fortemente. Ricorda che la *pazienza* è fondamentale, per poi suggerire di non tardare troppo e smettere di inseguire speranze il cui unico risultato potrà solo essere il disincanto. Parla di determinazione e di leggerezza, di gioco e di impegno, di totalità e di non essere seri, di assenza di giudizio e di fermezza... aiutando a capire che il significato di tutte queste parole non è propriamente quello che si può trovare su un comune dizionario; occorre trovarlo dentro di sé, esattamente nella propria esperienza.

Sarà quell'intima comprensione a fare la differenza e a dare spazio e vita a ciò che in questo mondo, così come esiste attualmente, è andato perduto. Ma, attenzione: la verità è che lo si continua a perdere – e proprio in questo istante – solo perché *non lo si vuole vedere*. Qualcosa in noi insiste a negarlo, malgrado le più sorprendenti evidenze!

Ecco perché soltanto la propria – singola e individuale – voglia di sperimentare permetterà a questo libro di prendere forma e di nascere, uscendo dalle pagine e sostanziandosi nella nostra vita.

Per ciascuno sarà qualcosa di diverso, e cambierà momento per momento: potrebbe essere ritrovare la propria voce interiore, l'incontro con le proprie paure o con la rabbia, il confronto con limiti e confini autoimposti, lo schiudersi di un seme, la percezione di una fragranza, l'esplosione silenziosa di un'intuizione indicibile, la creazione di qualcosa che renda manifesto il mistero percepito, la capacità di rispondere e smettere di reagire, l'accettazione di un inizio, di un nuovo inizio o di una fine, l'accogliere l'abisso dentro di sé o il perdersi in quell'abisso... di certo in quel vissuto va ricercata la vera traccia che aprirà la strada a ulteriori e nuovi accadimenti, che permetteranno a questi contenuti di rinnovarsi – di apparire sotto una nuova luce

– via via che una nuova nascita o un'altra rinascita amplificheranno il mistero dell'esistenza, portandoci a viverne prospettive sempre rinnovate e mai definitive.

Per questo, ma anche perché è inevitabile, il libro rimane solo e unicamente un inizio, che ci si augura possa essere "un nuovo inizio" per quanti lo avvicineranno e ne faranno tesoro. Rimane dunque il consiglio di non leggerlo con la fretta di finirlo, sperando di trovare risposte alle infinite e indefinite domande che la vita e l'amore – inteso in senso lato, ampio e totalizzante: dal semplice innamoramento alle affinità elettive, dal sesso all'estasi suprema – generano, né vuole essere una panacea ai drammi e ai tormenti che quell'inevitabile e imperscrutabile percorso scatena.

Di certo è un invito, ed è un suggerimento a fare di se stessi un laboratorio e ad attivare ciò che permette di vivere una vita reale: potenzialità latenti, facoltà sotto usate, sensi finora limitati e limitanti. Tutto questo si scoprirà passo dopo passo, inutile e impossibile anticipare di più... neppure il primo passo potrà essere lo stesso per tutti: ognuno dovrà muoversi in base al proprio sentire, sollecitato dai testi.

Il consiglio è di *iniziare ad agire*, accogliendo qualsiasi sollecitazione: se qualcosa risuona come interessante o stimola all'esperienza, è bene smettere di leggere. In quel momento, mettere da parte il libro per sperimentare è la cosa migliore da fare; così da riprendere la lettura con un'apertura diversa rispetto alla semplice concettualità. E provando i singoli espedienti o una delle tecniche, è bene non limitarsi a un assaggio: se qualcosa interiormente si smuove, meglio persistere, permettendo così al metodo di operare.

In questo senso, si potrebbe dire che il libro non ha alcun inizio e, soprattutto, non ha una fine. Lo si può anche leggere partendo dall'indice, scegliendo proprio qualcosa di esperienziale. In sé queste pagine non sono altro che un andare a zonzo, costellando ciò che abbiamo definito come "il quarto elemento dell'amore" – ovvero, la consapevolezza –, qualcosa che echeggia ciò che il Buddha disse duemilaseicento anni fa, e che Osho ha riproposto così:

"Esiste un interrogativo assoluto, che ci accompagna e al quale nessuno è mai riuscito a dare una risposta; si tratta di un interrogativo assoluto, in quanto non esiste risposta alcuna. Qualsiasi filosofia, qualsiasi teologia, ogni misticismo alla fine arriva a toccare questo interrogativo... e non vi è risposta possibile.

Dobbiamo semplicemente accettare questo mistero: noi siamo nati nell'ignoranza e in noi abbiamo la possibilità intrinseca di dissolvere questa ignoranza e diventare consapevoli. Noi siamo nati nell'infelicità, ma con un potenziale intrinseco di superare qualsiasi miseria, di trascendere ogni infelicità, di diventare estasi, di essere beatitudine. Noi siamo nati mortali, ma con la possibilità di andare al di là della morte, nell'immortalità.

Se però ti fermi a chiedere dove ha origine la morte, in che modo entra in gioco l'ignoranza, dove nascono la miseria e l'infelicità, poni un interrogativo assoluto: a questo non esiste risposta. Le cose stanno semplicemente così. Tale è la natura delle cose; questa è l'espressione del Buddha: '*Tathata*, questo è lo stato di fatto delle cose'.

Tuttavia, in quel contesto, il Buddha si è avvicinato moltissimo. Infatti ha detto: '*L'ignoranza non ha inizio, ma ha una fine. La consapevolezza ha un inizio, ma non ha fine*'. In questo modo ha completato il cerchio, riconoscendo che è meglio non chiedere nulla sull'inizio dell'ignoranza, e non chiedere nulla sulla fine della consapevolezza. Queste due cose rimarranno per sempre un mistero.

Se fosse stato chiesto a me, avrei risposto: 'Non lo so', poiché questa è la risposta più sincera. Implica semplicemente che si tratta di un mistero. A quell'interrogativo assoluto si può rispondere soltanto con l'innocenza, non con l'intelligenza: solo una persona innocente può rispondere; qualcuno che non si preoccupa della rispettabilità, che non vuole dare prove di saggezza, non si preoccupa neppure dell'illuminazione... solo costui può rischiare il tutto per tutto a favore della propria sincerità.

'Non lo so' è l'unica risposta autentica; infatti ti dà il senso di essere arrivato all'Assoluto: ora inizia il mistero, qualcosa di irrisolvibile. Non c'è modo di ridurlo a sapere. Non è un ignoto che si potrà arrivare a conoscere grazie allo sforzo, all'intelligenza, alla pratica, alla disciplina, a un qualsiasi metodo, a un rituale.

Il mistero può solo essere vissuto, ma non lo si può conoscere. Resta perennemente inconoscibile. Resta per sempre un mistero.

Forse nessuno di noi ha mai scrutato a fondo in alcunché, nessuno va alla radice delle cose; altrimenti, in base a ciò che ho compreso personalmente, tutto sarebbe indefinibile, poiché tutto è in effetti misterioso. Non si tratta solo della bellezza, del bene, dell'ignoranza o della consapevolezza: tutto, l'intera esistenza consiste unicamente di elementi indefinibili. Riconoscerlo, significa riconoscere la nostra suprema ignoranza. E per arrivare a riconoscere la propria ignoranza assoluta, occorre essere assolutamente privi di un sé, occorre avere un'innocenza priva di qualsiasi ego.

Certo, grazie alla consapevolezza puoi trasformare la tua avidità, la tua rabbia, tutti i tuoi veleni in nettare. Tutte le tue malattie mutano e diventano la tua salute; ciò che era fonte di schiavitù, diventa la tua libertà. Occorre solo introdurre consapevolezza nell'oscurità del proprio essere.

Questo è vero. Ed è anche vero che, se tagli qualcosa alle radici, l'intero albero muore. E le radici della tua schiavitù, della tua cecità, della tua oscurità sono la tua mente: se tagli le radici della mente... e le radici della mente si trovano nel tuo identificarla con te stesso.

Quando sei in collera, dici: 'Sono arrabbiato'. Ecco la radice! Se fossi veramente consapevole, non lo diresti; diresti: 'Vedo la rabbia attraversare la mia mente'; se riesci a dirlo, sei un osservatore, sei consapevole, sei un testimone... E la radice viene tagliata.

Essere un testimone – un semplice osservatore – significa tagliare le radici stesse ed essere liberati da ogni schiavitù frutto dell'identificazione. È qualcosa di risolutivo... anche se non è la risposta a quell'interrogativo assoluto. Ed è sufficiente una cura elementare, semplicissima: osserva la tua mente, e ogni cosa si conclude. Sembra incredibile... ma è proprio ciò che accade ogni notte: puoi aver sognato di essere sulla luna o sulla stella più lontana... Ma al mattino, svegliandoti, semplicemente svegliandoti, tutti quei sogni scompaiono.

La stessa cosa accade a un uomo che si risveglia, illuminandosi.

Il solo modo per uscire da ogni trappola è... *svegliarsi*!

Non occorre altro. Non occorre cambiare la propria rabbia, non occorre cambiare la propria avidità, non occorre trasformare alcunché. Si deve essere semplicemente attenti e presenti, svegli e consapevoli. In questo caso, tutte le proiezioni dovute all'avidità, tutte le proiezioni dovute alla rabbia, tutte le proiezioni dovute al proprio ingannarsi, evaporeranno; nello stesso modo in cui, al mattino, tutti i tuoi sogni sfumano.

Le tue azioni, le tue emozioni, i tuoi pensieri sono formati dalla stessa sostanza di cui sono fatti i sogni. Dunque, questo metodo sembra troppo semplice; per una mente razionale è inconcepibile che possa risolvere ogni cosa. Ma è così: il semplice osservare la propria mente trasformerà ogni cosa e porterà a scoprire la propria essenza di Buddha, la propria bellezza suprema, la gioia innata, l'assoluto che è l'esistenza, l'estasi più sconfinata.

Tutti coloro che hanno ricercato nella consapevolezza umana concordano totalmente su un punto: tutte le vostre infelicità e tutte le vostre felicità, tutta la vostra tristezza e tutta la vostra gioia, non sono altro che proiezioni. Affiorano dalle profondità del vostro inconscio, e l'altro – ciò che voi considerate l'elemento scatenante – è soltanto uno schermo sul quale vengono proiettate.

Nella tua vita accadono cambiamenti incredibili e improvvisi: l'amore si tramuta in odio con estrema facilità. Eppure, ancora non sei consapevole che entrambe sono tue proiezioni.

Ma queste non sono realtà a cui si deve cercare una risposta, perché la vita è un mistero. Si può arrivare solo fino a un certo punto, poi ci si deve lasciare alle spalle la mente e si deve entrare nell'esistenza: là nessun interrogativo è rilevante, nessuna risposta sarà mai possibile; però ti puoi godere l'esperienza all'infinito... e io sono del tutto favorevole all'esperienza, non al sapere!

Ecco perché questa è la mia risposta all'interrogativo assoluto: 'Non lo so'. E vorrei ricordare anche a voi, allorché vi trovate di fronte a quell'interrogativo assoluto, di non ingannarvi e di non ingannare altre persone. Accettate semplicemente la vostra innocenza, dite con umiltà: 'Non lo so'.

Non è una questione di ignoranza, si tratta di consapevolezza; siate consapevoli che la vita è un mistero, è un miracolo. Lo si può assaporare, ma non si può dire nulla su quel sapore: non è definibile, ed è questo che rende maestosa l'esistenza; ma è qui che tutti gli scienziati e tutti i filosofi hanno fallito. Questo è l'unico punto in cui tutti i mistici hanno avuto successo".

Come inizio, potresti scegliere di utilizzare l'esperimento appena suggerito da Osho: *per qualche minuto* prova a osservare semplicemente, **sii semplice osservazione**... ti avvicinerai alla lettura attivando qualcosa dentro di te che può davvero fare la differenza.

Sistema la tua posizione sulla sedia, fai un bel respiro di sollievo, a bocca aperta – se questo può renderlo più liberatorio – e porta l'attenzione allo sguardo. Lascia che spazi in lontananza e rendilo sfuocato dentro di te; nel frattempo respira in modo naturale... poi chiudi gli occhi e rimani presente per qualche minuto a quel semplice osservare, adesso privo di un qualsiasi oggetto.

Esercitati, nell'arco della giornata, magari quando ti senti troppo travolto dagli eventi; puoi anche farlo prima di iniziare a leggere: porterai nella lettura una modalità di presenza che renderà più chiaro ciò di cui Osho parla.

In questo modo i suggerimenti diventeranno cura di sé, l'invito diverrà un amore partecipe per se stessi, conoscersi sarà un progressivo lasciar andare ciò che altri hanno detto o dicono e inizieremo a vivere per ciò che siamo!

Il primo passo, davvero rivoluzionario, è non permettere più che siano gli altri a definirci; *comprendere e comprendersi* è l'avvio dell'unica vera rivoluzione – una rivoluzione interiore – oggi indispensabile per troncare alla radice la lunga marcia della follia che ci vede tutti partecipi e, per quanto latente, ha in noi il suo punto di origine; in quanto porta a nutrire un certo modo di *non essere* al mondo, e dunque di ferirlo!

Adesso è tempo di rinascere... non ritardare più questo incontro con te stesso e con il seme di consapevolezza che in te anela a germogliare.

Avvertenza e dichiarazione di non responsabilità

Questo libro si propone come un percorso di risveglio delle proprie potenzialità.

Coltivare la scintilla che ci rende umani, presente in ciascuno di noi, è una responsabilità e un compito esistenziale inderogabile.

Questo implica prendersi cura di sé con la giusta attenzione e fare la scelta giusta. Proprio per questo, qualora ci si rendesse conto della presenza di squilibri tali da alterare il normale funzionamento dell'organismo, a livello fisico o mentale, la vera scelta consapevole da fare è consultare un medico o un professionista competente.

Pertanto, è inteso che nessuno dei consigli, degli insegnamenti o dei metodi qui suggeriti presuppone l'interruzione di una cura, né vuole sostituire la diagnosi e/o le prestazioni di un medico, di uno psichiatra o di uno psicoterapeuta. Si consiglia quindi a chiunque abbia disagi, problemi fisici, medici o psicologici conclamati, di rivolgersi prima a un medico o a uno psicoterapeuta in grado di suggerire quali analisi fare e stabilire la giusta diagnosi.

Questo libro non dev'essere considerato un'alternativa alla normale medicina o alle prescrizioni mediche in corso o necessarie per riequilibrare il proprio organismo. Nel caso, tutti i suggerimenti dati possono e devono essere discussi e ragionati con il proprio medico che sicuramente sarà in grado di spiegare come applicarli in base alle circostanze, ai disturbi o alle malattie specifiche conclamate.

Inoltre, qualora durante una sperimentazione amatoriale e diretta ci si rendesse conto di disagi o disturbi fino a quel momento ignorati, è importante non sottovalutarli e rivolgersi subito a un professionista competente per vagliare lo stato delle cose e scegliere poi come procedere, così da affiancare l'utilizzo di queste tecniche con un intervento qualificato e puntuale.

Infine, alcune delle meditazioni richiedono un'attività fisica molto energica, se per un qualsiasi motivo un utilizzo troppo vigoroso del corpo può preoccupare o rendere insicuri sugli effetti possibili sulla propria salute, oppure mettere a rischio in qualche modo il proprio organismo, a causa di fragilità conclamate, prima di praticare quei metodi si consiglia di consultare il proprio medico.

Come usare questo libro

"L'amore è un fiume. In realtà, l'amore non è vero, se non è un fiume: è energia in movimento, energia che danza e fluisce. L'amore non può essere stagnante; se lo è, muore. La sua esistenza dipende dal fluire, dal movimento.

L'amore esiste nel costante fiorire. Non lo si può ridurre a un nome, rimane un verbo; purtroppo, questo è uno dei problemi delle nostre lingue: abbiamo ridotto ogni cosa a un nome, perfino quelle che non possono esserlo.

L'amore è essere amorevoli. Non è un nome, è l'attività dell'essere in amore. Non è qualcosa di completo e concluso: è qualcosa in cammino, sempre in viaggio, un movimento verso una stella lontana, remota; è una speranza, un sogno, ma non è mai un oggetto. Non lo puoi manipolare, non lo puoi muovere a tuo piacimento, non lo puoi governare; e questo perché, quando è presente, ne vieni travolto: è qualcosa di simile a un'inondazione.

Purtroppo noi abbiamo fatto la stessa cosa con tutto: la parola 'fede' è sbagliata, perché è diventata un nome; 'essere fiduciosi' è la cosa giusta. L'uomo ha modificato le sue esperienze dando loro un nome, e l'ha fatto per un motivo ben preciso: così diventano definibili – esiste un inizio e una fine – puoi tracciare dei confini intorno a loro.

In questo modo la mente può creare un concetto e stabilire di cosa si tratta; così la mente può etichettare. Invece, quando qualcosa fluisce e nessuno può mai sapere cosa accadrà tra un attimo, quando qualcosa cambia momento per momento, quando si tratta di un flusso... la mente è persa, disarmata, impotente. Se qualcosa non può essere etichettata, se non la si può definire, non può diventare un concetto; e la mente prova un profondo imbarazzo con tutto ciò che è così misterioso.

La mente tenta in continuazione di demistificare ogni cosa presente nella vita, e in molti campi ci è riuscita. Ha demistificato tutto ciò che è bello e tutto ciò che ha valore, adesso l'uomo è annoiato; la noia di cui l'intera umanità soffre è dovuta alla mente: ha demistificato ogni cosa, adesso non è rimasta più alcuna eccitazione, nessun'estasi.

Il mio lavoro consiste in questo: ricambiare i nomi in verbi – amore in essere amorevoli, la fede nell'essere fiduciosi, perfino fiume in fiumeggiare. E nel momento in cui tutto questo diventa chiaro, la tua vita inizierà ad assumere nuove colorazioni, avrà una nuova fragranza.

In te nascerà una gioia immensa, perché adesso ogni istante sarà una sorpresa. Ogni attimo sarà inaspettato e imprevedibile, e quando la vita non è prevedibile ecco che si ha estasi ed eccitazione. Anziché noia ci saranno picchi di entusiasmo. La tua vita sarà un perenne straripare e tu sarai sempre in contatto con l'esistenza nella sua essenza."

L'intento che ha accompagnato la stesura di questa antologia non è dare risposte, né si vogliono consigliare modelli di comportamento. Tutto ruota intorno a poche parole: sperimentare con metodo; infatti, come Osho ha sempre suggerito: "Per sperimentare qualcosa di spirituale occorre trasformare se stessi in un laboratorio; queste sono cose che è necessario conoscere partendo dall'interno del proprio essere".

Nessuno sa e nessuno potrà mai dire quale sia la singola trama che ciascuno intesse, rendendo la propria vita ciò che è in questo momento. Solo il diretto interessato è chiamato in causa, e sarà lui a decidere come leggere questo libro; e cosa è meglio per lui sperimentare.

Osho ha sempre dato un suggerimento interessante, per orientare la propria scelta, soprattutto all'inizio: "Pratica qualsiasi meditazione da cui ti senti attratto, con cui ti senti a tuo agio, che avverti ti fa sentire bene; perché non è affatto necessario torturarsi. Ricorda l'affermazione di Chuang-tzu: 'Ciò che è facile è la cosa giusta'. Trova quindi una meditazione che sia facile per te, agevole, che ti faccia sentire estatico; e che ti coinvolga senza che tu debba fare alcuno sforzo. Dovrebbe essere praticamente un rilassamento, un riposarsi".

E ricorda: se decidi di sperimentare, trova poi con regolarità lo spazio e il tempo per prenderti cura di te. Per quanto semplice e facile possa essere il percorso, è necessaria un po' di continuità per assaporare qualche beneficio e portare armonia nel tuo disordine interiore.

Un primo esperimento

Per avere un'idea di cosa si intende, puoi utilizzare l'esperimento suggerito nella prefazione: sono sufficienti dieci minuti.

Ritirati in un luogo in cui sei sicuro di non essere disturbato, prendi dei fogli di carta e inizia a scrivere, lasciando fluire qualsiasi cosa affiori nella tua testa; fatti coraggio e non pensare a ciò che stai scrivendo, lascia che sia una libera espressione, non inibire nulla – al termine potrai bruciare questi fogli, se vuoi che nessuno li veda.

In questo caso, usa questa scrittura spontanea per mettere a fuoco eventuali tematiche che magari ti assillano senza che te ne renda conto. Alla fine, rileggi ed evidenzia ciò che senti primario e cerca nell'indice – che abbiamo reso il più analitico possibile – ciò che potrebbe aiutarti ad affrontare quel problema.

La cosa più importante è avere il coraggio di portare alla luce tutto ciò che abbiamo sempre trattenuto, represso, negato. E, qualora si trattasse di traumi complessi, come già detto è consigliabile ricorrere a qualcuno con le giuste competenze che ti aiuti a fare chiarezza ed elaborarle al meglio.

Sull'utilizzo delle tecniche

Osho ha introdotto una novità nella scienza dell'anima che da sempre accompagna l'umanità nella sua lunga avventura: non è l'uomo che si deve adattare al metodo, ma è il metodo che si deve adattare all'essere umano. In questo senso, ciascuno può spaziare all'interno di un'ampissima gamma di proposte, privilegiando davvero ciò che ritiene essergli consono.

In realtà, qualsiasi cosa può diventare meditazione, se si applicano tre fattori che attivano in noi una presenza consapevole: uno stato rilassato, un semplice osservare e l'assenza di qualsiasi giudizio o valutazione.

In questo stato di presenza ci si connette con ciò che l'Oriente conosce come "il proprio volto originale: quello che avevi prima di nascere e che avrai dopo essere morto". È uno sguardo oltre l'evidenza, non strutturato in alcuna logica, al di là del bene e del male, non bloccato da cultura e sapere: vivere partendo da quella percezione di sé cambia radicalmente la vita!

Attivare questa percezione originaria richiede un profondo rilassamento. Per questo, qualora ci si rendesse conto che il caos interiore è tale da impedire di lasciarsi andare, è bene non ignorarlo e beneficiare dei metodi di Meditazione Attiva ideati da Osho – come spiegato nella Parte prima – proprio per corrispondere a questa peculiarità dell'uomo moderno, a suo dire "il tipo di uomo più artificiale che mai sia esistito finora".

Nel caso in cui si scegliesse una di queste tecniche, è importante ricordarsi di non alterarla e assimilare bene le istruzioni, per permetterle di avere efficacia.

Il percorso suggerito

Il percorso qui suggerito si fonda su una traccia ben precisa che prevede all'inizio un riconoscimento di ciò che si è, seguito da un'intima accettazione – libera da qualsiasi giudizio – della propria situazione, così da permettere un intervento capace di integrare le parti di sé alla deriva, consentendo a quell'energia vitale "resuscitata" di entrare in azione.

Il libro ha una sua linearità che include diversi passaggi inevitabili, può quindi essere letto e sperimentato come un processo che permette di toccare i singoli fattori al momento giusto.

Seguendo questo percorso, si consiglia di tenere sempre la lettura in secondo piano: i metodi suggeriti potrebbero richiedere una sosta. Sarà proprio l'esperienza ad avvicinare al testo con uno sguardo sempre più limpido e una mente più serena, in una parola: ricettivo.

Non si ripeterà mai a sufficienza l'importanza di essere onesti con se stessi. Nello specifico, qualora l'esperienza rendesse consapevoli di particolari blocchi, è bene non negarsi l'attenzione e il lavoro necessari per elaborarli e scioglierli... ignorare, fingere e continuare a leggere non è la cosa giusta da fare!

Nei metodi suggeriti come propedeutici, uno degli intenti è permettere l'esperienza di sé come "pura energia vitale"; è un passo importante, perché sgombra il campo interiore dal tanto pattume che nostro malgrado abbiamo accumulato e che altera la nostra percezione della realtà pura e semplice, così com'è.

A quel punto, si potranno utilizzare altri metodi per consolidare un'intimità con se stessi, per attivare un rispetto di sé, per ritrovare la propria voce interiore e soprattutto per essere fedeli a se stessi e non tradire più il proprio sentire.

È nel viaggio la meta!

Nell'insieme, questo libro non ha alcuna finalità che non sia imparare a godersi il viaggio, vedere ciò che siamo nel momento e gioire semplicemente di *questo istante*: dalla gioia e dalla pienezza con cui si vive l'attimo presente, sicuramente nascerà qualcos'altro... ancora più totale ed estatico.

È davvero sconsigliato avvicinare questi testi come fossero "verità rivelate", meglio sarebbe prendere i diversi brani come ipotesi da elaborare alla luce della propria comprensione, lasciando che sia questa a crescere; lavorare perciò su di essa, per rafforzarla. Altrimenti si continuerà a trascurare proprio quello che Osho cerca di sollecitare... ovvero, un risveglio della propria essenza.

Rispettando questa priorità, procedere nella lettura si accompagnerà a un progressivo aprirsi, a un graduale sprigionarsi delle proprie aspirazioni più segrete, cui Osho darà voce. Allora diventerà più facile avvicinarsi all'amore con occhi diversi dalla semplice fame biologica e l'incontro con la persona amata avrà connotazioni e qualità più ampie; quantomeno esisteranno un'apertura e una disponibilità che permetteranno di crescere in amore, dando e soprattutto imparando a ricevere.

Qualcuno potrebbe obiettare che l'insieme di questi testi è un modello troppo elevato... un altro motivo per ricordare che questo percorso non è affatto proposto come un ideale a cui uniformarsi: avere di fronte a sé la montagna non vuol dire essere arrivati in cima! D'altra parte, avere a disposizione delle semplici tracce rende possibile trovare il proprio sentiero verso la vetta e iniziare a incamminarsi... saranno i singoli passi, lo sperimentare momento per momento a portare un po' più in là, più oltre e più su! E in quel lento procedere diventerà possibile raggiungere altezze e prospettive un tempo impensate e impensabili.

Il fatto che Osho tratteggi sublimi panorami sconfinati apre l'occhio della nostra consapevolezza alla loro esistenza, e questo è di per sé qualcosa di fondamentale, sebbene non sufficiente... se ci si limita a leggere! In ogni caso, è proprio lo spirito del tempo che sollecita ad avere fiducia negli uomini e nelle donne oggi chiamati a comprendere e a comprendersi fuori da schemi, tradizioni, modelli e, perfino, appartenenze di genere. È la vita che chiede di essere vissuta... oggi più che mai!

"Il semplice ascoltare ciò che dico può intrattenervi, ma non vi potrà mai dare alcuna serenità. Il semplice ascolto vi darà parole, mai la verità. La verità e la quiete si possono ottenere solo se ci si incammina in un viaggio, fatto in prima persona.

Qualsiasi cosa abbia detto, non è previsto che vi limitiate ad ascoltarla, *occorre praticare*, è necessario sperimentare. Se qualcosa di ciò che dico ti risuona, usa il tuo buonsenso e la tua intelligenza e fai un primo passo. Mille testi sacri non sono nulla, se paragonati a quel singolo passo fatto in prima persona, direttamente. Non preoccuparti del viaggio, non arrovellarti sul fatto che la strada sia lunga; per quanto lunga sia la strada, per quanto distante sia la meta, la si raggiunge soltanto passo dopo passo."

Vedendo in prospettiva l'esperimento che viene suggerito, può essere prezioso e utile **tenere un diario di bordo**, dove registrare ciò che accade, appuntare ciò che affiora, annotare regolarmente ciò che viene sollecitato dalla sperimentazione e, soprattutto, raccogliere eventuali ispirazioni sui possibili significati delle parole chiave usate nel testo.

In questo modo, anziché dare per scontato il significato di consapevolezza, beatitudine, energia, divino, e così via… puoi esercitarti a "sentire" e tradurre in parole tue ciò che le evoca dentro di te. E magari non prenderlo come un "assoluto"… se in un altro momento, in un'altra fase della tua vita, affiorasse un significato diverso, annota anche quello.

Due parole da cui partire, essendo alla base della proposta esistenziale di Osho sono: **totalità e gioco**. Applicarle da subito alla sperimentazione consigliata può orientare nella giusta direzione; comprenderne l'intimo significato è già di per sé una conquista.

Inizia quindi giocando… e *gioca con totalità*! Consapevolezza è anche e soprattutto questo…

Prologo dell'Autore
Tracce d'amore

Qualunque cosa io dica non è nulla di nuovo,
né è qualcosa di vecchio.
Oppure è entrambe le cose –
la cosa più antica e la più nuova.
E per saperlo non occorre che mi ascolti.

Ascolta gli uccelli al mattino
o i fiori e i fili d'erba nel sole
e lo sentirai,
e se non sai come ascoltarli
allora non lo saprai neppure da me.

Dunque ciò che conta non è *cosa* ascolti
ma *come* ascolti,
perché il messaggio è ovunque, è dappertutto,
è in ogni luogo.

Ora ti parlerò dell'arte di ascoltare:
cammina finché non sei esausto
o danza
oppure respira vigorosamente
poi, lasciandoti cadere a terra... *ascolta*;
oppure ripeti il tuo nome gridandolo a perdifiato finché
non sei esausto, poi fermati all'improvviso... e *ascolta*;
oppure sul punto di addormentarti
quando il sonno non è ancora giunto

e lo stato di veglia lentamente svanisce,
all'improvviso sii all'erta, attento e presente... e *ascolta*.

Allora mi sentirai.

Si consiglia di accompagnare la lettura delle "tracce" che seguono con l'esercizio iniziale che Osho suggerisce, così da permettere un ascolto con il cuore di ciò che il maestro evoca.
Inoltre, sarebbe bene leggere i singoli brani in momenti diversi, per permettere al contenuto di sedimentare in tutta calma, prima di avvicinare il brano successivo.
Si potrebbero anche usare queste singole letture come conclusione della meditazione gibberish, *suggerita nella Premessa dell'Autore, orchestrando il tutto in giornate successive, così da creare un'atmosfera nuova con cui chiudere la giornata. Gli effetti permetteranno di avvicinare il resto dei contenuti con uno spirito e un'attenzione diversi... qualcosa che davvero può aprire alla nascita – o alla rinascita – di una vita nuova.*

Ascolta con il cuore

Come inizio, ti prego di accettare il mio amore. Il mio unico desiderio è condividere con te l'amore infinito che la presenza del divino ha prodotto in me. E la meraviglia è questa: più lo condivido, più cresce! La vera ricchezza aumenta quando la si distribuisce; viceversa, la ricchezza che si riduce, distribuendola, non è vera ricchezza.

L'amore chiama a sé amore, l'odio attira odio. Ciò che diamo richiama a sé il proprio simile: è una legge eterna. Per cui, dona al mondo ciò che desideri ottenere. Non potrai mai ricevere fiori in cambio di spine.

L'amore unisce e trasforma la moltitudine in un'unità. I corpi fisici sono separati e lo saranno sempre, ma esiste qualcosa al di là dei corpi che avvicina la gente e la unisce nell'amore. Solo quando si realizza questa unità si può parlare e allo stesso tempo comprendere. Solo e unicamente in amore è possibile comunicare.

Le porte del cuore si aprono soltanto in amore. Ricorda: solo quando ascolti col cuore e non con la testa, sei in grado di sentire realmente.

Potresti stupirti e chiedere: "Anche il cuore è in grado di sentire?". Io ti dico che ogni volta che *senti* qualcosa, è in azione il cuore, perché è il solo in grado di ascoltare.

La testa è sorda come un sasso, finora non ha mai sentito nulla: questo vale anche per le parole. Quando vengono dal cuore, sono dense di significato; e soltanto le parole che sorgono dal cuore hanno la fragranza dei fiori appena sbocciati; altrimenti, non solo sono appassite, ma assomigliano a fiori artificiali, a fiori di carta.

Io riverserò in te il mio cuore e se il tuo cuore mi permetterà di entrare, avverrà un incontro, una comunicazione. In quegli istanti di comunione viene trasmesso ciò che le parole non riescono a esprimere. In quello stato si possono udire molte cose non dette e ciò che non può essere espresso con parole, ciò che si trova tra le righe, viene comunque trasfuso.

Le parole sono simboli assolutamente impotenti, ma se vengono ascoltate in una totale quiete mentale e in silenzio, possono diventare molto potenti: questo io lo chiamo "ascoltare col cuore".

Eppure, anche quando ascoltiamo qualcuno, siamo pieni di pensieri su noi stessi. Quello è un falso ascoltare, in quel caso non si è veri ascoltatori: ci si illude di ascoltare, ma di fatto non si ascolta. Per ascoltare davvero, occorre che la mente sia in uno stato di osservazione assoluto, in silenzio perfetto.

Dovresti ascoltare e basta, senza fare altro; solo così potrai sentire e comprendere. E quella comprensione diventa una luce che porta in te una trasformazione. Senza questa condizione mentale, non ascolti mai nessuno, non percepisci altri che te stesso e il chiacchierio interiore ti assorbe totalmente.

In quella condizione ti abbruttisci, senza che nulla ti

possa più essere comunicato. Sembra che vedi, ma sei cieco; sembra che ascolti, ma sei sordo.

Anche Cristo disse: "Chi ha occhi per vedere, veda; chi ha orecchie per intendere, intenda". Parlava forse solo ai ciechi e ai sordi? Quella gente aveva ovviamente occhi e orecchie, ma l'averli non è di per sé sufficiente per vedere e sentire. Occorre qualcos'altro; se manca, l'esistenza o meno di occhi e orecchie diventa irrilevante. E quel qualcosa è il silenzio interiore e una consapevolezza attenta e presente. Solo quando esistono queste qualità, le porte della mente si aprono ed è possibile dire e sentire.

Una volta che ne sarai padrone, quest'arte ti farà compagnia per tutta la vita.

È la sola cosa che ti può liberare da futili preoccupazioni e che ti può risvegliare alla grandezza e al mistero del mondo, permettendoti di iniziare a sperimentare l'eterna luce della consapevolezza. Tutto questo esiste dietro al tumulto caotico della mente.

Saper vedere e saper ascoltare sono il fondamento di un corretto stile di vita. E proprio come le cose sono riflesse in un lago, quando è limpido e privo di increspature, la verità e il divino vengono riflessi in te quando ti acquieti e sei trasparente come uno specchio d'acqua.

Una meditazione per immergersi nella quiete

Scegli un momento del giorno da dedicare a te stesso. Se possibile, fa' in modo che sia sempre alla stessa ora, così si creerà una continuità; e il tuo sistema corpomente si sintonizzerà con quel momento, amplificandolo, cosa di cui la lettura beneficerà.

Spegni computer, cellulare, tablet e quant'altro è ormai diventato un'abituale connessione alla rete, agli altri, al mondo. Per essere al sicuro da eventuali interferenze, metti fuori dalla porta della tua stanza un cartello "Non disturbare" e prendi qualsiasi altra precauzione, così da impedire possibili interruzioni.

Devi abituarti a creare uno spazio nella tua quotidianità in cui hai del tempo tutto tuo e soltanto tuo!
A questo punto, segui le istruzioni di Osho...

Sdraiati sul pavimento a gambe e braccia larghe e lascia che le membra si rilassino completamente. Chiudi gli occhi e per due minuti suggerisci a te stesso l'idea che il corpo si sta rilassando.
Piano piano il corpo si rilasserà.
Poi, per due minuti, suggerisci a te stesso l'idea che il respiro si sta acquietando. E il respiro si acquieterà.
Alla fine, per altri due minuti, suggerisci a te stesso l'idea che i pensieri si stanno fermando. E questa autosuggestione ti porterà a un rilassamento completo e a un vuoto interiore. Quando la mente si sarà perfettamente acquietata, resta assolutamente sveglio nel tuo essere interiore e sii un semplice testimone che osserva quella tranquillità.
Quell'essere testimone ti condurrà a te stesso.

Ovviamente, se il subbuglio che si agita in te è tale e tanto da rendere inefficace questa semplice induzione, si può sempre usare l'esercizio più vigoroso, suggerito da Osho nella Premessa dell'Autore: il gibberish.
L'importante è procedere con la lettura, dopo aver acquisito un reale spazio di quiete che permetta l'attivarsi di un ascolto dal e del cuore.
Se ti trovi in campagna o hai nelle vicinanze un ambiente naturale, approfittane: potrai iniziare ogni sessione con un ascolto della natura intorno a te... spostandoti letteralmente in una dimensione parallela di estrema efficacia per la comprensione di ciò che qui si vuole comunicare.

La chiave universale

L'amore è il segreto, il segreto di tutti i segreti, la chiave aurea – la chiave universale – che apre tutte le serrature di tutti i misteri.

Ama, e ama unicamente per la pura e semplice gioia d'amare, non farlo per una qualsiasi altra ragione.

Non cercare di trovare o scoprire altre ragioni per amare, perché in quel caso l'amore si immiserisce, impallidisce, perde di profondità, diventa superficiale.

Quando l'amore è fine a se stesso, quando è del tutto immotivato, acquista un'incredibile profondità.

Ama incondizionatamente. Nel momento in cui poni una condizione, l'amore diventa una trattativa d'affari, un contrattare che lo rende frivolo, banale, terra terra.

Senza alcuna condizione, l'amore è sacro.

Ama per dare, non per ottenere qualcosa. Riceverai molto, ma quella è un'altra cosa. Tutto il tuo approccio dovrebbe essere funzionale al dare; e più dai, più avrai da donare; più ti riversi donando, più vieni nutrito, alimentato fino a essere sopraffatto, sommerso, travolto da ignote sorgenti sconosciute.

E una volta che arrivi a conoscere tutto ciò, giungi a conoscere il segreto dell'amore.

Un errore di fondo

Hai fatto tua una nozione davvero assurda: l'idea dell'ego.

Hai iniziato a pensare di essere separato dall'esistenza; ecco dove sta l'errore fondamentale!

Tu pensi di essere separato dall'esistenza, pensi di dover dare prova del tuo valore, dimostrare chi sei; pensi di dover realizzare qualcosa, di dover fare qualcosa.

L'idea che hai di te stesso è che sei un'entità separata!

Un'onda che pensasse di essere separata dall'oceano impazzirebbe, una foglia che pensasse di essere separata dall'albero impazzirebbe. Ed è proprio ciò che è accaduto all'essere umano.

Tu non sei una realtà separata, non puoi esserlo. Neppure per un istante potresti vivere privato dell'essenza divina che è l'esistenza. Perfino quando neghi il divino, lui continua a riversare in te la vita. Il divino continua a respirare in te: è la tua vita!

Ma a causa della possibilità di essere coscienti, questo errore diventa possibile. Gli animali, gli alberi non possono pensare di essere entità separate; solo l'uomo può pensare a sé come a una realtà separata, perché solo lui ha facoltà di raziocinio.

Ecco come una grande benedizione si è trasformata in una gigantesca maledizione. Solo l'uomo può arrivare a comprendere di essere un tutto unico con il divino. Nessun albero lo potrà mai sapere: l'albero vive in dio, ma non può sapere di essere un tutto unico con il divino – è inconsapevole, è profondamente addormentato.

Solo l'uomo può comprendere di essere tutt'uno con il divino. Ma con quella possibilità ne prende vita un'altra: può pensare di essere qualcosa di separato.

Sia che tu pensi di essere un tutt'uno sia che pensi di essere separato, non fa alcuna differenza: rimani un tutto unico. Tuttavia, per ciò che concerne la tua mente, quando pensi di essere separato ti arrovelli, nascono tensioni e sforzi; la vita diventa lotta e sforzo e fatica e tensione.

Medita semplicemente su tutto questo.

Nel momento in cui metti a fuoco di essere un tutto unico con la totalità dell'esistenza, ecco il rilassamento; accade un improvviso lasciarsi andare. Non ti devi tenere sotto controllo, non ti devi tenere in pugno, non ti devi contenere... puoi rilassarti. Non c'è alcun bisogno di vivere in tensione, e questo perché non esiste alcuna meta privata da realizzare. Fluisci con il divino: la meta dell'esistenza è la tua meta, il suo destino è il tuo.

Non hai un destino privato, avere un destino privato comporta problemi.

Il fiume dell'amore ti attende

L'amore è l'unica cosa che non si può comprare, l'unica cosa che non sia una merce disponibile al mercato. L'unica cosa per la quale non potrai mai pagare abbastanza. Eppure è disponibile, ed è a disposizione sempre: basta chiedere o basta prenderlo!

Tutto ciò che ha un valore reale è disponibile gratuitamente. È simile all'aria che respiriamo: senza aria non ci sarebbe vita; ed è disponibile gratis, sebbene oggi l'uomo l'abbia inquinata e stia distruggendo la sorgente stessa della vita, giorno dopo giorno.

A un livello più sottile, la stessa cosa è accaduta con l'amore. L'essere umano ha inquinato l'amore in modo ancora più profondo dell'aria.

L'inquinamento dell'aria è qualcosa di molto recente; è accaduto dopo l'invenzione delle automobili, è unicamente frutto degli sviluppi scientifici e tecnologici; è un fenomeno limitato agli ultimi cento anni.

Invece, i preti e le religioni tradizionali almeno da diecimila anni stanno inquinando l'amore. Ne hanno distrutta l'intera energia, ne hanno inquinata la sorgente stessa. Dev'essere rivendicata, va recuperata, bonificata; infatti, così come il corpo non può esistere senza aria, l'anima non può esistere senza amore.

Ciò che l'aria è per il corpo, l'amore è per l'anima: non ha prezzo eppure è disponibile gratuitamente. Purtroppo la gente è così stupida da essere del tutto inconsapevole di questo incredibile dono che il divino regala.

Il fiume continua a scorrere di fianco a noi... e tutti sono assetati.

Kabir, uno dei più grandi mistici indiani, ha detto: "Rido a crepapelle, perché vedo che il pesce nell'acqua è assetato".

Sta parlando dell'essere umano, il pesce. Sta parlando dell'amore, il fiume.

Amore e beatitudine

Queste sono le due qualità che caratterizzano il divino, e che rendono divino l'essere umano: beatitudine all'interno e amore che fluisce all'esterno, verso la totalità dell'esistenza...

Beatitudine è ciò che si sperimenta quando si penetra all'interno del proprio centro, l'amore è la condivisione di quell'esperienza con gli altri. L'amore è l'ombra della beatitudine, ne è il naturale derivato. Soltanto una persona immersa nella beatitudine può essere amorevole; l'opposto non è possibile.

La gente cerca di farlo: si pensa che con l'essere amorevoli si arriverà a essere estatici, gioiosi, beati... è una vana speranza! Certo, operando in questo modo l'eccitazione e l'aspettativa saranno grandi, ma alla fine ciò che resta è una profonda frustrazione.

L'amore non può portare alcuna beatitudine. D'altra parte, la beatitudine porta sempre e automaticamente amore.

La situazione è esattamente questa: non posso invitare la tua ombra a essere mia ospite, ma posso invitare te... e l'ombra verrà da sé, spontaneamente.

È la beatitudine ciò che si deve cercare, l'amore accadrà da sé. Più diventi estatico, più diventi amorevole; questi due elementi ti portano oltre l'umano, ti trasportano sul piano divino. Sono qualità divine: dio è assoluta beatitudine e amore assoluto.

Beatitudine: la nostra vera natura

La beatitudine, la gioia, l'estasi rendono sempre nobile una persona; è angosciarsi, tormentarsi, struggersi nella propria miseria a rendere gretto e meschino un essere umano. Quell'essere miserabile è un peccato, tutte le altre colpe sono frutti di questa miseria. La beatitudine è virtù, la virtù di fondo, e tutto ciò che è nobile ne è il frutto.

Le persone cercano di coltivare qualità nobili; *non possono*, a meno che in loro non sia comparsa la beatitudine. Puoi coltivare quelle qualità, ma rimarranno qualcosa di falso, di artificiale, semplici maschere. In profondità rimarrai lo stesso di sempre: lo stesso animale dominato dagli istinti, che ha un atteggiamento gretto e meschino nei confronti della vita... nulla più di una tinteggiatura di facciata.

Io non insegno la coltivazione di alcuna virtù, fatta eccezione per la beatitudine; e la beatitudine non è qualcosa che si possa coltivare. *Dev'essere scoperta*: è già presente! Non è qualcosa a cui devi dare vita: sei nato portandola con te, è innata, è una qualità implicita al tuo essere; semplicemente dev'essere scoperta.

È andata perduta nel processo di condizionamento sociale, vive nascosta dietro un accumulo impressionante di pattume. Si deve semplicemente cercare e ritrovare quel diamante; e nel momento in cui lo si ritrova, si riacquisisce la nobiltà del proprio esistere.

Una persona immersa nella propria beatitudine è nobile unicamente perché non può essere altrimenti.

Lo sforzo non è tutto: dai spazio alla ricettività

L'estasi, la beatitudine non possono essere frutto dei nostri sforzi; in questo contesto gli sforzi sono del tutto irrilevanti, in quella dimensione il fare non funziona; in quel regno qualsiasi fare diventa un disfare!

Esiste un mondo in cui lo sforzo ha una sua utilità: è il mondo esterno; ed esiste un mondo in cui soltanto la grazia funziona – il mondo interiore.

Se nel mondo esterno ti limiti a stare seduto e aspetti semplicemente che qualcosa accada, non accadrà mai nulla; lì ti devi impegnare, devi agire. Nella dimensione interiore è vero proprio il contrario: se cerchi di fare qualcosa, ti sfuggirà; se riesci a stare in semplice e silenziosa attesa, immerso in una fiducia totale, aspettando ma senza sforzo alcuno, accade.

La religiosità è il mondo della grazia, dell'accadere libero da qualsiasi sforzo. Non occorre che tu faccia qualcosa, in quel contesto non è necessario che tu sia molto attivo; al contrario, è richiesta la tua passività, la tua ricettività.

Ma ricorda una cosa: ricettività e passività non sono stati dell'essere negativi. Non implicano alcuna ottusità, non si tratta di sonno, torpore, non presuppongono una vita letargica.

La passività di cui parlo è uno stato di estrema presenza: sei allerta, effervescente, gioioso, luminoso, brillante; la tua intelligenza è fulgida, la tua attesa è vivida, vitale.

È in questo senso che uso quella parola: non ci sono aspettative, ma sei in attesa... aspetti che qualcosa accada, senza che debba necessariamente accadere.

Non hai alcun desiderio che ti spinga a forzare quell'accadere, non c'è alcuna pretesa, non sei animato dal bisogno pressante – o dalla sensazione – che qualcosa stia per accadere, che sia proprio sul punto di verificarsi.

È come se fossi gravido: sei attento, presente, osservi... e aspetti, non sei addormentato, vittima di uno stato di torpore.

La passività può essere di due tipi. Può essere letargia; in questo caso è futile, non avrà alcuna efficacia. Solo se è assoluta e totale presenza – solo se è vitalità allo stato puro –, genera lo spazio in cui i doni dell'esistenza iniziano a riversarsi, discendono in te; e la beatitudine, l'estasi sono il dono supremo.

Se vuoi conoscerti, sperimenta!

Occorre sperimentare, è sempre un bene provare qualcosa di nuovo. Chi può dirlo? Qualcosa potrebbe sempre succedere, ne potresti trarre una comprensione.

Non chiudere mai le tue porte, prima di aver sperimentato qualcosa – mai e poi mai! Altrimenti ogni cosa rimarrà non vissuta, sconosciuta. La vita offre opportunità di sperimentare, avventurandoti in quelle esperienze avresti potuto vivere qualcosa di bello; ne saresti uscito arricchito.

Di' sempre sì a ciò che è nuovo. Il no va usato per ciò

che è vecchio: di' no a ciò che hai visto e rivisto molte volte; non ha senso tornare a vederlo, non ha più alcuna sostanza, nulla da rivelarti.

Ma non dire mai no a qualcosa di nuovo. Anche se in seguito quello sforzo sembrerà rivelarsi inutile – più tardi potresti renderti conto che sarebbe stato meglio non avventurarti in quella direzione –, anche in quel caso insisto: di' sì a qualsiasi novità.

Perfino fare qualcosa di giusto, di efficace e di efficiente, se si tratta di una cosa vecchia, stantia, obsoleta, è del tutto privo di significato, non ha alcun valore.

Fare qualcosa che può sembrare un errore, uno sbaglio, se è una cosa nuova, vale la pena tentarla; e questo perché si cresce soltanto facendo e sperimentando cose nuove.

Non è una questione di giusto o sbagliato. Per me tutto ciò che è vecchio è un peccato e tutto ciò che è nuovo è una virtù.

Il coraggio di abbandonare i sogni

La verità richiede un coraggio estremo perché sarà necessario abbandonare un'infinità di sogni cullati come se fossero il bene più prezioso. Si dovrà lasciar andare un'infinità di cose che ci si porta dietro da sempre, pensando che siano ricchezze. Si dovrà rinunciare alla propria identità – totalmente! –, qualcosa per la quale finora si è vissuto.

Si dovrà creare un'assoluta discontinuità con il passato. E questo richiede il più grande coraggio possibile al mondo. Solo pochissime persone riescono a fare quel passo, ed è per questo che soltanto poche persone riescono a conseguire il divino, la verità, la liberazione; ma tutti ne hanno la capacità.

È sufficiente raccogliersi in se stessi, farsi forza... è sufficiente il semplice essere follemente innamorati della verità, così da poter rischiare ogni cosa.

E si tratta di un vero rischio. Dovrai lasciare la protezione che ti offre la sponda su cui stai vivendo; e l'altra sponda è sconosciuta. La tua barca è piccolissima, e l'oceano è vasto e inesplorato, non hai a disposizione alcuna mappa... soltanto se il desiderio di conoscere l'ignoto ti afferra il cuore con assoluta totalità, tale da diventare una questione di vita o di morte, solo e unicamente in quel caso avrai il coraggio di addentrarti nelle tenebre, nelle dimensioni dell'essere più selvagge, nell'ignoto per eccellenza.

D'altra parte, coloro che si addentrano in quei luoghi incontaminati sono il sale della terra. Gli altri non sono altro che codardi, gente che si aggrappa alla sponda del conosciuto e alla sicurezza, al senso di protezione. Vivono aggrappati a ciò che ritengono certo e sicuro, e lì restano finché muoiono... senza aver mai assaporato la vita e le sue avventure.

La vita è un'avventura. Il mio consiglio è di accogliere e sollecitare continue avventure; e in qualsiasi momento ti giunga un richiamo dall'ignoto, ascoltalo.

Rischia ogni cosa e addentrati nell'ignoto, perché quello è l'unico modo per vivere al massimo. Vivere pericolosamente è il solo modo di vivere, e al picco più alto della vita si giunge a scorgere un bagliore, un'improvvisa intuizione dell'essenza divina.

Chi vive in modo tiepido può credere in dio, ma non sa – né potrà mai sapere – che dio esiste. La sua professione di fede non è altro che una formalità sociale; è un puro e semplice credere, funziona come una copertura: riveste la sua ignoranza ma non è affatto una forza che può trasformare.

Eccoci infine di fronte alla grande prospettiva che questo libro suggerisce: quello che forse pensavi essere un faro, un porto, un approdo, un sostegno... addirittura una consolazione, si rivela la soglia di un ignoto senza nome e senza volto.

Ognuno di noi, a un certo punto della sua avventura esistenziale, si ritrova solo di fronte a un se stesso sconosciuto, difficile da riconoscere. La sensazione, anche solo guardandosi in uno specchio, è quella di essere affacciati su un baratro, di rimirare una vetta mai pensata, oppure una valle di cui non si vede il fondo; i nostri occhi evocano un abisso che sembra chiamare a gran voce, il cui richiamo è difficile non sentire, sempre più impossibile ignorare.

Quell'istante si accompagna sempre a un'esperienza cui diamo il nome di amore, forse perché lo si sente quando si incontra qualcuno che fa scattare in noi qualcosa che spinge a condividere l'esistenza con un'altra persona, aprendoci ben oltre i limiti del nostro io. Oppure perché lo si avverte quando ci immergiamo dentro di noi oltre le maschere con cui abitualmente ci identifichiamo, aprendoci – anche in questo caso – a qualcosa di immenso che dissolve i limiti del nostro io.

In ogni caso, per un attimo ci si trova soli di fronte all'ignoto. Forse l'esperimento di lettura fatto in questo capitolo ha sollecitato qualcosa... E ciascuno, a questo punto, dovrà decidere come procedere e quale uso fare delle proposte da qui in poi suggerite.

Adesso diventa importante mettere a fuoco con onestà la propria vita, per capire qual è il passo migliore da fare per comprendere meglio ciò che si è, dove ci si trova nel lungo – sebbene immediato – viaggio che ci trova tutti coinvolti.

Sarà l'amore – per se stessi, per un'altra persona, per l'ignoto che ci accade – a sollecitare, invitare, suggerire; sarà la certezza che qualcosa sta fiorendo, la sensazione stessa di pienezza a dare forza, ad alimentare il coraggio di fare un passo ulteriore, e poi un altro e un altro ancora... fino a quando, all'improvviso ci si sentirà a casa nell'esistenza.

Allora ci si renderà conto di essere arrivati proprio là dove eravamo, semplicemente immemori di essere ciò che si è.

Un detto Zen dice: "Prima della tua illuminazione, i fiumi sono fiumi e le montagne sono montagne. Quando inizi a meditare, i fiumi non sono più fiumi e le montagne non sono più montagne... tutto è sottosopra. Poi, quando comprendi e ti realizzi, di nuovo tutto si riassesta: i fiumi sono di nuovo fiumi, e le montagne sono di nuovo montagne". Solo nel corso del viaggio tutto risulta alterato, ogni cosa è disturbata; alla fine tutto ritorna in armonia. Ovviamente, quel riassestarsi accade su un piano del tutto diverso.

A quel punto, il ricercatore tornerà dalla moglie, ma non sarà più un marito; quell'uomo tornerà dai figli, ma non sarà più un padre; tornerà dai vecchi genitori, ma non sarà più un figlio; tornerà ai suoi affari, al suo negozio, ma non sarà più un mercante.

E lo Zen dice che ciascuno sceglierà in base al suo sentire. Esistono tipologie di persone diverse, lo Zen dà assoluta libertà a tutte. Ci sono persone che vorranno restare sulle montagne – ottimo. E ci sono persone che vorranno vivere sulla piazza del mercato – benissimo.

Lo Zen dice che sta a te scegliere lo stile di vita che ritieni più adatto alla tua natura, ciò che conta è essere attenti e presenti, diventare consapevoli e coscienti.

Parte prima
Amico di te stesso

Amarsi e rispettarsi

Questo è ciò che siamo destinati a essere: dei e dee di beatitudine. Se non lo siamo, dipende tutto dalla nostra stupidità; la ragione è semplice: stiamo fraintendendo ciò che è la vita.

Noi ne siamo responsabili. Nessuno ci sta impedendo di diventare ciò che dovremmo essere, tranne noi stessi. Noi siamo l'unico nemico.

L'intera esistenza è amichevole nei nostri confronti, ma noi non abbiamo alcuna cordialità, nessuna amabilità verso noi stessi.

Ci è stato insegnato a condannarci, ci è stato detto e ripetuto che siamo indegni. Mille e una volta ci hanno detto che siamo sporchi, malvagi, lascivi... e tutto questo è diventato parte del nostro condizionamento.

Il primo passo della ricerca del Vero a cui ti invito è questo: rispetta te stesso; infatti, se non ti rispetti non potrai mai rispettare qualcun altro nel mondo intero. Neppure dio potrà essere rispettato, perché anche lui è al secondo posto: al primo ci sei tu!

Ama te stesso. Se non riesci ad amare te stesso, non potrai amare nessun altro.

E se tu non puoi amare te stesso, chi mai potrà amarti? E quando non esiste amore né rispetto per il proprio essere, la vita diventa un deserto, perché solo attraverso l'amore e il rispetto si rende il proprio essere un giardino; quello è il solo modo per apprendere come suonare l'arpa del proprio cuore.

In quel caso si inizia ad apprendere come essere sempre più poetici, sempre più aggraziati, sempre più attenti a ciò che è bello, all'estetica, sempre più sensibili... perché la vita è davvero un'incredibile opportunità, non ce la si dovrebbe lasciar sfuggire. È un tesoro così inestimabile che non lo si dovrebbe sprecare.

Dunque, il primo passo – ed è il passo fondamentale per eccellenza – è questo: ama te stesso, rispettati. E questo non vuol dire diventare egoisti. L'amore per se stessi non presuppone la creazione di un ego. Gli alberi si amano, e non è presente alcun ego; e gli uccelli si amano, senza che ci sia alcun ego.

L'ego non nasce dall'amore per se stessi, ma dal confronto. Quando ti confronti e ti paragoni agli altri, ecco che prende forma l'ego. In quel caso può avere due aspetti: o arrivi a soffrire di un complesso d'inferiorità – quello è uno dei lati dell'ego – oppure patirai di un complesso di superiorità, quello è l'altro lato della stessa malattia. Entrambe sono frutto del paragonarsi a qualcun altro.

Pertanto, quando dico di amare se stessi, lo dico in quest'ottica: come se ci fossi soltanto tu nell'intera esistenza. Non esiste nessun altro, pertanto non c'è alcuna possibilità di fare confronti. Rispetta te stesso non in base o in funzione di un paragone; rispetta semplicemente te stesso: rispettati, tutto qui!

E in quel rispetto di ciò che sei, rispetterai la vita perché tu sei vita; in quell'amore per te stesso, amerai la vita perché tu sei vita. E in quell'amore e in quel rispetto di te rispetterai e amerai l'intera esistenza.

La preghiera in realtà non è altro che questo, ma può affiorare solo se ti muovi nella giusta direzione: amare e rispettare se stessi è la giusta direzione. A quel punto si inizia a crescere in modo del tutto naturale.

La crescita non è qualcosa che ti possa essere imposta. Occorre semplicemente creare il contesto, ed ecco che la crescita *accade*: metti un seme nel terreno, lo concimi, lo innaffi… e aspetti. Hai creato il contesto, hai generato lo spazio che permette al seme di maturare; ma adesso sta al seme e alla sua natura germogliare. E spunterà con i suoi tempi, crescerà con il suo ritmo. Non è necessario forzarlo, crescerà spontaneamente.

La crescita non è uno sforzo; è un fenomeno naturale, del tutto indipendente da uno sforzo. Tutto ciò che occorre è creare lo spazio giusto, il giusto contesto… e la ricerca del Vero a cui ti invito non è altro che questo.

1
Riconoscere: vedere ciò che si è e dove si è

Il volto e la maschera

Il tuo volto non è la tua maschera. In uno spettacolo teatrale puoi mettere una maschera sul tuo volto, in quel caso il volto è una maschera. Il tuo volto in sé non è una maschera; se però indossi una faccia falsa priva di qualsiasi radice, sconnessa dal tuo essere, qualcosa con cui la tua vita non ha alcuna relazione, che è appesa sulle tue orecchie con un filo, che non ha alcuna sintonia con il palpitare del tuo cuore, allora e solo allora si tratta di una maschera.

Il tuo volto reale non è una maschera di per sé, è quella faccia falsa a mascherarti. Dunque, è bene comprendere il corretto significato di questa parola.

D'altra parte, quella faccia falsa non dev'essere necessariamente di carta o di plastica. Tu sei abilissimo nel coprirti il volto con un'infinità di maschere. Come ho ripetuto spesso, ti metti una maschera ogni volta che sorridi e dai il benvenuto a qualcuno che odi dal profondo del cuore, e una maschera simile è qualcosa di estremamente dannoso, sebbene sembri essere molto utile.

Ti impedisce di mostrare o manifestare il tuo odio; ma non per questo quell'odio scompare. E il pericolo è questo: così come inganni l'altra persona, piano piano inizi a ingannare anche te stesso. A un certo punto quel sorriso reiterato continuerà a reprimere dentro di te tutto il tuo odio, e verrà un giorno in cui ti dimentichi che stai odiando: sorriderai, mentre allo stesso tempo stai covando odio dentro di te.

Se un ricercatore del Vero prova odio, opterà per un comportamento diverso: se non prova odio, sorriderà; se sente di odiare l'altra persona, perlomeno eviterà di sorridere. Dovrà rendere evidente il suo disagio.

Un simile comportamento ha due vantaggi. Mostrando il suo odio, di certo ne patirà le conseguenze. Il dolore che dovrà soffrire diventerà la motivazione per trasformare quell'odio; se così non fosse, perché mai dovrebbe cambiare? I danni arrecatigli da quell'odio diventeranno un motivo giusto e ragionevole per cambiare. Lo spingeranno a pensare come trasformare o abbandonare il suo odio, visto che ha un unico risultato: portarlo all'inferno.

Ci incolliamo sul volto dei sorrisi, nel tentativo di creare un paradiso all'esterno, ma dentro di noi è l'inferno che continua a crescere. Ebbene, in che modo si può annullare o distruggere quell'inferno?

In realtà il dolore generato da quell'inferno non è mai percepito nella sua totalità, ragion per cui permane nascosto dentro di noi, protetto da qualsiasi intervento drastico da parte nostra.

A questo punto è bene mettere a fuoco un punto molto interessante. Sorridendo, pensi di accogliere l'altra persona, sebbene in cuor tuo covi odio nei suoi confronti; in realtà, quei sorrisi sono avvelenati e l'altro può vedere con chiarezza che il tuo volto sorridente di fatto è una maschera.

È difficilissimo nascondere l'odio che ribolle in te; si manifesta tuo malgrado: è evidente sulle labbra, saetta dai tuoi occhi, il modo in cui stai in piedi o seduto lo rivela, è evidente in tutti i tuoi gesti.

Dunque, un falso sorriso può solo reprimere l'odio, e diventa impossibile stabilire una qualsiasi comunicazione con le altre persone, nessun dialogo sarà possibile. Quindi, se sei in collera con qualcuno, dillo chiaramente. E se la tua rabbia esplode, ne soffrirai le conseguenze; in quel caso, in un prossimo futuro puoi usarlo come elemento per elaborarla. Se non lo fai, quella rabbia presente in te continuerà a ribollire fino a esaurirti. E comunque quel falso sorriso non sarà di alcuna utilità nel tuo rapporto con l'altro.

Quando invece sei assolutamente onesto e il tuo sorriso è sincero, toccherà il cuore di chi hai di fronte. In quel sorriso, l'intera esistenza sorriderà, e ogni fibra del tuo corpo lo accompagnerà ridendo a sua volta.

La cura di sé di una persona che intraprende un cammino spirituale implica la rimozione di tutte le maschere; il che vuol dire liberarsene grazie a un processo di comprensione. Non è facile, ed è per questo che la meditazione richiede una disciplina.

Ciò non significa impegnarsi in pratiche astruse, come stare fermi e immobili sotto il sole cocente. La disciplina spirituale che io suggerisco implica *il coraggio di confrontarsi con il vulcano che ribolle dentro di te*, frutto di tutta la pressione generata da ciò che nella vita non hai mai espresso.

Il procedimento è semplice: quando sei arrabbiato, ammetti di esserlo; quando provi odio, dichiara di essere in preda a un odio travolgente; perlomeno sii sincero, sii onesto. Riconosci ed esprimi ciò che è presente. Sentine il dolore, vivi quell'esperienza.

Vivendo in modo sincero ti scotterai, ma proprio per questo acquisirai la consapevolezza di non farti più del male in futuro. E la persona con cui sei andato in collera, sulla quale hai sfogato la tua rabbia e il tuo odio, sentirà che sei anche portato a un amore sincero; infatti, in un altro momento, quando ridi e manifesti il tuo amore, sarai altrettanto sincero.

Nella vita di una persona il cui odio è falso, la cui risata è falsa, la cui rabbia è falsa, tutto è dubitabile. Se una moglie trattiene e nasconde la sua rabbia quando è furiosa con il marito, difficilmente verrà ritenuta sincera quando sorride, e questo perché rivela di non avere un'individualità autentica. Se è falso il suo odio, come potrà essere vero l'amore? Come si potrà credere alle lacrime di qualcuno che ha un falso sorriso? In quel caso, l'intera vita di quella persona sarà un racconto di falsità.

La ricerca del Vero che suggerisco si pone come una ribellione, è una scelta di onestà. La sfida è questa: *essere sinceri, essere onesti, smettere di mentire, smettere di essere falsi*.

Questo tipo di spiritualità dice: piangi se sono presenti le lacrime, ridi se provi piacere. E se qualcuno è sincero rispetto a ciò che sente, non potrà essere arrabbiato o odiare troppo a lungo, non sarà più una storia di giorni; e questo per motivi ben precisi.

La sincerità è un fenomeno incredibile, tale per cui nella vita di una persona libera da falsità, libera da menzogne, le spine dell'odio non possono più crescere. E questo perché proprio la falsità è il seme da cui nascono tutte le negatività; se il seme stesso viene distrutto, tutte le altre emozioni negative cadono spontaneamente.

Sincerità significa che un uomo è vero a se stesso, e non può trattenere la rabbia a lungo, perché si renderà conto che quella furia repressa gli procura dolore e sofferenza.

Da qualche parte il Buddha ha detto, divertito: "Rido quando vedo qualcuno arrabbiato, perché quella persona si sta punendo per errori commessi da altri".

Qualcuno potrebbe dire: "Sono arrabbiato perché quell'uomo mi ha fatto un torto". Qualcun altro ha abusato di lui, ma lui si punisce per l'errore di quella persona! E la furia della rabbia non coinvolge solo la pelle e le ossa, brucia perfino l'anima; incendia ogni cosa interiormente, riducendo tutto in cenere.

Nello stesso modo in cui si ritira la mano se per caso la si avvicina a una fiamma, perché mai si dovrebbe osare mettere quella mano tra le fiamme dell'ira? Lo si fa solo perché non si vede veramente che si sta mettendo la mano nel fuoco. Chi è in preda all'ira non ne vede le fiamme: ha la pretesa, finge di toccare dei fiori. Dentro di sé sta bruciando, ma sulle labbra atteggia un sorriso. Se guardasse in profondità dentro di sé, vedrebbe che le sue mani stanno bruciando avvolte dal fuoco dell'odio.

Se smetti di ridere una falsa risata, ben presto riuscirai a vedere quel fuoco che brucia dentro di te. Non esiste idiota più grande di chi nutre ancora l'odio, perfino dopo aver compreso ciò che sono nella realtà la rabbia, l'astio e il rancore.

Impara dunque a riconoscere quando il tuo sorriso è falso. Diventa una maschera quando non affiora dal tuo animo, quando è soltanto una facciata esteriore. Il tuo piangere è una maschera quando dentro di te non ci sono lacrime, spuntano solo nei tuoi occhi.

Accogliere un ospite sarà una maschera quando in cuor tuo pensi: "È davvero un fastidio la visita di questa persona", ma a lui dici: "L'ospite è sacro, va considerato come un dio, e come tale ti accolgo... accomodati". In questo caso, l'ospite è di sicuro disprezzato, e la divinità presente in lui è certamente ignorata.

Di' sempre ciò che senti nel tuo cuore. Di' la verità. Sarà molto difficile; deve esserlo, perché solo così ci si libererà da tutte le false maschere che indossiamo.

Sarà alquanto difficile dire all'ospite che si presenta a casa tua: "La tua presenza ci crea disagio, e non mi sembri affatto un dio". Se però riesci a essere così onesto, se riesci a sostenere questo confronto, ben presto riuscirai a vedere veramente il divino presente in ciascun ospite.

Una persona astuta, invece, dirà: "Perché questo tizio, la cui presenza mi disgusta, è venuto a casa mia?!" e all'esterno lo accoglierà come un dio, dandogli un caloroso benvenuto: "Il tuo arrivo mi riempie di gioia!". Ma, in questo caso, nessun ospite sarà mai visto come divino. La falsità di quella persona distorcerà sempre e comunque qualsiasi sincero sentimento.

Passiamo la vita ad accumulare menzogne, astuzie, falsità e alla fine ogni cosa diventa falsa e distorta. La ricerca del Vero implica rinunciare a ogni e qualsiasi manipolazione; essere sinceri, innocenti e franchi.

Tutti possiedono un volto vero, originale, ma l'abbiamo coperto con una tale infinità di maschere da non riconoscere più quale sia. Neppure noi sappiamo più qual è: se ti metti davanti a uno specchio e se ciò che vedi ti piace, nel novantanove per cento dei casi è possibile che quello non sia il tuo volto ma una maschera.

Perfino nel riflesso dello specchio non siamo ciò che siamo. Molto probabilmente vedremo l'immagine di ciò che immaginiamo di essere. Ecco perché la gente si mette di fronte allo specchio solo per imbellettarsi.

Ho sentito di una donna molto brutta. Se qualcuno le metteva davanti uno specchio, lo mandava in pezzi, dicendo: "Dove hai preso questo specchio orribile? Distorce il mio volto, mi fa sembrare bruttissima".

Noi tutti preferiremmo distruggere gli specchi, ma non siamo altrettanto pronti a cambiare i nostri volti. D'altra parte, rompendo uno specchio non si cambia il proprio volto, non è sufficiente mandare in frantumi gli specchi per cambiare la propria vita.

Voglio dire che non si dovrebbe continuare a rivestire il proprio volto originale con qualcosa di falso. Questo non vuol dire smettere di cambiare espressioni: nel corso della vita esprimeremo ciò che è vero nel momento, ma quei cambiamenti saranno manifestazioni del nostro vero sentire.

Quando qualcosa di oscuro velerà la nostra vita, di certo gli occhi si colmeranno di lacrime. Se un amico muore, piangeremo. E se un vecchio amico viene a trovarci il giorno dopo, i nostri cuori palpiteranno di contentezza e potremmo metterci a cantare e a danzare.

In ogni momento l'espressione del volto dovrebbe cambiare, per corrispondere a ciò che si sente; ma quel volto dovrebbe essere quello originale. Non sto predicando alcuna imperturbabilità: se la vostra espressione fosse sempre la stessa, avreste una faccia di pietra.

> Ho sentito raccontare di un milionario americano. Qualcuno lo avvicinò per chiedergli di fare una donazione. Ma il milionario gli disse: "Ho fissato una regola, per ciò che concerne elemosine e donazioni. Ho un occhio artificiale – è un occhio di vetro – se riesci a dirmi qual è, avrai ciò che chiedi. Ma ti

avverto: finora nessuno ci è mai riuscito. Se vuoi, puoi provarci".
Il questuante lo guardò negli occhi e disse: "L'occhio artificiale è il sinistro".
Il milionario rimase allibito: "Sono stupito. Come hai fatto a capirlo?".
L'uomo replicò: "Il tuo occhio sinistro riflette un po' di benevolenza, per cui ho pensato che fosse quello falso".

I volti possono cambiare, ma non possono essere imperturbabili. Soltanto la faccia di un morto può essere priva di qualsiasi espressione, per i vivi è impossibile.

Se osservi i volti dei bambini, vedrai che cambiano con la stessa rapidità del vento. E se esamini le facce degli anziani, vedrai che sono diventate di pietra, il che significa che in loro tutto si è pietrificato e ora è scolpito su quei volti.

Non esiste alcuna fluidità, non sono più qualcosa di liquido.

Quindi, quando dico di non manipolare la tua faccia, non pretendo che il tuo volto sia privo di espressioni. Ti sto solo chiedendo di non indossare delle maschere che falsificano il tuo sentire. Dovresti mostrare sempre il tuo vero volto, e sarà qualcosa che cambia in ogni momento. Dovrebbe rispondere a ogni stato d'animo, e dovrebbe esprimersi in base a ciò che la situazione richiede.

Deve essere così. *La vita è capacità di rispondere*, ragion per cui il volto dovrebbe essere liquido; ma la faccia dovrebbe sempre essere la tua.

La liquidità dovrebbe essere la tua qualità essenziale. In ogni momento ci sarà un cambiamento, visto che tutto nella vita muta a ogni istante. A questo mondo non esiste nulla di fisso, tutto è soggetto a mutamento. La vita è simile alle foglie tremolanti sugli alberi: non fanno che tremare, vibrare, palpitare... la sola cosa fissa nella vita è proprio il cambiamento!

Il cambiamento è l'unico elemento nella vita che non muta mai.

Eraclito dice che non ci si può immergere due volte nello stesso fiume. In realtà, perfino nello stesso istante è impossibile immergersi nello stesso fiume! La vita è simile a un fiume in cui tutto continua a cambiare.

D'altra parte, qualsiasi cambiamento dovrebbe essere accompagnato dal tuo reale sentire; quel volto dovrebbe essere tuo, dovrebbe essere autentico.

Se sei te stesso, continuerai a cambiare; il mutamento è vita, e se all'interno di tutti questi cambiamenti riesci a ricordare che esiste – sempre e comunque – qualcuno in te che vede quel continuo mutare, ecco che conseguirai il pieno risveglio, la vetta suprema, lo stato di meditazione più elevato.

La faccia che presenti al mondo dovrebbe essere il tuo volto originale, e al tempo stesso dovresti essere l'osservatore – il testimone – che rimane fermo e immobile dietro tutto quel fluire di cambiamenti... e semplicemente li osserva.

Quando sorge la luna, i tuoi occhi brillano; quando le tenebre ti avvolgono e la notte sembra oscura, sarai inondato di lacrime. Annusando dei fiori, il cuore danzerà; quando appassiranno, sarai triste. Incontrando la persona che ami, sprizzerai di gioia; e quando vi dovrete separare, ci sarà dolore – e dietro a tutto questo ci sei tu, che osservi tutti quei mutamenti. Ma la faccia mutevole che osservi dovrebbe essere il tuo vero volto.

Cosa potrà mai esserci da osservare in qualcosa di falso, in una faccia di plastica? Non cambia mai. Quando ti identifichi con un volto falso, artificiale, ogni volta dovrai rimuovere una maschera, per metterne un'altra. Se invece è il tuo volto a cambiare, diventerà qualcosa di fresco a ogni mutamento delle circostanze e ringiovanirà a ogni svolta della vita.

Il volto è lo stesso, ma le nuove risposte a ciò che la vita ti pone di fronte lo renderanno giovane e fresco. E se l'essere risvegliato dentro di te sta osservando, quel mutare del volto acquisterà valore e significato; laddove il testimone che non muta mai si pone come l'essenza divina, l'essere supremo, ciò che chiamiamo Brahma.

E a quel punto si trascende, si va al di là di se stessi; e quando ciò accade, si diventa divini.

Dare il giusto spazio alle emozioni negative

A una ricercatrice che chiedeva chiarimenti rispetto al suggerimento di Osho di "esprimere le emozioni negative", Osho spiegava:

Se sei in collera con qualcuno e inizi a esprimere la tua rabbia, l'altro non farà come Gautama il Buddha, non rimarrà seduto in silenzio. Non è una statua di marmo, di certo reagirà: tu esprimi la tua rabbia, l'altro farà altrettanto. E questo farà crescere la tua rabbia – rabbia e violenza scatenano nell'altra persona le stesse emozioni, con in più la voglia di vendicarsi. Per cui tu ti scalderai ancora di più, perché ti è stato detto di esprimere le tue emozioni.

Certo, è vero che ho detto di esprimere ciò che si sente – *ma non in pubblico*.

Se sei arrabbiata, vai nella tua stanza, chiuditi dentro, picchia il cuscino, mettiti davanti allo specchio, urla contro la tua immagine, di' le cose che avresti voluto dire e non hai mai detto a nessuno. Ma dev'essere un fenomeno privato, altrimenti non si finisce più. Queste cose continuano a girare in circolo, e noi invece vogliamo porvi fine.

Nel momento in cui provi delle emozioni negative riguardo a qualcuno, il problema non è quella persona. Il problema è che tu hai una quantità di rabbia incontenibile dentro di te, e quell'energia dev'essere dispersa nell'universo. Non devi reprimerla, non devi ricacciarla dentro di te.

Quindi, se ti dico: "Esprimila", intendo sempre in privato, quando sei da sola. È una meditazione, non una lotta. Se sei triste, siediti nella tua stanza e sentiti più triste che puoi, non può nuocerti. Sii veramente triste e osserva quanto dura. Niente dura per sempre, presto se ne andrà. Se vuoi piangere, piangi, ma in privato.

Queste cose non hanno niente a che fare con gli altri. È tutto un tuo problema: perché farne un atto pubblico? Non è questa la maniera di risolvere le cose, anzi!

Ogni giorno, prima di andare a dormire, mettiti seduta per un'ora sul letto e fai tutte le cose folli che avresti sempre voluto fare, tutto ciò che si fa quando si è arrabbiati, violenti, distruttivi. Non è detto che devi distruggere cose di valore; basta fare a pezzettini della carta e buttarla in giro... lo sai come vanno queste cose. Questo sarà sufficiente.

Distruggi cose di poco conto – ma fallo nella tua intimità, in modo che quando ne uscirai, sarai fresca, rinnovata.

Se vuoi fare qualcosa in pubblico, segui l'esempio di una tribù di primitivi. Vai dalla persona con cui eri arrabbiata e dille: "Tra me e me, sono stata molto arrabbiata con te. Ho gridato, ti ho insultato, ti ho detto delle cose sgradevoli; per favore, perdonami. Ma l'ho fatto in privato, perché era un mio problema; non ha niente a che fare con te. Tuttavia era in un certo modo diretto verso di te, e tu non sai nulla – quindi ti devo delle scuse".

Questo va fatto in pubblico, perché così le persone riescono ad aiutarsi reciprocamente. In questo caso, l'altro non si arrabbia, al contrario, ti risponde: "Non servono delle scuse, non mi hai fatto niente di male. Se ti senti a posto, pulita, è stato un buon esercizio".

Ma non portare in pubblico la tua negatività, le tue brutture, altrimenti cercando di risolvere piccoli problemi, ne crei di più grandi. Sta' molto attenta. Tutto ciò che è negativo dev'essere fatto – espresso e risolto – in privato, quando sei da sola. Se vuoi fare una dichiarazione pubblica – perché magari avevi in mente qualcuno per cui provavi odio, qualcuno che hai ucciso mentre strappavi la carta a pezzettini –, va' da lui e chiedigli umilmente perdono.

Devi comprendere una volta per tutte che il problema è solo tuo, per cui dev'essere risolto nella tua intimità.

È un metodo molto semplice, che puoi sperimentare facilmente da sola: ripulisci la mente inconscia in privato, poi vai nel mondo – incontra le altre persone – con un viso più rilassato, occhi più limpidi... azioni più umane.

Nella tua negatività non c'è niente di pubblico: è un tuo problema. Perché disturbare gli altri? Tutti hanno i loro problemi; lascia che anch'essi si occupino dei loro problemi in privato.

Esprimiti. Trova un modo di esprimere che sia il più economico possibile, il meno costoso, ma fallo sempre quando sei da sola, in maniera che solo tu conosca la bruttura di ciò che hai espresso.

Fare le boccacce allo specchio

Nell'arco della giornata, è facile accumulare tensioni. Spesso, nella frenesia della nostra vita, il volto si trasforma in una maschera indurita; è inevitabile, visto lo sforzo continuo che si deve fare per contenere un susseguirsi di impatti e sollecitazioni non sempre piacevoli.

Se si ha la sensazione di aver accumulato troppe tensioni, è consigliabile praticare questa tecnica semplice e di effetto immediato, che permette di rilassare il volto rapidamente.

Sono sufficienti pochi minuti, in uno spazio isolato, dove nessuno ti possa osservare: chiuditi in ufficio, oppure in bagno. Meglio se puoi avere a disposizione uno specchio.

Inizia a fare smorfie, boccacce, muovendo i muscoli facciali in tutti i modi possibili; immagina che la tua faccia sia fatta di plastilina o di gomma e contorcila in ogni modo possibile: aggrotta la fronte, spalanca gli occhi, storci la bocca da una parte e dall'altra, digrigna i denti o falli battere; muovi la bocca, lasciando che i muscoli si esprimano in un susseguirsi di "Oh! Ah! Uh! Ih!". Sbizzarrisciti e inventa... concediti di essere un po' folle. Se lo farai con totalità e leggerezza – come fosse un gioco piacevole –, permetterai ai muscoli del volto di sciogliersi e alla fine ti sentirai molto più rilassato.

Questo metodo può anche essere praticato a casa propria, la sera, al termine della giornata.

In questo caso, siediti sul letto in una posizione confortevole e sbizzarrisciti, per dieci o quindici minuti, a fare smorfie e boccacce... al nulla!

Ti puoi liberare ancora di più dalle possibili tensioni accumulate, se aggiungi a queste smorfie dei suoni senza senso: grugniti, parole senza significato, parla in gibberish.

Il segreto di un esercizio efficace è esprimere ciò che si prova con suoni e parole del tutto privi di senso intelligibile. Questo processo dà sollievo al cervello e permette di sfogare tutto l'accumulo mentale che impedisce di essere rilassati e presenti.

In particolare, rispetto all'uso del gibberish, *Osho ha spiegato:*

Siedi in silenzio nella tua stanza e inizia a parlare ai muri, ma smetti di torturare le altre persone!

Parla con i muri... usa il *gibberish*!

Questo metodo dovrebbe essere insegnato a tutti. Il mondo diventerebbe più sano se si avesse la possibilità di stare semplicemente seduti nella propria stanza e parlare a voce alta per un'ora, senza rivolgersi a nessuno in particolare.

All'inizio sembrerà qualcosa di folle... lo è! Ma ti libererà da tutto ciò che ribolle dentro di te, ti calmerai, e dopo un'ora ti sentirai incredibilmente quieto.

È inumano forzare il proprio bla-bla-bla insensato sulle altre persone... ed è ciò che si fa! In quel caso, chi ti sta intorno si trova in difficoltà: qualsiasi cosa tu abbia detto ai presenti continua a rimuginare nella loro testa; tutti dovranno cercare qualcun altro su cui sfogarsi, e così la cosa si propaga all'infinito.

In questo modo, un problema che poteva essere risolto diventa il problema del mondo intero! Tu potrai non esserci più, ma quel parlottio, quel blaterare, quel *gibberish* che hai propagato nella testa delle altre persone persisterà e durerà nei secoli a venire! Non c'è modo di porvi fine; in quel caso, diventa impossibile arrestarlo.

Se vuoi vomitare, se vuoi sfogare il tuo pattume, per favore stabilisci di non scaricarlo su nessun altro essere umano. La gente ha già la propria immondizia, ed è un peso oltremodo oneroso, non aggiungerne altro.

Però, puoi andare al fiume e parlare alle sue acque. Il fiume non ascolterà, per cui non ci sono problemi: il fiume non impazzirà. Puoi rivolgerti a un albero e parlare all'albero, e puoi uscire e parlare alle stelle, oppure puoi parlare ai muri della tua stanza: tutto questo va benissimo. E se hai la sensazione che sia troppo folle, allora mettilo su carta: tieni un diario e scrivi tutto ciò che vuoi.

Devi liberarti della tua pressione, ma non dovrebbe entrare nell'essere di nessun altro; altrimenti sei violento. E se le persone impareranno questo semplice espediente, il mondo diventerà più sano.

Se pratichi questo gioco di smorfie e di farneticare senza senso con regolarità, ti ritroverai alleggerito, con una mente più agile e più lucida; fattori questi che arricchiranno la tua creatività. Inoltre, se soffri d'insonnia, molto probabilmente la causa è dovuta a una mente sovraccarica: sfoga in quel parlare senza senso tutto l'accumulo di pensieri che sollecitano la tua attenzione; e ricorda: fallo in solitudine, non nella stessa stanza in cui si trova il tuo partner o qualcun altro!

Quello sfogo renderà più facile dormire, e di certo non passerai più la notte da un sogno all'altro, per completare ciò che è rimasto in sospeso, non detto, inascoltato.

Inoltre, al mattino, prima di farti la doccia, puoi metterti davanti allo specchio e fare smorfie e boccacce per dieci minuti. Questo esercizio dei muscoli facciali aumenterà l'apporto di sangue al volto, preparandolo a un diverso fluire emotivo nella giornata: ti sarà facile non rapportarti a ciò che accade con una maschera, rendendo agevole la gestione di emozioni e stati d'animo con una diversa leggerezza che ralle-

grerà anche la giornata di chi lavora con te, cambiando così l'intera atmosfera circostante.

E se vuoi introdurre i tuoi bambini alla meditazione, sappi che questo è uno dei veicoli più semplici per connetterli con alcune delle qualità più sottili di questa pratica. Non ultimi: il gioco, il divertimento, una piacevole fluidità.

Da qui un consiglio di Osho che vale per tutti, grandi e piccini:

La meditazione dovrebbe essere gioco, divertimento, non dovrebbe assomigliare a un lavoro. Non la devi praticare con la devozione che caratterizza un uomo religioso, prendila come fa un giocatore d'azzardo: gioca, falla per divertirti... praticala come farebbe uno sportivo, non un uomo d'affari! Se ti diverti, ne vedrai tutte le qualità; in quel caso, fiorirà da sola, spontaneamente. La tua volontà non sarà necessaria, non sarà necessario alcuno sforzo. Semplicemente, tutto il tuo essere dev'essere disponibile, ricettivo; tutta la tua energia dev'essere coinvolta. In questo modo il fiore spunterà da solo.

Nessuno ha mai detto che la meditazione dovrebbe essere presa come un gioco, ma io lo dico.

Liberarsi dal vulcano interiore

Per molti, l'accumulo di non detto, non vissuto, mai espresso è tale da generare la sensazione di essere seduti su un vulcano. In questo caso, è bene prendere in mano la propria situazione con maggior determinazione. E soprattutto usare tecniche più radicali, così da poter davvero fluire e smettere di patire gli effetti collaterali di tutto quell'accumulo di tensioni.

Osho ha operato una "chirurgica" messa a fuoco sull'uomo contemporaneo, riconoscendo il particolare equilibrio psicofisico che lo caratterizza e creando poi alcuni metodi innovativi che tengono conto della necessità di dare spazio a quello che è diventato un vero e proprio vulcano, pronto a eruttare alla minima sollecitazione – come spesso i fatti di cronaca dimostrano.

Il punto di partenza è semplice: per tornare a fluire, occorre ripulirsi ed è questa la peculiarità che fa la differenza nella proposta esistenziale di Osho...

La ricerca del Vero che io ti suggerisco non è altro che questo: un processo di pulizia, una purificazione interiore. Le vecchie religioni propendevano per la repressione.

Il mio approccio è un altro: anziché reprimere, fai una catarsi, sfoga, vomita all'esterno tutto ciò che stai trattenendo dentro di te.

Se reprimi, la cosa repressa entra nel tuo inconscio. Una rabbia repressa diventa una ferita dentro di te, sprigionerà un veleno. Sfogala, espellila dal tuo organismo ed ecco che ti ritroverai ad avere dentro di te un bellissimo spazio, limpido e pulito.

Certo, non è affatto necessario sfogarsi su qualcuno in particolare; si può fare una semplice catarsi nel vuoto. Se sfoghi la tua rabbia su qualcuno, quello sfogo scatenerà rabbia nell'altra persona; ne deriva una catena di reazioni che sarà dannosa per entrambi.

D'altra parte, puoi andare in camera tua, chiudere la porta e, stando da solo, puoi immergerti in profondità in quella rabbia: puoi danzare con rabbia, puoi picchiare un cuscino, puoi urlare, puoi strillare all'impazzata.

Piano piano vedrai che tutta l'energia coinvolta nella rabbia viene sprigionata, è sfogata; e questo lascia dietro di sé un silenzio... il silenzio che viene dopo una tempesta. Qualcosa che ha una bellezza e un valore immensi.

*

L'amarezza è simile a un duro involucro che circonda un seme: è protettiva, protegge la morbidezza e la dolcezza all'interno. È un'armatura, un giorno dev'essere lasciata cadere. Il giorno in cui il seme abbandona la sua dura scorza, inizia a germogliare e a crescere.

La stessa cosa accade alla consapevolezza umana. Lascia andare ogni sorta di amarezze – la rabbia, l'avidità, la gelosia, il voler dominare – ed ecco che all'improvviso si verificherà un'esplosione di dolcezza.

Quella dolcezza è amore, quella dolcezza è compassione, quella dolcezza è preghiera; assaporare tutto ciò è avere un assaggio del divino che è l'esistenza.

In ebraico, Maria significa "amarezza". Ed è bellissimo che Maria sia il nome della madre di Gesù.

L'uomo più dolce nacque da Maria, il cui significato è amarezza!

Lascia che la tua amarezza faccia da madre, così da poter dare alla luce proprio da quell'asprezza una dolcezza. Quell'amarezza può diventare il ventre da cui può venire alla luce il Cristo bambino.

Coloro che hanno conosciuto la verità della vita hanno questa comprensione fondamentale: il veleno può essere trasformato in nettare; non occorre rifiutare nulla, tutto può essere trasformato. Ciò che è infimo è la via verso ciò che è più elevato; l'oscura notte è il ventre da cui nasce un mattino radioso... e più è buia la notte, più è vicina l'alba.

Non è necessario rinunciare a nulla, ma tutto dev'essere trasformato.

Metodi nuovi per esseri umani nuovi e diversi

Tu sei semplicemente *addormentato*, occorre svegliarti!

Uno stato di non sonno, di non desiderio, di non sogno, di assenza dello scopo è illuminazione. D'acchito, ti ritrovi assolutamente perfetto così come sei; a quel punto scoppi a ridere, perché stavi cercando qualcosa che non avevi mai perso, qualcosa che eri già: lo sei sempre stato!

Come potresti trovare ciò che già sei? È impossibile; ecco perché l'illuminazione sembra un processo tanto difficile: perché non è affatto un processo.

Nel corso della Storia, i maestri non hanno fatto altro che escogitare metodi per svegliarti, scuoterti e spingerti a riconoscere ciò che sei. Sono stati ideati e usati tecniche e stratagemmi di ogni tipo, ma sono tutti arbitrari: non possiedono un valore intrinseco.

Il consiglio è di evitare le imitazioni! Questo è ciò che è avvenuto a tutti i migliori stratagemmi inventati dai maestri. La gente continua a imitare alla lettera, senza comprendere lo spirito, quando invece è questo che bisogna cogliere.

Gli hindu continuano a ripetere metodi inventati da uomini come Patanjali, Manu, Yajnavalkya. Sono passati migliaia di anni, ma la mente ortodossa resta ancorata alla lettera e ha paura di cambiare alcunché. Senza comprendere lo spirito, si continua a ripetere tutto come pappagalli; ma le situazioni cambiano...

Oggi è impossibile applicare all'uomo moderno gli stessi insegnamenti che Patanjali impartì ai propri discepoli, nello stesso modo: sono passati cinquemila anni, l'uomo non è più lo stesso. Se vuoi mettere in pratica Patanjali, avrai bisogno di un altro Patanjali che sposti, cambi, tolga e aggiunga molte cose. Il nuovo Patanjali dovrà creare da capo la sua metodologia, perché l'uomo non esiste per i metodi: *sono i metodi che esistono tutti per l'uomo*.

Non esiste un sistema così prezioso che vi si possa sacrificare l'uomo; tutti i sistemi devono servire l'uomo. Se lo fanno, bene; se diventano inutili, obsoleti e irrilevanti, si devono abbandonare, ma con profonda reverenza e gratitudine, perché hanno comunque svolto il loro compito.

La mente umana, purtroppo, ama sempre il passato. Per questo, più antico è un metodo, più è venerato. In realtà, più è antico, più è inutile: non può più aiutarti a cambiare, a trasformarti.

Oggi la situazione è cambiata, eppure tu continui a ripetere vecchie formule. Prima di tutto, osserva la situazione. I metodi che hanno funzionato in passato adesso non funzioneranno più. L'illuminazione è la cosa più semplice che esista, ma poiché l'uomo adesso è molto complesso – e con il passare del tempo si fa sempre più complesso – avrà bisogno di metodi più elaborati.

Io devo essere il primo illuminato a usare gruppi terapeutici e terapie meditative come ausilio alla meditazione, per il semplice motivo che in passato l'uomo era così semplice che non aveva bisogno di passare prima attraverso le terapie. In un certo senso, era più sano, più equilibrato, autentico, vero, sincero e onesto.

L'uomo moderno è così astuto e represso che lui per primo non sa cosa si è accumulato nel suo essere. Inoltre, oggi l'uomo non è semplice, è molto furbo; riesce a ingannare persino se stesso: ingannando continuamente gli altri, ha imparato come si fa. Ormai, l'astuzia non richiede più da parte sua uno sforzo deliberato e consapevole: è profondamente integrata nel suo essere. L'uomo moderno gioca d'astuzia quasi senza accorgersene.

Questa situazione inedita richiede tecniche, prospettive e approcci nuovi, tali da spiazzare la mente al punto che non sa più cosa fare: se lo sapesse, lo stratagemma non sarebbe di alcuna utilità. La mente, quando non riesce a venire a capo di una situazione, è impotente: allora si schiude un istante prezioso in cui può affiorare qualcosa del trascendente.

La mente moderna non può essere aiutata da Patanjali o Mosè. Avrà bisogno di un approccio del tutto nuovo.

E questo è esattamente ciò che sto facendo e suggerendo: tu hai bisogno di terapie per poter eliminare tutta la spazzatura accumulata. La terapia è catarsi: ti mette davanti al tuo inconscio. Nessun metodo del passato poteva fare una cosa del genere: in primo luogo, perché non occorreva, era inutile... Stare seduti in silenzio senza fare nulla era sufficiente. Adesso, però, stando seduti in silenzio senza fare nulla non si approderà a niente.

Innanzitutto, tu non sei in grado di stare seduto in silenzio: dentro di te c'è troppo caos. Certo, esteriormente puoi stare seduto come un Buddha o una statua di marmo, ma dentro di te cosa succederà? Il corpo può imparare il trucco dell'immobilità, ma sconfiggere la mente non è altrettanto facile. In realtà, più costringi il corpo a restare immobile, più la mente si ribella e cerca di guastare la tua cosiddetta immobilità: raccoglie la sfida e si vendica eruttando ogni sorta di pensieri, desideri e fantasie a raffica.

A volte, ci si chiede dove vadano tutte queste cose quando non mediti. Non appena ti siedi per qualche minuto di silenzio, ogni genere di stupidaggine si affaccia nella tua testa, come se fino a quel momento fosse stata in attesa. Arrivano tutte proprio quando siedi in meditazione!

In passato, non era così. L'uomo primitivo era semplice, non ha mai avuto bisogno di una terapia Primal: era già primitivo. Tu sei diventato così civilizzato che, come prima cosa, bisogna asportarti quella civiltà. Questa è la funzione della terapia Primal: farti tornare primitivo, renderti di nuovo innocente. Nessun uomo primitivo ha mai avuto bisogno di un gruppo di incontro, di un Encounter: tutta la sua vita lo era già!

Oggi, invece, se vuoi picchiare qualcuno, gli dici: "Ciao"; se desideri ucciderlo, sorridi. E non solo l'altro viene ingannato: anche tu credi al tuo sorriso, pensi che sia vero. La gente è così beneducata che ti sopporta, ti accetta, fa finta di non vedere cosa stai facendo: finché non dai fastidio a nessuno, ti lascia in pace. Tutti stanno conducendo una doppia vita: quella sociale e formale, e quella privata, che è esattamente l'opposto.

Hai bisogno di alcuni processi che ti riportino al tuo sé autentico, in modo che la tua dualità sparisca e per la prima volta tu possa vedere chi sei. La tua morale, tutte le tue cosiddette religioni ti insegnano la dualità, rendendoti un ipocrita. Parlano di verità, ma sono tutte parole. Non ti rendono vero, ma beneducato, garbato, civilizzato. Ti insegnano a essere bravo dal punto di vista formale. Ti danno una bella apparenza, ma non si curano minimamente del tuo essere interiore, che è anche il tuo vero sé; ragion per cui tendi a dimenticartelo.

L'illuminazione consiste nel vedere il tuo essere autentico, ma poiché ti sei troppo assuefatto e affezionato all'irreale, hai bisogno di qualche martellata per tornare alla realtà.

Io ho inventato metodi di meditazione dinamici e caotici per ridarti un bagliore della tua purezza infantile; per riportarti a quando ancora non eri contaminato, inquinato, avvelenato, condizionato dalla società; per farti riassaporare lo stato completamente naturale in cui ti trovavi alla nascita. La società ti forgia secondo determinati schemi, distruggendo la tua libertà; elimina ogni alternativa, costringendoti in un unico stampo. Ti orienta e condiziona in così tanti modi che alla fine devi scegliere quello che vuole il contesto sociale. Naturalmente, tutto ciò viene fatto dandoti l'idea che sia tu a scegliere.

Ho sentito raccontare...

> Quando Ford cominciò a produrre automobili, aveva a disposizione un solo colore, il nero. Mostrava le macchine ai clienti e diceva: "Potete scegliere il colore che preferite, a patto che sia il nero!".

Questo è ciò che la gente fa ai propri bambini. Puoi essere chi ti pare, a patto che tu sia hindu, musulmano o cristiano; assodato che ti comporterai in un determinato modo, sei libero, assolutamente libero! La gente continua a creare un'apparenza di libertà abbinata a una profonda schiavitù.

Hai bisogno di essere rigettato alla tua realtà. E talvolta sono necessari metodi anche crudeli: i maestri Zen che malmenano i propri discepoli... Non puoi dire che sia un metodo molto compassionevole. È un metodo crudele, ma nasce da una grande compassione. E talvolta ciò che è impossibile insegnare può essere provocato da un maestro schiaffeggiandoti.

Talvolta, ci vuole; in certi casi, soltanto un metodo crudele può sbloccarti.

Una meditazione dinamica, caotica, è un metodo molto crudele. Non è come una preghiera dolce: è qualcosa di amaro. D'altra parte, può ripulire il tuo essere da molta polvere, provocando in te un grande risveglio: può trasformarsi nel tuo primo *satori*. Occorre semplicemente impegnarsi al cento per cento, davvero con totalità!

E nulla di tutto questo va preso con serietà. Il mio consiglio è di avvicinarsi al proprio risveglio con lo spirito del gioco. Più sarai giocoso, meno sarai lontano dal riconoscere la tua natura illuminata.

Le Osho Active Meditations sono metodi propedeutici, ovvero tecniche che preparano e aprono a ciò che è meditazione, in senso più ampio. Si potrebbe dire che rispondono alla qualità basica della meditazione, che rende questa parola affine alla parola "medicina" con cui condivide la stessa radice: entrambi i termini derivano da mederi *– prendersi cura di, aiutare – la cui radice indoeuropea significa sia curare, sia riflettere.*

Queste Meditazioni Attive vanno dunque utilizzate come veri e propri farmaci in grado di curare ed equilibrare ciò che in noi è alterato, distorto o malato. In questo senso, è bene seguire il suggerimento di Osho dato a un ricercatore che gli aveva chiesto espressamente per quanto tempo si doveva praticare questa tecnica.

Possono essere necessarie da tre settimane a tre mesi. Se pratichi questo esperimento con totalità, in tre settimane esaurirà il suo intento. Per coloro che non praticano con totalità, potrebbero essere necessari più di tre mesi. Ma non è qualcosa che si dovrà fare per sempre; infatti, una volta abbandonati i problemi della mente, la mente stessa si dissolverà da sola, spontaneamente.

Il lasso di tempo necessario dipenderà da quanto intensamente ti applichi per lasciar andare i tuoi problemi. Tuttavia, se esegui questo esperimento nel modo corretto, di solito tutto si acquieta in meno di tre mesi; a quel punto potrai fare uno o due respiri profondi e immediatamente entrerai nel quarto stadio: la meditazione vera e propria. Se però sei davvero votato all'infelicità, potrebbero volerci anni. Il punto è questo: espellere completamente tutto il pattume che hai accumulato dentro di te.

Questa meditazione è un esperimento di totalità. I risultati che otterrai saranno proporzionati a quanto sei totale. Se ti trattieni anche solo un po', non otterrai alcun risultato. Devi buttarti in questo esperimento con totalità; se ti trattieni, se risparmi le tue energie, non può funzionare. E il processo è tale per cui diventa facile applicarsi totalmente, non è nulla di difficile.

Sul sito **osho.com** *trovi approfondimenti, domande frequenti e video dimostrazioni che facilitano la comprensione delle tecniche alla sezione Medita – Per altre informazioni sulle Meditazioni Attive di Osho vedi: Per approfondire.*

2
Accettare se stessi e la realtà della vita

> Si narra di un uomo che viveva su un piccolo pianeta. Ogni giorno alle sei si metteva di fronte al sole e gli ordinava con tutta la potenza della sua presenza e della sua voce di sorgere, e il sole sorgeva.
> Ogni sera alle sei gli ordinava di tramontare, e il sole tramontava.
> Dopo un po', il sole imparò la lezione e da quel momento in poi quell'uomo si limitò a stare seduto a rimirare il sorgere e il tramontare del sole.

Nessuno ha mai imparato alcuna lezione. Anche se nessuno avesse ordinato al sole di sorgere, alle sei di ogni mattina l'avrebbe fatto.

Se ti permetti di vivere in silenzio, in tutta semplicità, neppure la meditazione è necessaria; non serve neppure prima di giungere al pieno risveglio. Se perseveri nel vivere una vita sana, sincera, colma di gratitudine – senza preoccuparti troppo del passato e senza troppi desideri nel futuro –, se vivi semplicemente momento per momento, così come accade, perfino prima dell'illuminazione la meditazione non è necessaria.

In quel caso la meditazione inizierà ad accadere. Così come il sole sorge al mattino, non dovrai dare alcun ordine; e così come il sole tramonta la sera, non dovrai dare alcun ordine.

> Quell'uomo ogni mattina alle sei ordinava al sole di sorgere e ogni sera alle sei gli ordinava di tramontare. Poi, dopo qual-

che giorno, pensò: "Ritengo che ora il sole abbia imparato la lezione". Per cui si sedette in silenzio, in osservazione... e il sole spuntò! E di nuovo osservò... e il sole tramontò! A quel punto quell'uomo si rallegrò: aveva svolto il suo compito – il sole aveva imparato la lezione!

Tutte le meditazioni riflettono questo aneddoto.

La vita in quanto tale si sta muovendo continuamente verso la meditazione, non è necessario alcuno sforzo extra. Sforzi ulteriori sono necessari solo perché la tua vita non si sta muovendo affatto, e questo perché ti hanno insegnato nozioni assurde. A causa di queste informazioni sbagliate hai creato in te un'infinità di blocchi, e la vita non scorre più, non è più un fiume – sei diventato una pozza sporca, maleodorante e chiusa. Ecco perché è necessaria la meditazione.

La meditazione occorre perché hai perso la tua naturalezza. Se vivi una vita naturale... e con questo intendo: vivi il momento per ciò che è, così com'è; non cercare di rivestirlo con alcun obbligo o dovere – nessun "dovrei essere..." –, non cercare di trasformarlo in qualcos'altro.

Accetta semplicemente il momento così com'è: quando sei arrabbiato, sii in collera e accettalo; e non creare alcun ideale, non pensare che non dovresti arrabbiarti. E quando la rabbia se n'è andata, non pentirti. Non c'è nulla di cui pentirsi: le cose stavano così!

Quando sei innamorato, ama; e non metterti a pensare a come o cosa dovrebbe essere l'amore. Non metterti a consultare manuali d'amore, permetti semplicemente all'amore di fluire con naturalezza.

Ho sentito la storia di un grande samurai, un famosissimo uomo di spada...

> Una notte, stanco per l'intera giornata trascorsa sul campo di battaglia, stava per sdraiarsi e andare a dormire, quando vide un topo. E quel topo lo guardava con ferocia!
> Prontamente, il samurai impugnò la spada e cercò di ucciderb

lo. Era il miglior spadaccino del Paese, ma per qualche strano motivo non ci riuscì.
Tornò a incalzarlo, cercando di colpirlo, ma alla fine ruppe la spada e non riuscì a ucciderlo.
La cosa lo spaventò tantissimo: "Questo topo sembra avere qualcosa di misterioso. Non è un topo comune!".
Iniziò a sudare, non gli era mai successo. Per tutta la vita era stato un guerriero, aveva combattuto... e ora, un semplice ratto l'aveva sconfitto.
Corse fuori dalla stanza e chiese consiglio alla moglie. La donna gli disse: "Sei uno sciocco! Non è necessario che tu uccida quel topo, si è mai sentito di un topo ucciso a colpi di spada? Porta il nostro gatto in camera tua".
Così il gatto fu fatto entrare. Non era un comune felino, era il gatto di un grande guerriero e aveva avuto un addestramento adeguato. Lo si conosceva come il miglior cacciatore di topi del Paese.
L'animale entrò armato di tutta la sua arte e di tutte le sue abilità, ce la mise tutta... ma il topo si rivelò davvero straordinario. Fece un balzo e cercò di accecare il gatto! Che si diede alla fuga... non aveva mai visto un topo simile – un ratto che attacca un gatto? E anche lui, come il grande guerriero si ritrovò a tremare.
Il samurai esclamò: "Questo è troppo!" e andò a prendere il gatto del re. Un animale considerato un vero maestro, famosissimo in tutto il Paese; ovviamente, essendo il gatto del re, era ritenuto il migliore.
Ma anche questo gatto fu sconfitto. Entrò nella stanza, diede il meglio di sé, mise in atto tutte le sue abilità, ma quel topo era davvero qualcosa di straordinario.
A quel punto, fu lo stesso gatto del re a suggerire un'altra via al samurai: "Conosco un gatto, per nulla famoso, potresti provarci. Finora hai tentato con gatti famosi... prova con uno ordinario, comune, un semplice gatto".
Il guerriero commentò: "Ma cosa potrebbe mai fare un semplice, comune gatto?".
Il gatto del re disse: "Provaci e basta. Conosco quel gatto. È un comune animale, non ha grandi conoscenze; passa la giornata a dormire. Ma ha qualcosa di davvero misterioso, tutto il Paese lo sa. E la cosa misteriosa è questa: non sa nulla di topi, di come catturarli, non ha alcuna abilità, nessun'arte, non conosce tecniche, metodi; è privo di qualsiasi nozione filosofica – non sa nulla di nulla. Non è mai stato a scuola, al college o all'università. È un puro e semplice, comune gatto... ma i topi ne hanno terrore! Ovunque si metta a dormire... nessun topo

osa mai entrare in quella stanza! La sua semplice presenza è sufficiente. E lui non fa che dormire, e nessuno sa quando e in che modo possa fare un balzo e uccidere.

"Una volta sono andato a fargli visita e gli ho chiesto: 'Qual è la tua maestria?'. Mi ha semplicemente guardato, non aveva nulla da dire, per cui chiuse gli occhi e tornò a dormire. Al che l'ho svegliato e di nuovo gli ho chiesto: 'Qual è la tua abilità?'.

"Mi ha risposto: 'Non lo so. Sono un gatto, questo è sufficiente. Un gatto è un gatto ed è previsto che prenda i topi. Di che maestria parli? Le tue sono tutte assurdità!'".

Fu dunque portato nella stanza, e il samurai non aveva grandi speranze, perché davvero era un gatto comune, un semplice randagio.

Eppure, senza mettere in atto alcuna strategia, fece un semplice balzo, afferrò il topo e lo portò fuori.

Tutti i gatti lo circondarono e in coro chiesero: "Qual è la tua arte?".

Al che lui rispose: "Non ho alcuna arte. Sono un gatto! Non è sufficiente?".

Ecco cosa intendo, dicendo di essere naturali. Se sei naturale, la meditazione accadrà, anche prima dell'illuminazione.

La meditazione non è altro che il naturale fiorire; non è nulla di simile a un'arte, a un'abilità, a una prestazione. No, niente affatto. Non devi andare in alcuna scuola per impararla!

Purtroppo, sei stato abusato, rovinato, manipolato. Da sempre sei circondato da topi, e sono tali e tanti che hai iniziato a temerli – non solo ne hai paura, hai iniziato a prendere lezioni su come catturarli. E sei diventato abilissimo, e al tempo stesso artificiale; conosci metodologie e tecniche... e questo è il guaio. Il tuo sapere è il tuo problema.

Se così non fosse, non sarebbe necessario alcun apprendimento! Kabir non ha mai meditato – ha continuato a tessere e a filare... e si è illuminato. Cos'è accaduto? Un uomo del tutto naturale, che ha fatto le sue cose con totalità, con tutto il suo cuore, assolutamente assorto nel suo agire... ed ecco che si è realizzato.

Dunque, ricorda: devi apprendere la meditazione solo perché hai imparato diverse altre cose. Per distruggere quel falso accumulo di nozioni, devi apprendere anche la meditazione.

È come se avessi una spina nel piede: ti occorre un'altra spina per tirarla fuori. Entrambe sono delle spine, ma la seconda è d'aiuto.

La meditazione è del tutto simile a una spina. Poiché sei diventato qualcosa di artificiale, di falso e quell'essere finto, innaturale è sceso in profondità nel tuo essere... ecco che ti occorre la meditazione per liberartene. Si tratta di una medicina.

Forse non lo sai, ma "medicina" e "meditazione" hanno la stessa radice. Sono dei farmaci!

Quando qualcuno è malato, gli si dà un medicinale. Pensi forse che sia quello a guarirlo? In tal caso sei in errore: la medicina si limita ad aggredire la sua malattia. Ancora non è stato inventato un farmaco che ti dia la salute: rimane al di là delle possibilità mediche, ed è anche al di là delle possibilità della meditazione!

La medicina si limita a debellare la malattia. Una volta annientata – quando la spina è stata estratta – ecco che la tua salute interiore torna a risplendere.

Occorre semplicemente debellare ciò che è artificiale. Naturalmente, per operare su qualcosa di artificiale, occorre qualche artificio. Per distruggere qualcosa di falso sarà necessaria un'altra falsità: non è possibile distruggere il falso con qualcosa di reale, sono cose che non si incontreranno mai.

Come potrai mai debellare il falso con il Reale? Dunque, *tutte* le tecniche di meditazione sono finzioni come lo è qualsiasi altra cosa – tutti artifici fittizi! Sono utili, di certo sono molto utili; ti aiutano a uscire dalla finzione, dalle tue falsità. Ma il giorno in cui sei fuori dalle tue menzogne, ecco che all'improvviso ti rendi conto: "Per giungere a questo pieno risveglio, non era necessaria neppure la meditazione".

È diventata qualcosa di necessario a causa della società, a causa dei condizionamenti, a causa di un eccesso di apprendimento; è indispensabile perché hai perso la tua natura, il tuo Tao.

Ciò che è frivolo è profondo

Questo è la vita: profonda e frivola allo stesso tempo, e in questo non esiste alcuna contraddizione.

Ti è stato detto che il sacro è qualcosa di remoto e non potrà mai essere ciò che è profano. Ti è stata insegnata una distinzione netta tra il profano e il sacro, tra ciò che è profondo e ciò che è frivolo.

In realtà, non esiste alcuna distinzione: ciò che è frivolo è il profondo, e ciò che è ordinario è straordinario, ciò che esiste nel tempo è l'eterno.

Il tuo condizionamento, l'educazione, la formazione cui sei stato sottoposto è tale per cui non smetti mai di distinguere, di separare, di dividere ogni cosa in bene e male, in puro e impuro, in perfetto e imperfetto, in virtù e peccato, in sacro e profano.

Queste distinzioni ti accompagnano da sempre, e a causa loro ti sei lasciato sfuggire la realtà di ciò che è.

Il cuculo che sta cantando in questo momento e Gesù che parla non sono per nulla diversi. Una foglia che cade dall'albero e una parola che cade dalle labbra del Buddha non sono differenti. La polvere in sé è divina. Distinzioni e differenziazioni sono manufatti umani, sono uno stratagemma della mente. E a causa di queste categorie mentali, noi non siamo mai integri, non possiamo esserlo. Come puoi essere un'unità organica, se operi una simile e incolmabile cesura tra ciò che è profondo e ciò che è frivolo?

In quel caso vedrai l'intera vita come insignificante. Mangiare, bere, dormire, camminare, andare in ufficio o in fabbrica... tutto è frivolo, volgare.

Ma in questo caso dove potrai mai trovare la profondità? In chiesa, al tempio, a volte quando preghi o mediti, oppure ascoltando me? In quel caso, nella tua vita ci sarà ben poco di profondo; e quella profondità sarà, in un certo senso, falsa. Non potrà permeare tutta la tua vita, non sarà mai sempre con te. Non ti avvolgerà come un'atmosfera.

A volte dovrai fare uno sforzo per avere quella qualità di profondità, e non farai che perderla, continuamente. Inevitabilmente sarai diviso, diventerai schizofrenico: sarai due entità, in preda a una profonda dissociazione... e inizierai a biasimare e a condannare te stesso.

Ogni volta che vedi qualcosa di frivolo, ti condannerai: "Non sono altro che banalità, ordinarietà, cose futili". E ogni volta che vedi qualcosa di profondo ti sentirai "il più santo dei santi" e il tuo ego sarà allo zenit! Entrambe le situazioni sono pericolose.

Sentire di essere frivolo è una condanna, crea un complesso di inferiorità; ti abbatte, ti spinge verso una tristezza inguaribile. Ti forza a essere depresso; e, naturalmente, non potrai amarti: sei così frivolo! Sei così ordinario, come puoi amarti? Non sfiori neppure lontanamente l'ideale di perfezione, pertanto nel tuo essere prende forma una severa e radicale condanna di ciò che sei. E nel momento in cui ti condanni ecco che sei all'inferno.

A quel punto, nessuno può tirartene fuori. E se anche si presenta qualcuno che ti dice: "Sei bellissimo", non ti fiderai. Penserai che ti sta ingannando, che vuole manipolarti, plagiarti, sedurti; sta cercando di sfruttarti... come puoi essere bello? Ti conosci meglio di chiunque altro: tu non sei bello, sei brutto; sei la persona più orribile che esista al mondo!

A causa di questa intima condanna, l'amore non potrà mai accadere. Come potrai amare qualcuno, se provi per te stesso tanto biasimo? E come puoi permettere a qualcuno di amarti, se ti giudichi e ti condanni così profondamente? L'amore è impossibile.

Quando vivi in una condanna di te stesso così profonda e radicale, vivi all'inferno. E l'inferno non è altrove, da qualche altra parte: è nella tua attitudine; consiste nella tua attitudine di condanna.

Quando ti accetti e godi di te stesso, sei in paradiso. Anche il paradiso è un'attitudine. E ti puoi muovere dal paradiso all'inferno in qualsiasi momento decidi di farlo! Di fatto non fai che spostarti, oscilli tra il paradiso e l'inferno; devi solo comprendere che la cosa dipende da un tuo criterio.

Pertanto, se ti senti condannato a causa della tua futilità, sarai all'inferno. E in quel caso a volte inizierai a sentirti avvolto dalla più elevata sacralità, perché hai fatto qualcosa di grandioso. Hai salvato una vita – qualcuno stava annegando nell'oceano e tu l'hai salvato, un bambino era intrappolato in una casa in fiamme e tu sei balzato dentro a rischio della tua vita, compiendo un atto eroico – e in quel caso ti sentirai estremamente egoista. L'ego è di nuovo un inferno.

Sentirsi superiori significa essere all'inferno, sentirsi inferiori significa essere all'inferno. Lascia andare ogni superiorità e qualsiasi inferiorità... il semplice essere è vivere in paradiso.

Inoltre, l'idea stessa di condannare è una funzione dell'ego. La gente si pone ideali impossibili.

Qualcuno non fa che scrivermi: "Non sono perfetto. Cosa dovrei fare?", oppure: "Qualsiasi cosa faccia è imprecisa, non è mai perfetta". Ci si continua a torturare a causa dell'imperfezione. Ma chi non è imperfetto? L'idea stessa: "Dovrei essere perfetto" è estremamente egoica. Quello stesso sforzo è egoico: nessuno è perfetto!

In realtà, per sua stessa natura la perfezione non può esistere. Essere perfetti significa essere morti. In quel caso, se fossi perfetto, non ci sarebbe alcuna evoluzione. Ma se le cose stessero così, come puoi sopravvivere? Che senso avrebbe? Se dio fosse perfetto, sarebbe morto. Soltanto se dio è imperfetto, solo in quel caso è – e può essere – vivo.

Io predico il dio imperfetto, e predico l'esistenza imperfetta, e predico la bellezza dell'imperfezione e la vita dell'imperfezione. L'idea stessa – "Devo essere perfetto", "Nella mia vita non dovrebbe esserci alcuna macchia" – è egoista. Ed è certo che, in quel caso, troverai mille e una pecca, un'infinità di imperfezioni.

Dunque, se le cose stanno così, da un lato sarai in preda a un delirio egoico, il che crea solo guai, ti rende infelice, perché di fatto non sei perfetto; e dall'altro quello stesso sforzo di gratificare il tuo io crea condanna. Vuoi essere superiore e sai di essere inferiore: sono entrambi aspetti della stessa medaglia. Goditi ciò che sei, così come sei!

Lascia andare tutte le distinzioni tra sacro e profano, tra peccato e virtù, tra buono e cattivo, dio e diavolo. Distruggi letteralmente queste distinzioni: sono le trappole in cui sei imprigionato. Quelle sono le trappole che ti impediscono di vivere, non ti permettono di essere libero.

In quello stato di cose non puoi danzare: un piede è intrappolato nell'inferiorità, un altro è ingabbiato nella superiorità. Sei letteralmente incatenato: come puoi danzare? Lascia andare, *abbandona tutte queste catene*.

Lo Zen dice: "È sufficiente la distinzione di un capello ed ecco che prendono forma il paradiso e l'inferno".

È sufficiente una piccola distinzione, un semplice capello può fare la differenza... e l'inferno e il paradiso si differenziano, e tu rimani intrappolato nella dualità. L'assenza di qualsiasi distinzione... ed ecco che sei libero! Nessuna distinzione è libertà.

Io insegno la profondità di ciò che è frivolo, e la frivolezza di ciò che è profondo. Questo è il mio insegnamento!

Mangiare è una cosa banale, se lo guardi dall'esterno. Se lo guardi dall'interno è profondo, è un miracolo – il fatto che puoi mangiare del pane e questo è trasformato in sangue e diventa carne, diventa le tue ossa e il tuo midollo. Mangi del pane, e questo diventa i tuoi pensieri, i tuoi sogni. È un miracolo, è la cosa più profonda che possa accadere.

Quando stai mangiando, non è una cosa comune, ordinaria, banale. Dio è all'opera, sta creando... mentre mastichi del pane stai creando la vita, consciamente o inconsciamente. Stai rendendo possibili mille e una cosa. Domani potresti dipingere... e il pane che hai mangiato diventerà un quadro. Domani potresti cantare, oppure in questo istante potresti fare qualcosa che non sarebbe stata possibile se non fosse esistito quel pane.

La preghiera cristiana è bellissima: "Signore, dacci oggi

il nostro pane quotidiano". Sembra assolutamente prosaico! Cosa vuol dire Gesù, quando dice: "Prega ogni giorno, con queste parole: 'Dacci oggi il nostro pane quotidiano'"? Non avrebbe potuto pensare a qualcosa di più profondo? Il pane?

Cambia la parola "pane" e ogni giorno prega, dicendo: "Signore, dacci oggi il nostro tè quotidiano" e vedresti quanto sembra sciocco. Ma il pane o il tè o il caffè – oppure la Coca-Cola... certo, anche la Coca-Cola è divina!

Tutto è divino – infatti, come potrebbe essere altrimenti?

Quella preghiera – "Dacci oggi il nostro pane quotidiano" – eleva ciò che è prosaico, rendendolo profondo. È un'affermazione di grande rilievo.

Anche gli hindu hanno sempre detto: "*Annam Brahma*, il cibo è dio", elevando così qualcosa di comune a profondo. Rivelando di aver guardato così profondamente in ciò che è banale da trasformarlo in qualcosa di profondo.

Fai una doccia. È qualcosa di comune, qualcosa che fai ogni giorno, ma può diventare un gesto molto profondo.

Prova a guardare in profondità in ciò che fai.

Stai fermo semplicemente sotto la doccia: l'acqua continua a scorrere, il corpo si sente fresco e giovane e vivo... quell'acqua è una benedizione. E questo perché noi siamo fatti di acqua. In pratica, per l'ottanta per cento l'essere umano è acqua, e il primo segno di vita è apparso nel mare. Il primo essere vivente era un pesce; e ancora adesso, nel ventre della madre, il bambino fluttua in acqua marina, che ha in pratica gli stessi ingredienti, la stessa salinità.

Ecco perché una donna incinta inizia a mangiare più salato; ha bisogno di più sale perché il bambino richiede un ambiente salino. Quel feto è di nuovo un pesce all'inizio, vive uno stadio primario. L'acqua è vita, e mentre fai una doccia e l'acqua scroscia su di te... è l'ottanta per cento della vita che ti inonda, l'elemento più necessario alla tua esistenza.

Senza l'acqua non è possibile vita alcuna. Senza l'acqua gli alberi non esisterebbero, gli uccelli non potrebbero cantare, non ci sarebbero animali e neppure gli esseri umani. La vita intera sparirebbe, se l'acqua scomparisse.

Quando sei toccato dall'acqua sperimenti qualcosa di profondo. Lo puoi rendere un momento davvero abissale! Dipende da te, in che modo lo vivi. Può diventare una meditazione, un momento di preghiera. Puoi provare gratitudine, sentire la grandezza del divino, essere riconoscente per il fatto che l'acqua è ancora disponibile.

Respirare è qualcosa di davvero comune, banale; chi mai gli presta attenzione? Ma il respiro è la tua vita. Tutte le lingue del mondo hanno parole per indicare la vita che in realtà significano "respiro". In sanscrito esiste il termine *prana*, per indicare la vita; parola che significa "respiro". La parola "anima" significa "respiro", la parola "psiche" vuol dire "respiro". E nella Bibbia si dice che dio creò l'uomo e gli infuse l'alito della vita. La vita ha avuto inizio respirando nell'uomo, altrimenti sarebbe solo polvere.

Dal fango dio creò Adamo, parola che significa "polvere", "terra". Poi respirò in lui la vita... così è nata la vita. Ed è così che ancora nasce: quando un bambino viene al mondo, la prima cosa che si aspetta titubanti è che respiri. Per due, tre secondi perfino il dottore smette di respirare, l'infermiera che lo assiste non respira... chi può dire se quel neonato respirerà o no? Potrebbe non farlo, e in quel caso non ci sarebbe vita alcuna. Solo se respira, verrà al mondo. Di nuovo avviene la stessa cosa accaduta con Adamo: dio respira nel bambino, in ogni bambino.

Dio è la forza invisibile, l'energia della vita che ti circonda. Entra in te attraverso il respiro e il giorno in cui muori, morirai espirando.

Inizi a vivere grazie a un'inspirazione, smetti di vivere con un'espirazione; a quel punto non respirerai più. Di nuovo Adamo è *adamo*, di nuovo la polvere è polvere, polvere alla polvere.

Il respiro è vita, ma hai mai guardato in questo semplice fenomeno? Al mattino, prova a stare in piedi, dritto sotto il sole... e respira. È dio che stai inspirando. Ed ecco che diventa qualcosa di profondo. Tutto dipende dalla tua attitudine.

La frivolezza e la profondità non sono due cose separate. Sono un tutto unico, sono unite insieme, sono due aspetti di un'unica energia. La tua vita è fatta di banalità, se non osservi in profondità; se inizi a osservare davvero a fondo, la tua vita è profonda.

Così è la vita: la frivolezza è profondità.

Non sono due cose contraddittorie, sono complementari. Ciò che è banale nasconde ciò che è profondo. La frivolezza funziona come una protezione, una scorza che protegge la profondità.

È simile a un seme: il seme sta proteggendo la possibilità dell'albero. Si tratta di una possibilità molto fragile, di una tenerezza estrema; il seme è duro, ma quella dura scorza protegge la possibilità di quella fragilità, la delicatezza dei fiori, la maestosità dell'albero. E il seme farà da protezione finché non troverà il terreno giusto; a quel punto scomparirà, quella guaina svanirà; quella dura scorza si dissolverà nel terreno e spunterà qualcosa di tenero, un virgulto.

Il profondo è nascosto nelle cose comuni, dunque osserva in profondità. Ovunque è presente qualcosa di frivolo, lì è presente il profondo. Non sfuggire, non evitare ciò che è frivolo, altrimenti fuggirai e volterai le spalle anche alla profondità.

Inoltre, non cercare la profondità in contrapposizione a ciò che è frivolo; altrimenti non lo troverai mai.

Il respiro è il ponte e la via alla vita

Il respiro è uno dei fattori che va preso in considerazione e di cui ci si deve prendere cura, perché è uno degli elementi più importanti: se non respiri profondamente e totalmente, non potrai mai vivere una vita di totalità... se il tuo respiro è superficiale, praticamente in ogni aspetto della tua vita tratterrai qualcosa, perfino in amore. Anche solo parlando, non ti esprimerai pienamente; la tua comunicazione non sarà completa, qualcosa rimarrà sempre inespresso.

Nel momento in cui la tua respirazione è armonica, tutto il resto entra in sintonia. Respirare è vita, ma la gente lo ignora, non gli presta alcuna attenzione, non se ne cura minimamente. Eppure ogni cambiamento che accadrà nella loro vita accade grazie a un cambiamento nel modo di respirare.

Se per anni hai respirato nel modo sbagliato, senza mai fare respiri profondi, la tua muscolatura si sarà irrigidita; in questo caso, non basterà la tua volontà a cambiare respirazione.

È come se qualcuno non avesse mai camminato per anni: le gambe sarebbero morte, i muscoli atrofizzati, il sangue non scorrerebbe più negli arti inferiori. Se all'improvviso quella persona decidesse di fare una lunga passeggiata – la giornata è bellissima, c'è uno splendido tramonto –, non riuscirebbe a muoversi. Il solo pensarci, non lo farà accadere. Adesso è necessario uno sforzo, un impegno, una dedizione tale da riportare in vita quelle gambe defunte.

Gli organi della respirazione hanno intorno a sé una muscolatura specifica, se hai sempre respirato nel modo sbagliato – e in pratica è così per tutti –, allora quella muscolatura si è irrigidita. Ora, se ti limiti a fare sforzi individuali, usando la tua volontà, ci vorranno anni; e sarebbe un inutile spreco di tempo.

Se però opti per un massaggio profondo, in particolare il Rolfing è adattissimo, quei muscoli possono essere rilassati, rimodellati e riprendere poi a funzionare normalmente. Un solo consiglio: dopo aver fatto l'intero ciclo di sessioni di Rolfing, quando il tuo respiro torna a essere normale, non ricadere nella vecchia abitudine!

Tutti respirano male perché l'intera società si fonda su attitudini, nozioni, comportamenti, stili di vita e condizioni di lavoro profondamente sbagliate. Per esempio, un bambino si mette a piangere e la mamma gli impone di non farlo. Cosa potrà mai fare quel bambino? Da un lato il pianto affiora dentro di lui, dall'altro la mamma gli urla di non frignare! Inizierà a trattenere il respiro, perché quello è il solo modo per fermare il pianto. Trattenendo il respiro puoi bloccare qualsiasi emozione: il pianto, le lacrime, ogni cosa. Se diventa una tua abitudine, piano piano tutto si blocca: ti impedisci di arrabbiarti, di piangere, di esprimere qualsiasi emozione.

In sintesi, il bambino impara questo trucco: se respira superficialmente, riesce a tenere sotto controllo ogni cosa. Se respira naturalmente e totalmente, così come è portato a fare alla nascita, ecco che ogni cosa diventa selvaggia e incontrollabile... dunque, si deve storpiare con le sue stesse forze!

Ogni bambino – maschio o femmina – inizia a giocare con i propri organi sessuali, perché gli danno una forte sensazione di piacere. Quei bambini sono del tutto inconsapevoli dei tabù sociali e di tutte le altre assurdità del consorzio umano; ma se la madre o il padre, o qualcun altro ti vede giocare con i tuoi genitali, ti dirà di smettere immediatamente. E l'ordine è accompagnato da un tale sguardo di condanna che il bambino lo vive come uno shock.

Anche quello nutrirà il timore di respirare profondamente; infatti, se il tuo respiro è profondo scenderà fino a massaggiare dall'interno gli organi genitali. Una sollecitazione che sarà fonte di disturbo, ragion per cui diventa consigliabile non fare respiri profondi; ci si eserciterà a mantenere superficiale la respirazione, così da escludere qualsiasi connessione con i genitali.

Tutte le società che sono sessualmente represse inevitabilmente sono caratterizzate da una respirazione poco profonda, limitata al torace. Soltanto tra i popoli primitivi, che non hanno alcuna attitudine repressiva nei confronti del sesso, esiste una respirazione corretta. Il modo in cui quella gente respira è bellissimo, è completo ed è integro. Quelle persone respirano come animali, la loro respirazione è del tutto simile a quella dei bambini.

Armonizzare il respiro

Oggi gli psicologi concordano nel dire che ogni bambino inizia a considerare la parte del corpo al di sotto dell'ombelico come "più bassa" non solo perché posta più in basso, ma perché la si ritiene inferiore.

Si crea un'identità a partire dalla parte medio alta del corpo e si inibisce qualsiasi connessione dall'ombelico in giù. Con il tempo, la parte inferiore del corpo viene disdegnata, se ne perde qualsiasi sensazione, come se non facesse parte di noi e gradualmente la si identifica con pulsioni e desiderio.

A un certo punto, la percezione di ciò che siamo si centra nella testa, ed è per questo che ci riconosciamo unicamente guardando il nostro volto. Il resto del corpo viene nascosto; non per proteggerlo dalla pioggia, dal calore o dal freddo, ma perché non ci vogliamo identificare con una qualsiasi altra parte che non sia la testa, ed è lì che localizziamo il sentire.

In realtà, solo se la mia intelligenza e i miei sensi sono interconnessi, soltanto se non sussiste alcuna separazione, non ci saranno conflitti o intima inimicizia; altrimenti dentro di noi esisterà un sottile e sordo conflitto. In qualche modo noi tutti riusciamo a non superare un certo limite e a non impazzire, ma generalmente si vive portandosi dietro un sordo conflitto.

I bambini sembrano vivere in paradiso, proprio su questa terra dove anche noi viviamo; e questo perché la loro animalità e l'intelletto sono ancora un tutto unico. Quando un bambino mangia, non è solo il corpo a nutrirsi; anche l'anima trae piacere da quel gesto. Quando danza, l'anima del bambino danza con il corpo; quando corre, l'anima corre con lui. È un tutto unico, integro dentro di sé; ancora in lui non si è formata alcuna crepa, nessuna dissociazione. Vive come una totalità indivisibile.

Nessuno riesce a sperimentare la beatitudine o l'amore come un bambino. E di fatto dovrebbe essere l'esatto opposto: quelle potenzialità dovrebbero essere nutrite dalle nostre esperienze di vita, arricchendoci. Purtroppo non è così, perché la nostra crescita implica una profonda dissociazione tra pensare e sentire: quando tocco la tua mano, è soltanto la mia mano a toccarti; ma se la mia mano è inerte, l'essere non avvertirà alcuna sollecitazione. E il nostro essere non ha vie di connessione dirette: i sensi sono le soglie dell'intelletto e il corpo è il medium dell'anima. Il corpo non è altro che l'estensione dell'anima nel mondo. Se in qualche modo diventiamo nemici del nostro corpo, alteriamo e danneggiamo tutte le nostre connessioni con il mondo.

Il nostro contatto con il mondo si inibisce, si interrompe, si spezza nella stessa proporzione in cui noi alteriamo la nostra connessione con il corpo.

Viviamo, ma esiste sempre una distanza tra noi e l'esistenza. Non importa quanto ci diamo da fare, questa distanza è sempre presente. Quando amiamo, incontrando un amico, in tutti i nostri rapporti quella distanza persiste; per quanto si possa fare, esiste un punto che è davvero difficile oltrepassare.

Tornare a essere come bambini implica essere talmente sensibili in ogni nostra esperienza da permetterle di toccarci intimamente, nella nostra essenza. Il bambino ha un'innocenza di cui è inconsapevole; quella stessa innocenza dev'essere riacquisita dal saggio, ma in quel caso sarà frutto della saggezza e di un pieno risveglio.

Ciò che occorre stabilizzare dentro di sé è uno stato di innocenza risvegliata. Ma in che modo possiamo tornare a essere un tutto integro, dentro di noi?

Lao-tzu suggerisce di essere assolutamente immersi, coinvolti nel nostro agire: se cammini, diventa il camminare stesso. Non dovrebbe esserci alcuna separazione tra te e il tuo camminare. Non è richiesto neppure il testimone – l'osservatore che è presente ed è consapevole del fatto che stai camminando... a un certo punto, anche questo dev'essere lasciato andare.

L'io che avverti dentro di te dovrebbe essere del tutto assente in ogni tua azione. Potrebbe essere un gesto banale, ma dovresti esservi immerso con la totalità del tuo essere. Quell'io dovrebbe essere assorbito nell'azione... ed è proprio quell'io la causa di ogni dualità.

Non è così facile perché alcune abitudini si sono radicate in te al punto da reiterare il senso di separatezza tra te e il corpo.

Si tratta ormai di automatismi che vanno compresi e sradicati.

Prova a osservare un bambino che dorme, noterai che la sua pancia si alza e si abbassa con ogni respiro, mentre il suo torace è assolutamente rilassato.

Lao-tzu già diceva, e oggi la scienza lo conferma, che la coscienza dell'uomo si separa da quella animale nel momento in cui il respiro si fissa nel torace, abbandonando l'area diaframmatica. Maggiore è la distanza tra la mente e il corpo, più in alto si situerà il respiro. I giapponesi hanno una parola per indicare la sorgente della giusta respirazione: *tanden*, termine che indica un punto localizzato tre dita al di sotto dell'ombelico. Più un essere umano è lontano dall'esistenza, più lontano da quel punto si situa il suo respiro.

E più in alto si ferma la tua respirazione, maggiore sarà la tua tensione; più il respiro scende verso il basso, più sarai rilassato. E se la tua respirazione parte dal *tanden*, nella tua vita non ci sarà alcuna tensione.

Osserva dunque il tuo respiro in un momento di rilassamento. Scoprirai che ha origine nel *tanden*. E quando ti senti in preda a tensioni o ansia, osserva il tuo respiro: diventerà breve, superficiale e si fisserà nell'area toracica. Un respiro corto è una chiara indicazione che ti sei spostato dalla tua natura originale.

Permettere al respiro di affiorare, partendo dal *tanden*, porta una persona a essere unita all'esistenza, proprio come lo sono i bambini piccoli. Quando una persona porta il respiro alla suprema profondità, grazie alla presenza consapevole, torna ad avere la tenerezza di un bambino; e questo comporta liberarsi da tensioni e tornare a essere innocenti.

Prova a farlo, qualche volta, quando puoi startene seduto tranquillo su una sedia. Rilassati, lascia andare ogni tensione, abbandonati... e avverti il respiro che affiora dall'ombelico.

Purtroppo ci è difficile permettere a noi stessi di rilassarci, perfino quando ci stiamo riposando! E questo anche perché l'area genitale – che quella respirazione inevitabilmente sollecita – è ancora ritenuta un tabù, ancora la si associa al desiderio e al peccato; pertanto si conserva una distanza. E ricorda: diventerai davvero sovrano e padrone dei tuoi sensi e della tua sensualità nel momento in cui l'accetti. In quel modo si annulla ogni senso di separatezza e si comprende cos'è l'essenza del nostro essere.

Solo una consapevolezza che accetta i propri desideri totalmente va al di là di essi e li trascende. E questa trascendenza è possibile in uno stato dell'essere privo di conflitti, separazioni e dualità.

Il primo esperimento da fare, dunque, è portare il respiro vitale al suo livello più naturale. Per farlo, occorre smettere di respirare con il torace e iniziare a respirare partendo dall'ombelico. Questo vuol dire che a ogni inspirazione la pancia deve sollevarsi, e a ogni espirazione si deve abbassare.

Provaci: che tu sia seduto o cammini, mentre stai facendo qualcosa, una qualsiasi azione quotidiana, osserva il tuo respiro e considera se è focalizzato sull'ombelico.

Se provi a praticare spontaneamente questo tipo di respirazione, nell'arco di tre settimane ti stupirai notando che la tua rabbia si è acquietata, le tue gelosie e le tue invidie sono scomparse, le tue tensioni si acquietano naturalmente e il tuo sonno è tornato a essere tranquillo come quello di un bambino.

Avvertirai un sottile equilibrio nella tua personalità, e questo perché il respiro non è una cosa comune. Tutto il tuo agire, il tuo stile di vita, l'insieme della tua esistenza sono profondamente connessi con il modo in cui respiri; per cui, cambiando il modo di respirare, quegli equilibri cambieranno dentro di te.

Se sei arrabbiato, non puoi avere un respiro armonico; quando sei in collera, il tuo respiro sarà affannato; è inevitabile che il respiro perda il suo ritmo armonioso se la rabbia ti travolge; perché solo così l'organismo potrà attivare i veleni necessari ad alimentare quella furia. Cambiare tipo di respirazione – avere un respiro lento, focalizzato sull'ombelico – renderà impossibile alimentare quel disordine emotivo. E la tua vita diventerà più armoniosa, più fluida, più propensa alla tenerezza, alla comprensione e alla benevolenza.

E Lao-tzu afferma che conseguendo questa liquidità, questa innocenza, ci si libererà dalla prigionia delle proiezioni e delle illusioni frutto dell'immaginazione, acquisendo uno sguardo limpido e lucido.

In una parola, iniziare a respirare partendo dal centro situato sotto l'ombelico allenterà la presa dell'io su di noi; rendendoci persone meno egoiche. Spostando infatti la propria focalizzazione in quel centro, diventa impossibile legarsi troppo all'ego; questo perché l'ego presuppone tensioni, e se il respiro è diaframmatico, qualsiasi tensione si dissolve, con ogni respirazione.

In questo modo si avverte dentro di sé una quiete che avvolge e dona serenità.

Ma ricorda: se il tuo respiro non è davvero stabilizzato nell'area ombelicale, basterà un attimo di disattenzione per riportarlo nell'area toracica; occorre dunque spostare anche la consapevolezza in quell'area... presta dunque attenzione e fa' in modo di cambiare la tua respirazione: un cambiamento del tuo respiro porterà un cambiamento dentro di te. E un cambiamento rivoluzionario nel modo in cui respiri porterà una rivoluzione in tutta la tua personalità, nel tuo stesso modo di essere al mondo.

Come ho già detto, questo processo si fonda su una profonda accettazione, a partire dal corpo e dai propri organi genitali; solo così sarà possibile sentirsi un tutto unico. E solo così il corpo potrà essere sperimentato come un'espressione del nostro essere che si estende nel mondo, laddove l'anima viene avvertita come l'estensione interiore del nostro corpo. In questo senso diventano due elementi della stessa realtà.

Ed è grazie a questa esperienza di sé che il mondo intero diventa poi un tutto unico. A quel punto non si avvertirà più alcuna differenza tra una pietra e dio. E questo è il mio messaggio: fino a quando non riuscirai a vedere il divino in una pietra, sappi che non sai nulla.

D'altra parte, come potremo mai vedere dio in una pietra, se non riusciamo a cogliere il divino nel nostro corpo? L'intima accettazione di sé è dunque la prima qualità di una persona davvero spirituale.

Grazie a questa accettazione, la serenità frutto di una respirazione naturale ti donerà un'innocenza simile a quella dei bambini. E sono questi occhi innocenti che possono vedere il divino che è l'esistenza presente ovunque; ed è così che il mondo intero diviene divino.

L'accettazione in tutte le sue colorazioni

Di nuovo, eccoci a consigliare una lettura diluita in giorni successivi. Magari preceduta da momenti in cui si sperimenta la respirazione diaframmatica suggerita da Osho, accompagnata nell'arco della giornata da momenti di integrità nell'agire e di totalità di presenza in ciò che si sta facendo.

I suggerimenti dati in "Tracce d'amore" valgono anche qui.

Un cambio di prospettiva

> *Io mi sforzo di condurre il divino che è in me al divino che è nell'universo.*
>
> PLOTINO

Pensa a te stesso in quanto divino e pensa anche a tutte le altre persone come divine.

Non è una finzione: è la realtà. Fatta eccezione per il divino che è l'esistenza, tutto il resto è finzione; tranne il divino, tutto il resto è un sogno della mente: soltanto quell'essenza divina esiste.

Ecco perché, se seguiamo la mente, non ci sentiremo mai appagati, nulla ci soddisferà mai; perché i sogni non possono nutrire. Sono bellissimi quando sono lontani; quando si avvicinano, nelle nostre mani non resta altro che insoddisfazione e sconforto.

I sogni sono simili ad arcobaleni nel cielo: da lontano sono bellissimi, ma se ti avvicini e vuoi afferrarne uno, non troverai altro che vapore.

È ciò che accade a tutti, ogni giorno: i sogni, prima o poi, si rivelano soltanto essere fumo, sono soltanto vapore.

Una volta che lo si comprende; allorché davvero comprendi che qualsiasi creazione della mente – desideri, sogni, speranze – è soltanto un miraggio, ecco che sopraggiunge un punto di svolta, accade una conversione.

A quel punto inizi a pensare a come trascendere la mente, a come avere uno stato dell'essere in cui non ci siano pensieri, non ci siano sogni, non ci sia alcun desiderio.

Da sempre viviamo attraverso sogni e desideri, senza trovare nulla; ebbene, adesso prova la via opposta.

Ecco cos'è la meditazione: guardare la realtà senza che nulla si frapponga tra te e il Reale. Uno sguardo limpido, puro e semplice... e all'improvviso, ogni cosa è rivelata.

Quella rivelazione ti rende consapevole che tutto, ogni più piccola particella di polvere, è divino. Da lì in poi, vivere in questo stesso mondo è un'esperienza del tutto diversa. A quel punto sei a casa, ti senti a tuo agio nell'esistenza; ora non esiste più morte alcuna, non può esserci! Adesso non ci sono più limitazioni di tempo e di spazio; ora sei semplicemente andato al di là di tutte le limitazioni, oltre ogni limite. Nelle tue mani hai la libertà, e la libertà è gioia!

Visualizza la beatitudine come un'onda bianca

L'infinito arcobaleno delle emozioni è dove la nostra essenza si frantuma e si disperde, ogni giorno.
Trova il tempo di equilibrarti, per esempio, visualizzando e contemplando il colore bianco. E lascia che ti si manifesti in tutte le sue sfumature... senza imporgli giudizi o pregiudizi!

Il bianco non è un colore in sé: è la somma di tutti i colori, l'insieme di tutti i colori racchiusi in una sinfonia. Ecco cosa crea il bianco: tutti i colori sono riuniti in un'incredibile e profonda armonia, tale per cui ciascuno di essi perde la propria individualità in qualcosa di totale e di più elevato. Il bianco è multidimensionale, ed è il colore della beatitudine.

Anche la beatitudine è multidimensionale: ha una dimensione fisica, una dimensione psicologica, una dimensione spirituale, e molte altre ancora.

Suddividendo l'essere umano in sette centri di energia, come è stato fatto nello Yoga – suddivisione che risulta indubitabilmente logica e scientifica –, si può dire che la beatitudine ha sette livelli o strati. Quello più basso è il centro sessuale e il più elevato è il *sahasrara*, il centro del loto dai mille petali: la beatitudine può essere presente in ciascuno di questi centri. Si può manifestare in ognuno di questi punti, e si può anche manifestare da ciascuno di questi centri simultaneamente.

Ed è proprio questo il mio intento. Tutte le antiche religioni hanno scelto una particolare dimensione di beatitudine, negando le altre; nessuna ha mai scelto l'intero spettro.

Ebbene, io accetto la totalità di questa gamma, tutte le sue sfumature: da quella più bassa a quella più elevata.

L'essere umano deve vivere nella sua totalità, e quella totalità – quell'integrità – ha un colore: il bianco.

Perché tanta fiducia nella sfiducia?

Domanda: *Mi sto rendendo conto che il mio diffidare delle persone è sempre più forte della mia propensione a fidarmi. E questa sfiducia implicita è così dominante da impedire ogni mio coinvolgimento in una relazione.*

In tutti gli esseri umani, in misura più o meno rilevante, è presente la sfiducia; tu potresti solo averne un po' di più, tutto qui. Ma la si può lasciar andare; in realtà, non è necessario coltivarla e tirarsela dietro per sempre.

È un peso così inutile, ed è così distruttivo, che non ha proprio senso alimentarlo. Non ti procura alcuna gioia, non ti dà proprio niente. In realtà, distrugge un'infinità di cose bellissime nel tuo essere: distrugge il tuo amore, distrugge la tua amicizia; distrugge ogni e qualsiasi possibilità di crescere. Dunque, per quanto tempo intendi tirarti dietro quel peso, e perché mai vorresti farlo?

E se davvero conosci come avere sfiducia, prima di tutto dovresti diffidare di te stesso! Perché mai stai riponendo tanta fiducia nel tuo non avere fiducia? E perché lo fai? Cosa potrà mai darti? È la tua vita: devi stare attento a ciò che ne stai facendo!

Se la tua sfiducia ti ricompensa con dovizia, allora persevera; in quel caso non c'è alcun motivo per non coltivarla, non farne un problema. Diffida, e porta la tua sfiducia al massimo dell'intensità che ti è possibile, sii totale. Se però alla fine non ti dà nulla, e comporta soltanto la distruzione di tutto ciò che è bello nella tua vita, allora la prima cosa di cui diffidare è proprio questa sfiducia.

Penso ti possa essere utile mettere a fuoco e comprendere meglio in che modo questa sfiducia sta distruggendo la tua vita. Dunque, sii un po' più attento: osserva semplicemente ciò che sta facendo a te e alla tua vita. Inizia a lavorarci su, non limitarti a subirla.

Attaccamento: liberatene, se vuoi goderti la vita

Domanda: *Sto prendendo consapevolezza di essere attaccato a tutto, davvero a ogni cosa... e a tutti!*

Di solito le persone continuano a vivere senza mai essere consapevoli di provare un forte attaccamento, di essere possessive, di manipolare, di attuare giochi di potere, di dominare.

Solo se qualcuno le rende consapevoli, se ne accorgono. È un bene che tu ne stia diventando consapevole... non lo eri affatto!

Adesso, ogni volta che quell'attaccamento si attiva, datti una sveglia, ricorda a te stesso: "Cosa stai facendo? Di nuovo stai dando energia all'attaccamento".

Quella semplice consapevolezza è un elemento di estrema importanza. Se quella percezione consapevole continua a scendere in profondità dentro di te, ben presto vedrai che qualsiasi dinamica di attaccamento risulterà impossibile; e questo perché l'attaccamento in sé comporta infelicità e miseria, non si accompagna a nulla di positivo; non fa altro che portare legami e schiavitù.

L'attaccamento in sé è qualcosa di molto stupido, sciocco. La persona intelligente si godrà la vita libera da qualsiasi attaccamento. Mentre qualcosa è disponibile, godila. Mentre il sole sta splendendo, goditelo; ma quando le nuvole fanno la loro comparsa e lo oscurano, non metterti a piangere, non disperarti per la mancanza del sole. Anziché sprecare la tua energia in lacrime, adesso goditi le nuvole. E quando se ne saranno andate – e se ne andranno, perché nulla nella vita permane per sempre –, non lamentarti, non piangere perché non ci sono più.

Cambia gestalt: danza, canta, gioisci di qualsiasi cosa sia presente adesso, quieora!

Questo è uno stile di vita intelligente: qualsiasi cosa stia accadendo è ciò che è, e qualsiasi cosa non sta accadendo, non è. Non piangere mai sul latte versato... il senso del non attaccamento è tutto qui.

Riconosciti come il più piccolo di ciò che è piccolo

Ciò che è piccolo sembra soltanto essere piccolo. Una piccola goccia di rugiada contiene in sé tutti gli oceani, racchiude in sé il segreto di tutti gli oceani. La goccia è piccola solo da un punto di vista quantitativo, qualitativamente non lo è.

In base alla comune matematica, la parte è più piccola del tutto – questo è ovvio –, ma rispetto alla matematica superiore la parte non è più piccola del Tutto: equivale al Tutto, perché la parte *è* il Tutto!

Vista come una quantità, la goccia di rugiada è piccolissima; da un punto di vista qualitativo ha la stessa qualità di tutti gli oceani.

Anche l'essere umano è piccolissimo. Da un punto di vista qualitativo non è così, lo è solo come quantità. Per ciò che concerne la sua qualità, l'uomo è divino, l'essere umano è dio.

Gesù parla di sé in due modi. A volte si definisce "il figlio dell'uomo" e a volte si dichiara "il figlio di dio". È davvero significativo: quando parla di "figlio dell'uomo" si riferisce al suo essere piccolissimo, una semplice goccia di rugiada; sta parlando dell'aspetto quantitativo. Quando dice "figlio di dio" si riferisce alla qualità; sta parlando del suo essere infinito, eterno.

Conosci te stesso come il più piccolo tra le cose più piccole, e tuttavia ricorda che sei l'eterno, l'infinito. Ricordare la tua insignificanza ti aiuterà a essere senza ego, e ricordare la tua grandezza ti aiuterà ad avvicinarti sempre di più alla verità, al divino che è l'esistenza, al Reale.

Contempla le potenzialità dell'amore

Soltanto l'amore trasforma un essere umano in un dio o in una dea. L'amore è l'alchimia in grado di trasformare ciò che è in basso in qualcosa di elevato: in amore il vile metallo diventa oro.

L'amore è la chiave segreta che dischiude i tesori più nascosti e intimi del nostro essere.

È l'amore a renderci consapevoli di chi siamo.

Di solito siamo assolutamente inconsapevoli di ciò che siamo. Ci è stato detto: "Sei un cristiano, sei un hindu; sei un uomo, sei una donna; sei questo e quest'altro..." ma sono tutte cose che gli altri ci hanno suggerito.

Noi abbiamo raccolto queste opinioni, e da quell'insieme abbiamo creato una sorta di identità, che è falsa perché nulla di tutto ciò è la nostra esperienza dell'essere: sono cose prese in prestito, mutuate da qualcuno. E cosa potrà mai sapere tutta quella gente? Nessuno di loro conosce se stesso!

Queste sono semplici opinioni, appunti che puoi accumulare: puoi accumularli e ricavarne un'identità. Quell'identità è l'ego: qualcosa di falso, qualcosa di assemblato. Non è e non sarà mai la nostra esperienza interiore, non si baserà mai su un intimo incontro con se stessi; non sarà mai frutto del nostro guardarci faccia a faccia.

Solo grazie all'amore si diventa consapevoli di chi si è. Negli occhi dell'amore si inizia a vedere il proprio riflesso reale. Ecco perché l'amore rende bello chiunque!

L'amore cambia le cose comuni, rendendole straordinarie. Qualsiasi cosa venga toccata dall'amore inizia a respirare; e il dono supremo dell'amore è renderti consapevole della tua essenza divina, del divino presente dentro di te.

Il giorno in cui accade, si adempie il pellegrinaggio della vita, si è imparata la lezione.

La vita è una scuola in cui si apprende chi siamo, e tutte le identità che sono state raccolte dall'esterno devono essere abbandonate. Soltanto l'amore può darti un vero assaggio del tuo essere, ecco perché l'amore è la più grande forza trasformante che esista al mondo.

Grazie all'amore sono possibili veri miracoli. È una vera magia! È davvero magico.

Non reprimere, non negare...

A un ricercatore del Vero che gli confidava la sua paura di andare più a fondo nella dimensione della meditazione, e di sentirsi fortemente bloccato, Osho spiegava:

Accettalo, e scomparirà. Non reprimere quella paura, non cercare di ignorarla. Lascia che sia presente, prendine nota. Non te ne devi preoccupare: è naturale, chiunque si avvicini alla meditazione l'avverte.

Più andrai a fondo nella dimensione della meditazione, più quella paura sarà intensa; arriverà il momento, quando toccherai il più profondo abisso della meditazione, che la paura sarà tale e tanta da darti praticamente la sensazione di morire. Ma proprio quello è il momento della trasformazione. Se riesci ad accettare anche quello, allora la paura scomparirà per sempre; e con la sua scomparsa, scomparirà la morte: la paura non è altro che l'ombra della morte.

Per alcuni suggerimenti pratici sulla paura vedi il prossimo capitolo, "Affronta i tuoi demoni".

3
Affronta i tuoi demoni

Faccia a faccia con la paura

La libertà dalla paura non ha nulla a che fare con un'altra persona, chiunque essa sia. Nessun maestro potrà liberarti, perché la paura è presente dentro di te, e lui è all'esterno. Al massimo un maestro potrebbe creare in te l'illusione di esserne libero, ma in quel caso non sarebbe un vero maestro.

L'assenza di paura presuppone l'assenza in te di motivi per aver paura e la si può conseguire solo interiormente. Non è qualcosa che si può imporre dall'esterno, non è simile a un belletto, a un cosmetico: si tratta di un'esperienza interiore. E con questo voglio dire che smetterai di aver paura solo quando avrai compreso e realizzato la tua essenza.

La paura esiste perché noi pensiamo di essere il corpo – e non solo lo pensiamo, siamo sicuri di essere il corpo. E il corpo deperirà inevitabilmente, è destinato a morire: la sua distruzione è pressoché certa; ragion per cui, se la morte è inevitabile, come si può non aver paura?

Quella certezza crea l'intero problema: la morte può sembrare lontana, eppure è vicinissima. Che importa se verrà tra sette giorni o tra settant'anni? La morte è comunque lì, ferma e immobile di fianco a te. Nulla è più vicino della morte: questa comprensione dell'inevitabilità della morte crea l'intero problema.

Con un vero maestro, dunque, la paura potrebbe accentuarsi in te fino ad acquisire una pienezza che mai avresti immaginato. Accade, è un passo obbligato, perché tutto ciò che è occultato, racchiuso, accumulato dentro di te – tutto ciò che è stato represso – dev'essere espresso.

In qualsiasi modo ti sei ingannato, in qualunque modo ti sei protetto, tutte le mura che hai creato devono essere viste, comprese e abbattute.

Ti devi mostrare a te stesso in tutta la tua nudità, e solo dopo averlo fatto il viaggio della tua vita può andare oltre. Chiunque si voglia incamminare verso il Vero come prima cosa dovrà riconoscere ciò che vero non è, e chiunque scelga di avventurarsi nella dimensione della realtà come prima cosa deve scrollarsi di dosso le illusioni.

Dunque, tutte le consolazioni che hai accumulato intorno a te, tutte le false verità di cui ti sei ammantato e tutto ciò che riveste la tua esteriorità ma che non è scaturito dalla tua dimensione interiore, si sgretolerà alla mia presenza; e a mano a mano che tutte le tue sovrastrutture andranno in frantumi la tua paura aumenterà.

Io non sono affatto interessato a indottrinarti sull'immortalità dell'anima; anzi, dovrai in realtà confrontarti con il fatto che il corpo perirà inevitabilmente, che morirai, che nulla di tutto ciò che pensi di essere rimarrà.

Tu non sai nulla di ciò che rimarrà. Morirai semplicemente, una morte piena e assoluta; nessuno ti può salvare, né la promessa di immortalità, né un qualsiasi maestro. No, nessuno ti può salvare: morire è la tua natura.

Dunque, la comprensione dell'inevitabilità della morte dev'essere intensificata, il che farà aumentare il tuo disagio; verrà un momento in cui non rimane altro che la paura stessa, e ogni cellula del tuo essere non sarà altro che pianto e disperazione.

E solo quando riuscirai a vedere il fuoco della morte che brucia ogni tua cellula, sulla pira funeraria, solo allora abbandonerai la tua identificazione con il corpo: quello è il momento in cui i tuoi occhi si rivolgono verso ciò che è immortale.

Soltanto l'esperienza della totalità della paura ti porterà all'assenza di paura.

La vita è estremamente complessa e contraddittoria. Chi arriva a essere coraggioso, reprimendo la paura, sembra audace, in realtà una persona simile non potrà mai essere libera dalla paura. Solo chi sperimenta totalmente come prima cosa la propria paura interiore – vivendola, attraversandola, andandone oltre –, solo costui arriva a realizzare una forza d'animo ardita e ardente.

Non aver paura non è l'opposto della paura, è *assenza* di paura! Il coraggio, l'audacia è l'opposto della paura: non aver paura è la completa scomparsa della paura, ne è l'assenza.

Dunque, ricorda: se accompagnandoti a me la tua paura aumenta, è un ottimo segno. E non sforzarti di diventare coraggioso – è proprio a causa di quello sforzo che ti stai portando dietro la tua paura, vita dopo vita.

Permettiti di aver paura, concediti di essere il più pauroso possibile, simile a una foglia su un albero che trema nella tempesta. Non frenarti e non lottare contro quella paura; infatti, se ti metti a lottare, la reprimerai e, reprimendola, ti accompagnerà sempre.

Diventa un tutt'uno con la paura, comprendi che in quella paura è racchiuso il tuo destino; trema, lasciati travolgere dal terrore, non cercare di consolarti in nessun modo. E non farne una disciplina, non controllarla; lascia che venga e prenda il sopravvento... diventa la paura!

Ben presto ti renderai conto che quella paura ha una fine, senza che tu abbia fatto nulla per contrastarla; senza aver usato alcuna disciplina, quella paura ha smesso di esistere. E il giorno in cui ti renderai conto che in te non esiste più alcun tremito, quando scoprirai che non una sola cellula è più influenzata dalla paura, immediatamente vedrai anche che sei separato dal corpo: tra te e il corpo esiste una distanza, nulla più vi collega.

Che cosa infatti trema? Non può essere il corpo, perché è solo materia. Non può essere l'anima, perché è immortale. Dunque che cosa rabbrividisce, vacilla e ha paura? È il ponte dell'identificazione che ti fa dire: "Io sono il corpo" che trema. È inevitabile che esista tremando, perché unisce un corpo che è mortale con un'anima immortale: quella differenza è così immensa – tra quelle due realtà non esiste neppure un atomo di somiglianza – che quel tremito è inevitabile, quel ponte può solo essere continuamente squassato.

Non è il tuo corpo a morire; come potrebbe, visto che è già morto? E tu sei qualcosa di immortale, non c'è modo per te di morire! Dunque, che cosa muore? È il ponte tra quelle due entità, ciò che chiamiamo l'ego, l'io, il me stesso.

La morte non è altro che il dissolversi di quel ponte: ciò che è immortale era connesso a ciò che è mortale, adesso è sopraggiunta una sconnessione. È solo quel ponte che muore, ma finché rimani identificato con quella connessione, continuerai a fremere, a tremare e ad aver paura.

Non sarà il mio amore a far sparire quella paura, nessun amore potrà mai farla sparire; ma di certo il giorno in cui la tua paura sparirà, in te nascerà l'amore.

Quel giorno la fontana dell'amore inizierà a fluire dentro di te.

Nella vita di una persona preda della paura i fiori dell'amore non possono spuntare; in una persona simile, consciamente o inconsciamente, prevarranno l'odio e l'inimicizia.

Come potrà mai amare una persona piena di paura? Chi ha paura vede solo nemici intorno a sé; e come si potrà mai amare un nemico?

L'amore affiora solo quando all'interno di sé la paura scompare. E questo amore è incondizionato.

Non è riferito a una persona in particolare, è un semplice stato dell'essere; così com'è un tuo stato dell'essere la paura che adesso avverti.

Non hai paura di qualcuno in particolare; non è qualcuno all'esterno che ti spaventa, semplicemente la paura è il tuo stato d'essere. Quando questo stato cambia, ogni tremito scomparirà e tu sarai quieto e sereno. In quella silenziosa quiete nasce lo stato d'essere dell'amore.

Dal tremare e dal tremore nasce la paura, dalla quiete e da una silenziosa serenità nasce l'amore.

Esistono due stati dell'essere: uno è l'amore, l'altro è la paura. Alla paura si accompagnano la rabbia, l'odio, la gelosia, la competizione e l'invidia. Tutto ciò che viene definito "peccato" è un compagno della paura.

I compagni dell'amore sono la compassione, la non violenza, la gentilezza, la benevolenza. Tutte le qualità che definiamo "virtù" sono compagne dell'amore. E questi sono i due unici stati in cui si può essere: la paura, che presuppone la tua identificazione con il corpo; e l'amore, che presuppone aver conosciuto se stessi in quanto anima.

Dunque, io non parlo dell'amore che sussiste tra marito e moglie o tra genitori e figli, perché questo amore in realtà non è altro che una rete di paura.

Marito e moglie hanno entrambi paura, eppure stanno insieme. Avere qualcuno al proprio fianco, sebbene abbia anche lui paura, sembra dare un po' di coraggio; dà la sensazione di non essere soli. La presenza dell'altro – malgrado sia a sua volta impaurito – ti dà una falsa sensazione che riduce un po' la tua paura.

No, non sto parlando di quell'amore! Io parlo di un amore che non ha alcuna relazione specifica con qualcuno, che non ha particolari associazioni o identificazioni. Questo non vuol dire che tu fugga, abbandonando tua moglie; né è richiesto tenere a distanza i tuoi bambini, nel caso in cui questo amore nascesse in te.

Se questo amore nascerà in te, svanirà semplicemente l'idea che l'altra persona sia tua moglie; l'idea che i tuoi figli ti appartengano. Queste idee verranno rimpiazzate dalla comprensione che tutti appartengono all'universo, che tu sei solo uno strumento; e il tuo amore continuerà a riversarsi, ogni giorno, in ogni istante.

Scomparirà qualsiasi idea o dubbio su chi è degno del tuo amore, o su chi non lo merita. Scorrerai come un fiume, e chiunque abbia sete riuscirà a colmare la sua coppa, portando via con sé ciò che tu riverserai, senza alcun impedimento. Il tuo donare sarà libero da condizioni.

No, la tua paura non scomparirà a causa del mio amore. Certo, potresti dimenticartene, immergendoti nel mio amore. Ma se scivoli nella smemoratezza, allora il mio amore non sarà altro che una droga, e questo ti danneggerà. Ecco perché sto sempre attento a sollecitarti, per impedire che le tue paure non finiscano semplicemente ignorate, neglette nel mio amore.

Il mio amore è tale solo quando espone la tua paura. Non ho alcun interesse a medicare le tue ferite; il mio intento è far sì che scompaiano alle radici.

Non importa quanto tempo ci voglia, e non importa quanto sia il lavoro necessario, ma tu dovresti vivere libero da ferite. E non c'è alcuna fretta: se hai fretta, probabilmente cercherai di nascondere le tue ferite, perché è facile occultare qualcosa, è molto comodo limitarsi a mettere un cerotto! Addirittura, è possibile darti delle medicine che ti impediscano di sentire il dolore che quelle ferite provocano.

Idee, ideali, teorie e testi sacri sono medicine di quel tipo; a causa loro ti è impossibile sentire il tuo dolore. Ragion per cui, il dolore è comunque presente, la ferita esiste, ma solo una vera religiosità sarà interessata a non renderti immemore del tuo soffrire, né sarà interessata ad aiutarti a nascondere quella sofferenza. La vera spiritualità avrà un unico interesse: sbloccare, asportare, eliminare tutte le tue sofferenze, liberarti da tutto il tuo patire e da tutto ciò che è marcio in modo da ripulire tutta la tua vita alle radici stesse, così che tu ne sia pienamente liberato.

Gestire la paura

Immergiti nella paura

La tua paura non ti permette di affrontare nulla in profondità, con totalità... Prova dunque due cose.

La prima: ogni notte, per quaranta minuti, vivi la tua paura.

Siedi semplicemente nella tua stanza, spegni la luce e inizia ad aver paura. Pensa a tutte le cose più orribili che puoi immaginare – fantasmi, demoni e ogni altra cosa riesci a creare con la tua fantasia. Immagina che danzino intorno a te e cerchino di afferrarti... forze davvero diaboliche.

Lasciati davvero scuotere e sconvolgere, porta la tua immaginazione all'estremo! Immagina che quelle forze terrificanti ti stiano uccidendo, stiano cercando di violentarti, vogliano soffocarti... non porre limiti!

Non limitarne il numero a una o due, lascia che siano molte; e fa' in modo che ti assalgano da ogni parte. Immergiti in quella paura il più profondamente possibile; e attraversa tutto ciò che accade.

Fin dall'infanzia non hai fatto altro che reprimere la paura; da sempre tenti di essere audace. Hai sempre contrastato la tua paura, per cui hai creato una facciata di persona temeraria, audace, spavalda. Ma questa è solo una maschera; in cuor tuo, intimamente, sei solo un bambino piccolo che ha ancora paura. Dunque butta via la maschera e diventa quel bambino!

Pratica questa meditazione almeno per una settimana.

La seconda cosa è questa: durante il giorno, o in qualsiasi altro momento in cui affiora in te la paura, accetta; non rifiutarla. Non pensare che ci sia qualcosa di sbagliato che tu debba contenere, controllare o dominare; è naturale.

Accettando la tua paura ed esprimendola la sera, le cose inizieranno a cambiare.

E nell'arco di quelle due settimane metti per iscritto come ti senti.

Un'altra prospettiva: muoviti e agisci malgrado le tue paure

La vita richiede un grande coraggio. I codardi si limitano a stare al mondo, non vivono; e questo perché tutta la loro vita resta finalizzata alla paura. E una vita focalizzata sulla paura è peggiore della morte.

Chi si lascia dominare dalla paura vive in una sorta di paranoia, tutto lo terrorizza; e quel terrore non si limita a qualcosa di reale, si è spaventati anche da cose irreali. I codardi hanno paura dell'inferno, dei fantasmi, sono perfino "timorati di dio"! Sono terrorizzati da mille e una cosa che loro stessi stanno immaginando, o che altre persone simili a loro proiettano.

La paura diventa tale e tanta da rendere impossibile vivere.

Soltanto chi ha coraggio può vivere. Il primo passo da apprendere è questo: dare attenzione ed energia al coraggio. Malgrado tutte le paure, si dovrebbe iniziare a vivere.

E come mai è necessario il coraggio, per vivere? Perché la vita è insicurezza. Se la sicurezza, la prudenza, il sentirti protetto sono eccessivi e ti condizionano troppo, rimarrai confinato in un piccolo bozzolo, in un angolino... in pratica vivrai in una prigione che hai costruito con le tue mani. Sarai al sicuro, ma quella non sarà vita viva. Ti sentirai protetto, ma in quella vita non ci sarà alcuna avventura e nessuna estasi.

La vita consiste nell'esplorare, nell'addentrarsi nell'ignoto, nel raggiungere le stelle! Sii coraggioso e sacrifica ogni cosa ai piedi della vita; nulla ha maggior valore dell'esistenza stessa.

Non sacrificare la tua vita per delle piccole cose: il denaro, la sicurezza, il sentirti protetto; nulla di tutto ciò ha tanto valore.

Si dovrebbe vivere la vita il più totalmente possibile, solo in quel caso la gioia sorge radiosa, soltanto in quel caso diventa possibile una beatitudine straripante e travolgente. E se non inizi a traboccare e a riversarti nell'esistenza, rimarrai povero e meschino. Nel momento in cui straripi, sei un imperatore; in quel caso non vivi più come un mendicante... a quel punto il regno di dio si schiude davanti a te, diventa tuo.

Dunque, impara la prima lezione e inizia a muoverti

passo dopo passo con coraggio, a ogni momento più saldo, in situazioni sempre più audaci e pericolose.

E ricorda sempre: non identificarti!

Ogni volta che affiora qualcosa di negativo – paura, rabbia, tristezza, qualsiasi sentimento negativo – ricorda una cosa: "Io non sono ciò che sto provando". Inoltre, come seconda cosa, tieni sempre presente che passerà: è qualcosa che affiora solo per un momento circoscritto. Dunque, non lasciarti travolgere, non farti coinvolgere più di tanto, rimani distaccato.

Riconosci che quell'emozione è presente, accettala. Non reprimerla, non è affatto necessario: se ne andrà di suo, spontaneamente. E non metterti neppure a lottare; limitati ad accettarne la presenza.

È presente, lascia che lo sia, ben sapendo che se ne andrà. Rimani centrato in questa sensazione: "Io non sono quell'emozione" e ben presto tutte quelle negatività scompariranno; e quando ciò che è negativo scompare, ecco che affiora il positivo.

Ciò che è positivo non è l'opposto della negatività; il positivo è semplice assenza di ciò che è negativo.

La paura è un tema altisonante in questa nostra epoca; dopo alcuni decenni in cui si è avuto l'impressione che si aprissero altri e nuovi orizzonti oggi è la paura il fattore in campo, sotto tutti i punti di vista. Pertanto, al di là dei suggerimenti di fondo inclusi in questo capitolo, si consiglia di approfondire tale tema – qualora lo si ritenesse necessario – con la lettura di altri testi in cui Osho affronta questa e altre tematiche affini qui trattate:
Cogli l'attimo, *Feltrinelli*
La paura: comprenderla e dissolverla, *Bompiani*
La verità che cura – Una farmacia per l'anima, *Mondadori*

Gestire la rabbia e altri elementi negativi

L'abisso è l'intento finale, l'assenza di sforzo è la meta... ma lo sforzo viene usato come un mezzo.

Applicati dunque al meglio di te, sforzati così da fluire verso l'alto.

In realtà, usare la parola "fluire" non va bene, perché fluire sottintende "verso il basso". Come puoi fluire verso l'alto? Dovrai lottare, in quel caso!

Fluire verso l'alto implica una lotta, uno sforzo costante. È sufficiente scordarsene per un istante, ed ecco che ti ritrovi a scorrere verso il basso. È una lotta costante tesa ad andare controcorrente.

A questo punto, occorre comprendere in cosa consiste quella corrente, e qual è *la corrente* contro cui si deve lottare per elevarsi.

Le tue abitudini nel loro insieme sono la corrente: abitudini di lunga data, abitudini frutto di molte, molte vite; non solo umane: vite animali, vite vegetali. Tu non sei affatto un fenomeno isolato, sei parte di una lunga linea evolutiva, e ogni abitudine si è semplicemente radicata. Per millenni hai continuato a fluire verso il basso, ininterrottamente, dunque è diventata un'abitudine viscerale.

In realtà, è diventata la tua natura; non ne conosci un'altra. La sola natura a te nota è questa: scendere, scendere, scendere sempre più in basso. Questa propensione verso il basso è *la corrente*; e ogni cellula del tuo corpo, ogni atomo della mente, è semplicemente parte di una lunga, lunghissima serie di abitudini. Sono così viscerali che neppure sappiamo più cosa le ha originate.

Oggi la psicologia occidentale ha scoperto molte cose. Per esempio, si è scoperto che quando sei in preda all'aggressività, la tua violenza non è limitata soltanto alla mente, si manifesta anche nei tuoi denti e nelle tue unghie. Ragion per cui, se reprimi quella furia aggressiva, i denti l'assorbiranno e la mandibola si ammalerà; questo perché gli animali, quando diventano violenti, usano i denti e le unghie.

Le nostre unghie e i nostri denti appartengono all'animalità, sono un'atavica eredità animale. Quindi, se qualcuno è aggressivo, violento, rabbioso e lo reprime, appesantirà i denti con quel carico.

Adesso si dice che molte malattie dei denti sono semplicemente dovute a un eccesso di violenza repressa. Questo implica che un uomo violento ha una mascella di tipo diverso, sarà sufficiente osservarla per riconoscere che è una persona violenta.

La corrente è questa: quando sei violento, aggressivo, non lo sei solo tu; tutta la tua storia esistenziale è presente in quella violenza. Quando sei preso dalla sessualità, non lo sei solo tu; l'intera tua storia esistenziale è presente in quella sessualità. Ecco perché quelle manifestazioni hanno tanta forza: tu non sei altro che una foglia morta in balia di una corrente potentissima.

Che fare, dunque, per riuscire a elevarsi, contro quella corrente?

Occorre fare tre cose.

La prima: ogni volta che la mente inizia a scorrere verso il basso, diventane consapevole quanto prima possibile – davvero il prima possibile!

Qualcuno ti ha insultato. Perché la rabbia si scateni, occorre un minimo di tempo; questo perché si tratta di un meccanismo. Soltanto dopo un breve intervallo, esploderai.

Le cose accadranno in un lampo. Come prima cosa, vieni insultato. Nel momento in cui ti senti insultato, ecco che – come seconda cosa – la corrente inizia a ribollire: ti arrabbi. All'inizio la rabbia non sarà un fenomeno cosciente, sarà del tutto simile a una febbre; poi diventerà conscia. A quel punto inizierà a esprimersi o sarà repressa.

Dunque, quando dico: "Prima ne diventi consapevole, meglio è", intendo questo: quando qualcuno ti insulta, diventane consapevole non appena senti di essere stato insultato.

Nel momento in cui ne diventi consapevole, fai un semplice sforzo per arrestare quel flusso impetuoso. Non cadere nel solco abituale e automatico, neppure per un solo istante. Perfino un singolo istante, una minima battuta d'arresto, sarà d'immenso aiuto. Arresti più lunghi aiuteranno ancora di più.

> Il padre di Gurdjieff, quando stava morendo, chiamò al suo capezzale il figlio. Aveva solo nove anni, e Gurdjieff ricordò quell'episodio per tutta la sua vita.
> Era un bambino e il padre gli disse: "Sono povero, non ti posso lasciare nulla, ragazzo mio. Ma ti posso dare una cosa che mio padre ha donato a me. Forse adesso potresti non capirla, perché io stesso non capivo cosa volesse dire, quando mio padre me la diede. Però si è rivelata la cosa più preziosa in tutta la mia vita, per cui te la do con la preghiera di preservarla. A tempo debito potresti iniziare a comprenderla".
> Per cui Gurdjieff si fece attento e ascoltò.
> Il padre disse: "Quando ti senti in preda alla rabbia, non rispondere mai prima di ventiquattr'ore. Rispondi, ma lascia trascorrere un lasso di ventiquattr'ore".
> Gurdjieff seguì il consiglio del padre morente. Nella sua mente quel consiglio si impresse profondamente fin dal giorno in cui il padre morì, e anni dopo, rievocandolo, disse: "Ho praticato un'infinità di esercizi spirituali, ma quello è stato il migliore. Nella mia vita non sono mai riuscito ad arrabbiarmi, e quello ha cambiato l'intero flusso, l'intera corrente interiore, perché ho dovuto rispettare quella promessa. Ogni volta che qualcuno mi insultava, creavo qualcosa, una situazione. Mi limitavo a dirgli che sarei tornato ventiquattr'ore dopo per dare una risposta, e non ho mai risposto... perché si rivelava sempre assurdo farlo".
> Era necessaria una semplice pausa, una scollatura... e l'intera vita di George Gurdjieff divenne qualcosa di diverso.

Dunque, se anche riesci a iniziare con un'unica cosa, all'interno di quella corrente, inizierai a cambiare tutto quanto.

In realtà, questa è una delle verità fondamentali della religione esoterica: non puoi cambiare una parte, se non cambi il tutto. E la cosa funziona in entrambi i sensi: o cambi il tutto, e la parte cambierà; oppure cambi anche solo una parte totalmente, e il tutto seguirà, perché la connessione è assoluta... i due elementi sono indissolubilmente integrati.

Quindi, inizia da un punto qualsiasi: scopri qual è la tua caratteristica primaria, quella più travolgente, quella a cui non riesci a resistere, quella che più ti tenta e provoca in te un fluire verso il basso.

Potrebbe essere la tristezza, potrebbe essere la rabbia, potrebbe essere l'avidità o qualsiasi altra cosa. Scopri qual è l'elemento primario del tuo carattere, la tua principale debolezza. E inizia con ciò che ti domina di più, in quel caso i fattori più deboli potranno essere assoggettati più facilmente.

Inizia dal fattore che più ti domina. Se è la rabbia, parti da lì. Come prima cosa, non appena ti senti insultato, rifiutato, prevaricato – qualsiasi cosa scateni in te un moto rabbioso – fermati un momento. Non respirare: arresta il respiro là dove si trova... se hai appena espirato, fermati lì; se stavi inspirando, fermati lì. Smetti di respirare per un momento, poi lascialo andare e vai dentro di te: metti a fuoco se quell'impeto è scomparso o se è ancora presente.

Quella connessione potrebbe essersi persa, avendo creato un'interruzione che ha bloccato il solito automatismo. Da qualche parte hai scollegato il meccanismo, e ricorda: il respiro è ottimo per disattivare qualsiasi cosa. Smetti semplicemente di respirare, e dentro di te avverrà una sconnessione.

Ti sentirai insultato, ma il meccanismo della rabbia non si attiverà. Se si lascia passare anche un singolo istante, le cose cambieranno: il tuo meccanismo di reazione automatica non verrà mai a sapere che sei stato insultato.

Prima accade, meglio è. Ed esistono stadi ancora più precoci, connessi all'altra persona. Quando l'altro ti sta insultando, prima di sentirti insultato, guardalo e percepisci la sua rabbia. Smetti di respirare e torna a guardarlo... e non ti sentirai insultato.

Lui ti insulterà, ma tu non ti sentirai insultato, perché di nuovo si creerà una frattura, tra te e l'altro interverrà una distanza: adesso quella persona non riuscirà a oltrepassare quel gap, non ti può insultare. Certo, dirà parole sprezzanti, ma da qualche parte ti ha perso, adesso non sei più tu l'obiettivo. Per chi ti insulta lo sarai, ma nella nuova realtà dei fatti non lo sei. Puoi anche scoppiare a ridere... e se lo fai, sarà un'ottima cosa, la migliore!

Dunque, prima di tutto crea una separazione, una distanza, un gap.

La seconda cosa è questa: fai qualcosa che di solito non si fa in queste situazioni.

Se qualcuno insulta, nessuno ride, nessuno sorride, nessuno ringrazia, nessuno abbraccia, nessuno dimostra gratitudine. Fa' qualcosa che non viene mai fatto. In quel caso andrai controcorrente, perché *la corrente* non è altro che la convenzione, le comuni reazioni.

Sii insolito. Prova qualcosa di assurdo. In questo modo scollegherai l'intero meccanismo, lo confonderai, perché ciò che in te è solo un riflesso automatico non riuscirà a capire cosa sta succedendo.

Un meccanismo resta sempre qualcosa di meccanico; per quanto sia profondamente radicato, è solo una macchina, non ha alcuna consapevolezza. Dunque, confondi l'animale che è in te. Non permettergli di imporsi, di governarti, di manipolarti. *Confondilo!* E più lo confondi, meno sarà potente – e con "animale" intendo il tuo passato.

Confondilo, impedisciglio di attivarsi... e nell'arco di un anno il tuo meccanismo sarà del tutto disorientato, letteralmente spiazzato, si troverà messo alle corde.

Avrai spezzato i fili che ti legano al tuo passato.

Provaci: puoi tentare questo esperimento in qualsiasi istante, e avvertirai un improvviso cambiamento nella tua consapevolezza.

Quando qualcuno ti insulta, ridi e senti ciò che accade dentro di te – sarà qualcosa di assolutamente nuovo che non hai mai conosciuto.

Usa la tua fantasia, usa l'immaginazione, perché quel meccanismo è il meno inventivo in assoluto. È incredibilmente ortodosso, legato alla tradizione. Comprendi ciò che dico: ti sei sempre arrabbiato nello stesso modo, sempre! Innova in qualsiasi modo, sii creativo e confondi quel flusso. Più riuscirai a confondere quella corrente, più arriverai a trascenderla.

Diventa imprevedibile, questa è la seconda cosa. Se sei prevedibile, sei materia inerte, un oggetto, non un individuo. Più sei imprevedibile, più diventi un essere umano... a volte sii assurdo. Non cercare soluzioni logiche, perché quella corrente è logica.

Ricordalo: *la corrente* è profondamente logica, rispetta strettamente la logica. Tutto è interconnesso: tu mi insulti, io esplodo di rabbia. Tu mi apprezzi, io sono felice. Dici che sono buono, io mi attivo in un certo modo; dici che sono cattivo, e il mio atteggiamento cambia. Ogni cosa è prevedibile, logica.

E le cose stanno davvero così: se tu sei arrabbiato e io non reagisco con rabbia, avrai la sensazione che qualcosa di strano è successo, ti sentirai a disagio; e questo proprio perché è accaduto qualcosa di illogico.

Quella corrente è estremamente logica, tutto è strutturato all'interno di uno schema. Rompilo! Disturbalo! Crea un caos, crea un'anarchia interiore. Solo così potrai espellere l'intera eredità animale.

Gli animali sono prevedibili, sono estremamente logici. Per trascendere quell'eredità devi avere il coraggio di essere illogico, e quello è il coraggio più profondo che si possa avere: l'illogicità.

In realtà, cerca di comprendere: la vita è illogica, la morte è illogica, l'amore è illogico, il divino è illogico... e tutto ciò che è logico non è altro che commercio, mercato, affari.

In questa vita tutto ciò che ha davvero significato e valore, ciò che è profondo e assoluto, è illogico. Dunque, crea dentro di te una prospettiva di illogicità. Non essere troppo logico, in questo modo il tuo nuovo comportamento potrà rompere le tue catene... la logica è il fondamento della tua vecchia mente, della tua mente tradizionale. L'illogicità dovrebbe essere l'inizio di una mente nuova.

E questa è la terza cosa: ogni volta che ti senti comodo, a tuo agio, confortevole... stai attento: la mente sta scivolando verso il basso. Dunque, non chiedere alcun comfort interiore, altrimenti sarai perduto. Quando senti che dentro di te tutto è a posto, che non c'è nulla da fare o di cui preoccuparsi, tutto sta fluendo ed è in armonia, ricorda: stai scorrendo verso il basso. Sii consapevole delle comodità interiori: parlando di "comfort e agi" mi riferisco alle comodità interiori. La situazione esteriore non fa differenza, potresti avere una vita confortevole all'esterno – ma interiormente non permettere mai che quel senso di agiatezza sedimenti.

Questo è il motivo per cui non ci si ricorda mai della spiritualità quando si è felici. Quando sei triste, disperato, infelice ecco che inizi a pensare alla religione; dunque, occorre usare il disagio interiore.

Come prima cosa, ricorda sempre che il fluire verso il basso è qualcosa di estremamente comodo e confortevole. Non esserne vittima, crea sempre qualche disagio. Cosa voglio dire?

Stai dormendo, sei rilassato: crea qualche disagio interiore. Lascia che il corpo sia rilassato, ma non rilassare la tua presenza consapevole. I Sufi hanno usato la veglia notturna come disagio interiore: trascorrono l'intera notte vegliando. In India si è usato il digiuno... la mente ha la tendenza a ricercare stabilità e coerenza, crea dunque un disagio interiore; e continua a cambiare, perché se ti fissi su qualcosa, non sarà a lungo un disagio.

Perfino il digiuno potrebbe diventare qualcosa di abituale, in quel caso si trasformerà in un agio, anziché essere un disagio; e questo perché a quel punto mangiare potrebbe rivelarsi un disagio. Quando scopri che il corpo può operare senza cibo... sentirai il corpo più leggero, più vivo, più vitale – e il corpo ha in sé un processo che gli permette di vivere senza cibo per almeno tre mesi – per cui, dopo sette o otto giorni, mangiare diventa sconveniente, un vero disagio.

Usa dunque il digiuno come elemento di disagio; e

quando il digiuno inizia a diventare un'abitudine comoda, usa il cibo.

Puoi rendere abitudinaria qualsiasi cosa, continua a cambiare; in questo modo, grazie a questi disagi interiori, crei dentro di te una cristallizzazione. Diventi integro, un'unità organica.

Questa integrazione, questo tutto unico, questa cristallizzazione alchemica, è definita "oro" dagli alchimisti. Adesso il metallo vile è mutato in qualcosa di superiore: ora sei oro puro.

Dunque, sii perennemente consapevole che dentro di te deve avvenire un'integrazione. Non lasciarti sfuggire un singolo istante: tenta continuamente di integrarti. Se stai camminando, viene un momento in cui le gambe si arrendono e dicono: "Adesso non possiamo più muoverci".

Quello è il momento di camminare: *adesso* muovile! In quel momento non ascoltare le gambe, e diventerai consapevole di una forza sottile; questo perché il corpo ha due riserve di energia: quella comune, per gli utilizzi quotidiani; e una più profonda, infinita. Questa energia non è predisposta per la quotidianità, entra in azione soltanto quando c'è un'emergenza.

Nel momento in cui le gambe ti informano che un solo passo in più ti farebbe stramazzare, non ascoltare il corpo: inizia a correre! Ed ecco che all'improvviso avvertirai un'impennata di energia. Nel giro di pochi istanti percepirai un'energia che ti permetterà di camminare per chilometri.

Questa energia proviene dalla riserva che si connette con la fonte quotidiana soltanto quando è vuota. Se dai ascolto al corpo, quella riserva non verrà mai usata.

Ti senti assonnato, non riesci neppure a tener aperti gli occhi. Questo è il momento: alzati! Apri gli occhi! Non sbatterli, guarda fisso davanti a te: dimentica il sonno e cerca di stare sveglio. E, nell'arco di qualche secondo, avvertirai un'impennata che inizierà poi a fluire. Il sonno scomparirà, sarai più fresco di quanto non lo sei mai stato al mattino.

Una nuova alba, un nuovo giorno è sorto dentro di te. Si è attivata una sorgente di energia più profonda... questo è il modo per integrare la propria mente e far sì che sia focalizzata verso una perenne elevazione.

Solo questo costante e continuo fluire verso l'alto può condurre al divino che è l'esistenza.

Trova la tua voce interiore

Il divino che è l'esistenza è l'unico consigliere. L'essenza divina è il maestro nel tuo cuore. Il maestro all'esterno riflette unicamente il maestro interiore.

Io posso solo dirti cose che il tuo cuore vuole esprimere e comunicarti, ma che tu non sei in grado di udire. Le posso tradurre nel tuo linguaggio, ma qualsiasi cosa ti dica non è altro che una traduzione di quelle cose dal tuo inconscio alla tua sfera cosciente.

Il conscio non conosce il linguaggio dell'inconscio, da qui la frattura sorta tra te e il tuo essere. Il maestro colma quel gap; semplicemente crea un ponte tra il tuo inconscio e la tua sfera cosciente.

Una volta colmata quella distanza, ecco che è il divino a parlarti, a darti suggerimenti, a consigliarti. A quel punto, tutto ciò di cui avrai mai bisogno ti verrà comunicato da ciò che è santo e sacro in assoluto: il centro stesso dell'esistenza. Allorché avrai appreso come essere in silenzio e ascoltare, potrai sentire la piccola voce silente che palpita dentro di te.

Coltiva l'arte dell'ascolto

Non è il significato a essere importante; ciò che conta è la musica, la melodia di una parola, la sua armonia, il ritmo. Qualsiasi significato è in sé arbitrario. Abbiamo dato un certo senso a parole specifiche, ecco perché indicano e significano qualcosa. Nulla di tutto ciò è naturale, è qualcosa di arbitrario, di inventato.

D'altra parte il suono di una parola è naturale, non è stato fornito da noi.

Prova ad ascoltare gli insetti e il suono che emettono... se ascolti, qualsiasi suono sarà avvertito come un fenomeno naturale.

Metti sempre di più a fuoco ciò che è naturale; e lascia andare sempre di più ciò che è arbitrario, artificiale... perché ciò che è naturale è la soglia sul divino che è l'esistenza.

Non è il linguaggio ad aprire la soglia sull'essenza divina, bensì la musica.

Se inizi a percepire la musica dell'esistenza diffusa tutt'intorno a te, ecco che sentirai la voce dell'esistenza, la voce del divino. Purtroppo noi siamo sordi!

Prova a cogliere i suoni della natura... è il divino che cerca di connettersi con te!

Purtroppo i nostri sensi sono diventati ottusi, sordi, spenti... abbiamo iniziato a vivere in modo eccessivo nel mondo creato dall'uomo.

Soltanto il mondo creato dall'uomo ha un significato. Se elimini l'essere umano, il mondo esisterà nella sua incredibile bellezza, ma non ci sarà alcun significato.

Il sole sorgerà e gli uccelli canteranno; gli alberi cresceranno, le rose fioriranno; verrà la primavera... tutto continuerà a esistere ma con un nuovo senso, senza alcuno scopo, senza una meta – una magnificenza assoluta ma del tutto nuda, spoglia di qualsiasi significato.

E l'esistenza è proprio *quello*.

Immergersi, cadere in questa assenza di significato, in questa esistenza del tutto priva di scopo è meditazione; annegare in questa splendida esistenza per nessun motivo, senza alcuno scopo, porta a diventare divini.

Anche "dio" è una parola senza significato, la parola più priva di significato, ma il cui senso è incredibile: il suo significato consiste proprio nel suo essere del tutto priva di significato.

Attiva la voce della tua essenza

Allenati a scegliere in base alle tue inclinazioni, fidandoti dell'intuizione... è una voce interiore che nei bambini è molto sviluppata ma poi, un po' alla volta, si affievolisce. La voce dei genitori, degli insegnanti, della società e dei preti diventa sempre più predominante.

Ebbene, se vuoi entrare in contatto con la tua voce, devi passare attraverso una fitta barriera di rumori, una vera e propria cacofonia di voci!

Esiste un bellissimo esperimento per chi medita. Osserva semplicemente dentro di te: a chi appartiene la voce che ti sta guidando, interiormente? A volte è la voce di tuo padre, a volte quella di tua madre, a volte quella di tuo nonno, a volte quella del maestro di scuola. Sono tutte voci diverse tra di loro. C'è solo una cosa che non riuscirai a trovare tanto facilmente: la tua voce interiore. È stata sempre repressa! Ti è stato sempre detto di ascoltare gli anziani, il prete, gli insegnanti, ma non ti è mai stato detto di ascoltare la voce del tuo cuore.

Dentro di te esiste una voce impercettibile che è tua, anche se non l'hai mai ascoltata, ed è quasi impossibile trovarla tra tutte le voci che ti sono state imposte.

Come prima cosa, devi liberarti da tutti quei rumori e assorbire la qualità del silenzio, della pace e della serenità. Solo così, e sarà una sorpresa, scoprirai di avere una voce interiore. È sempre esistita, come un influsso segreto.

Se non riesci a scoprire la tua inclinazione naturale, la tua vita sarà una lunghissima tragedia che comincia nella culla e finisce nella tomba.

Le uniche persone al mondo che abbiano conosciuto la beatitudine sono quelle che hanno vissuto in base alle proprie intuizioni, ribellandosi ogni volta che qualcuno tentava di imporre loro le proprie idee. Per quanto possano essere valide, le idee altrui sono inutili... perché non ti appartengono! Le uniche idee significative sono quelle che nascono dentro di te, si sviluppano dentro di te e fioriscono dentro di te.

Nessuno nasce per recitare una parte, tutti veniamo al

mondo per vivere una vita autentica; non per nasconderci dietro una maschera, ma per mettere in luce il nostro volto originale. Eppure, finora, nessuna società ha mai permesso agli individui di essere se stessi.

Ogni tanto, raramente, qualcuno è riuscito a sfuggire a quella morsa collettiva: un Gautama il Buddha, uno Zarathustra, un Chuang-tzu, un Kabir... e costoro sono stati oggetto di ogni possibile critica da parte della società, ma hanno scoperto la gioia dell'essere se stessi. La condanna della società non aveva alcun peso, paragonata alla gioia estatica che avevano scoperto.

Hanno sofferto ridendo...

La tecnica per coltivare la propria voce interiore

Primo stadio: Chi parla, prego?

Qualsiasi cosa fai, pensi o decidi, chiediti: "Viene da me, oppure è qualcun altro a parlare?". Dopo aver scoperto a chi appartiene veramente la voce che ti sta consigliando, sarai sorpreso. Forse è tua madre; sarà come sentirla parlare. Forse è tuo padre; non sarà difficile scoprirlo.

Tutto rimane registrato dentro di te esattamente come ti era stato detto e dato la prima volta: i consigli, gli ordini, la disciplina, i comandamenti. Potresti scoprire molte persone: i preti, gli insegnanti, gli amici, i vicini, i parenti.

Non occorre lottare. Basta sapere che non è la tua voce ma quella di qualcun altro – chiunque sia; *adesso* sai che non la seguirai. Non ha importanza quali saranno le conseguenze – buone o cattive –, d'ora in avanti decidi di muoverti con le tue gambe, scegli di essere maturo; sei rimasto un bambino abbastanza a lungo. Sei rimasto dipendente ben più del necessario. Hai ascoltato tutte quelle voci e le hai seguite quanto basta! E dove ti hanno condotto? Nel caos.

Secondo stadio: Grazie... e addio!

Dopo aver identificato la persona cui appartiene quella voce, ringraziala, chiedile di lasciarti andare... e dille addio.

La persona che ti ha dato quell'indicazione non era tua nemica; non aveva cattive intenzioni, ma qui non si tratta di intenzioni. Il fatto è che quella persona ti ha imposto qualcosa che non proviene dalla tua sorgente interiore; e qualsiasi cosa provenga dall'esterno ti rende schiavo a livello psicologico.

Quando dici chiaramente a una delle voci: "Lasciami", la tua connessione con quella persona, la tua identità, l'identificazione con quella voce, è spezzata. Era in grado di controllarti perché pensavi fosse la tua voce e la strategia era in quell'identità, nell'identificarti con quella voce. Adesso sai che non sono pensieri tuoi, non è la tua voce: è qualcosa di estraneo alla tua natura. Riconoscerlo è sufficiente.

Liberati dalle voci che sono dentro di te e vedrai che presto potrai sentire, con grande sorpresa, una voce sottile e fievole che non avevi mai ascoltato prima... riconoscendo improvvisamente che è la tua voce.

È sempre stata presente, ma è molto sottile, fievole, perché è stata repressa da quando eri un bambino piccolissimo, e quella voce era anch'essa piccola, un piccolo germoglio che è stato ricoperto da spazzatura di ogni tipo. Adesso stai portando con te tutto quel pattume, e ti sei dimenticato della piantina che è la tua vita – ma è ancora viva, e sta aspettando di essere riscoperta.

Scopri dunque la tua voce e seguila senza paura. Dovunque ti conduca, quello è lo scopo della tua vita, quello è il tuo destino. Solo così potrai sentirti realizzato e soddisfatto; è solo così che fiorisci e, in questa fioritura, finalmente puoi arrivare a conoscere e comprendere.

Parte seconda
L'altro: quell'inferno sei tu!

Stai *vivendo* l'uomo sbagliato

In te è tutto falso. Il vero e il falso non possono coesistere, non c'è alcuna possibilità di compromesso: o sei vero oppure sei falso.
Tutta la tua personalità è falsa perché ti è stata data, non è il risultato di una crescita. Assomiglia ai fiori di plastica: li puoi mettere su una pianta di rose, ma non ne fanno parte e non ricevono alcun nutrimento dalle radici, tuttavia possono ingannare chi li vede.
La cosa strana è che il falso dura di più di ciò che è reale.
Il Reale è simile a un fiume, un continuo cambiamento. Le primavere si susseguono e niente resta mai uguale; ma il falso fiore di plastica è permanente: che sia primavera o no, per lui non fa differenza. Non è vivo... è morto!
A causa di questa anomalia, l'umanità si è affidata di più al falso, perché è più sicuro, attendibile: domani sarà identico a ciò che è oggi.
Il Reale è imprevedibile: una sola cosa si può affermare con certezza e cioè che domani non sarà lo stesso, non sarà più ciò che è oggi. Dev'essere diverso, perché tutto ciò che è vivente è in continuo mutamento.

Così come sei, tutto è falso in te; e quando quella falsità scomparirà, anche tu sparirai. Il Reale non ha ego, nessun senso dell'io: è essere allo stato più puro. È presente in tutta la sua gloria, in tutto il suo incanto dorato, in tutta la sua eterna bellezza; ma è talmente vasto che non puoi dire: "Sono io". È il divino, è l'esistenza, è la realtà stessa.

Tu sei l'emblema del falso. Guarda la tua personalità: deriva interamente dall'educazione, dalla tua formazione, dalla disciplina, dall'istruzione, dalla cultura.

Non ti è stato permesso essere naturale per il semplice fatto che sulla natura non si può fare affidamento. Non c'è garanzia nella natura, non c'è certezza, non c'è sicurezza; quindi ogni società ha deciso, prima ancora che il bambino arrivi a capire chi è, di imporre una falsa maschera al suo volto originale. Gli attribuisce un nome, gli dà delle caratteristiche, delle sembianze; e il bambino è così indifeso e dipendente dagli adulti che gli è praticamente impossibile ribellarsi. Diventa semplicemente un'imitazione, inizia ad apprendere qualsiasi cosa gli altri gli impongano.

Gli danno un falso nome, una falsa identità, un falso senso dell'orgoglio; gli insegnano a essere obbediente, gli insegnano a fare il bravo, qualsiasi sia la definizione di "bravo". Gli insegnano a essere religioso, qualsiasi sia la religione di appartenenza; fanno di lui un cristiano, un hindu, un musulmano. E il povero bambino continua a essere ricoperto da strati di falsità.

Hai mai pensato se essere cristiano, ebreo o hindu, sia una tua scelta? È stata una tua scoperta? Ti sei mai chiesto perché sei cristiano? È solo un caso, dovuto al fatto che sei nato da due persone cristiane; e anche loro erano cristiane per caso, proprio come te. Una casualità che continua a dare vita ad altra casualità; e come il cristianesimo non era frutto di una loro scoperta, non lo è nemmeno per te. Ma come può essere reale una religione che non è una tua scoperta? Come può diventare una canzone nel tuo cuore? Come può trasformarti?

Ecco perché il mondo intero è religioso, eppure non c'è alcuna religiosità da nessuna parte: qualcuno è musulmano, qualcun altro giainista o buddhista... soltanto le persone che si avviano alla ricerca del Vero tentano di scoprire chi sono. E il miracolo è questo: quando ti incammini in quella ricerca, non scopri mai di essere cristiano, hindu o musulmano.

Se sei alla ricerca, scopri di essere parte di dio, sei divino... a chi interessa essere cristiano, hindu o musulmano? Hai raggiunto la sorgente stessa della religiosità e non apparterrai ad alcuna religione organizzata. E qualsiasi religiosità tu abbia trovato sarà autentica, vera; si rifletterà nelle tue azioni, si rifletterà nei tuoi occhi, si rifletterà nelle tue relazioni, nella tua risposta alle situazioni.

Non andrai in chiesa, al tempio, alla moschea o alla sinagoga, perché avrai trovato il vero tempio di dio dentro di te. Quindi, quando vorrai andare al tempio, chiuderai gli occhi e sarai in silenzio.

In quel silenzio inizierai a scivolare sempre più in profondità, fino a raggiungere il tuo centro; e il tuo centro è anche il centro dell'intero universo. Soltanto alla periferia siamo diversi, *al centro tutte le differenze si perdono*, rimane soltanto la beatitudine.

Ricordalo come elemento fondante: non puoi essere qualcosa di falso e al tempo stesso qualcosa di vero.

Proprio come in un auditorium, se c'è luce non è possibile che metà della sala rimanga al buio e l'altra metà sia piena di luce: o rimane interamente al buio oppure si illumina completamente. Non c'è coesistenza possibile tra luce e oscurità, e non c'è coesistenza tra il Reale e il falso.

> Un irlandese era stato condannato a quaranta frustate, ma più lo frustavano più rideva.
> "Perché ridi?" gli chiesero.
> "Non capite," disse loro, in preda alle risate. "State frustando l'uomo sbagliato!"

Anche tu stai *vivendo* l'uomo sbagliato. Anche quando sei innamorato – e quello è il tuo momento più prezioso – sono sempre presenti quattro persone, non due. Quelle vere stanno nascoste e quelle false fanno l'amore; e quelle false sono assolutamente incapaci di provare amore: come può nascere amore dalla falsità?

Quindi l'amore ti riempie di speranza e ti riempie di una frustrazione mille volte più grande; ma il problema è annidato così in profondità che non diventi mai consapevole del perché continui a prendertela con l'altro. Continui a cambiare amanti, ma con tutti i tuoi partner si verificherà la stessa cosa.

Persino un uomo come Jean-Paul Sartre viveva nello stesso errore concettuale: definisce l'altro "l'inferno". L'altro non è l'inferno, tuttavia ha un certo significato definirlo "l'inferno".

In realtà, tu non entri mai veramente in contatto con l'autentico altro, entri sempre in contatto con il falso. Il falso ha il pregio di farti grandi promesse, senza mai mantenerle.

È la tua falsa personalità che continua a promettere, ma non mantiene mai. E le persone intorno a te vivono nella stessa trappola: anche loro continuano a promettere, perché il falso è molto abile, propenso a fare promesse, ma è assolutamente incapace di mantenerle.

Due persone autentiche non hanno alcun bisogno di farsi promesse. Le persone autentiche sono straripanti di gioia, traboccano di beatitudine. Prima ancora di chiedere, ricevono; prima di bussare, le porte si aprono; prima di cercare, hanno già trovato. Quella è la qualità del Reale.

La ricerca, in questa scuola dei misteri, è volta a liberarvi dal falso – qualcosa che non vi appartiene – e a mettere in luce ciò che avete portato con voi dal grembo dell'esistenza stessa.

Il grembo della madre era soltanto rappresentativo del grembo esistenziale e la scoperta di sé, nella sua realtà più totale, è così estatica e così eterna che non è possibile concepire beatitudine e benedizione più grandi.

Il desiderio di avere di più scompare, perché non è possibile concepire di poter avere di più. Il falso non smette mai di chiedere sempre di più: non dà nulla né riceve nulla, è un mendicante. Il Reale è un imperatore.

Ricorda, dunque: tutto ciò che sei in questo momento è

soltanto uno spesso strato di falsità che ti avvolge – sei falso nei pensieri, sei falso in ciò che senti, sei falso nelle tue azioni. E non ne sei responsabile: sei stato addestrato, sottoposto a questa preparazione e a questa disciplina con grande abilità e perizia; quasi un terzo della vita di un uomo si spreca a farlo diventare falso.

D'altra parte, puoi lasciar andare tutta quella falsità in un secondo, in una frazione di secondo; è sufficiente una semplice comprensione: "Tutto questo è preso in prestito, mi è stato dato da altri. Non è la mia natura intrinseca".

Lascialo andare! Avrai un po' di paura, perché con esso scompariranno anche le tue certezze, il tuo sentirti al sicuro, la tua rispettabilità. Ma sopraggiungerà qualcosa di più grande: la tua autenticità. E questo è un appagamento così straordinario che soltanto in quella realizzazione arrivi a conoscere l'immensa importanza e il significato della vita.

Quindi osserva: tutto ciò che riconosci come preso in prestito, lascialo andare. Non appena ti svuoterai di tutto ciò che era preso in prestito, diventerai la luce del mondo, il faro che illumina te e gli altri.

1
Coltiva le tue qualità essenziali

Gautama il Buddha era solito dire: "Io sono un agricoltore. Coltivo la beatitudine, l'amore, la compassione, il *samadhi*".

In verità, ogni ricercatore del Vero deve diventare un agricoltore. Si tratta di una sorta di agricoltura interiore. Tutto è pronto: il terreno, il seme, il clima... semplicemente, il contadino è profondamente addormentato!

L'agricoltore dev'essere risvegliato e occorre iniziare il lavoro.

Nel momento in cui si risveglia, il contadino può vedere che il terreno è pronto, il seme è lì a disposizione e il clima è proprio quello necessario: il momento giusto è arrivato!

Nel momento in cui il contadino è sveglio, la tua vita inizia ad avere una nuova prospettiva. Non sei più povero, cominci a mietere i frutti interiori di una ricchezza sorprendente. E una volta che quelle messi vengono raccolte, si è appagati: la tua esistenza è giunta a maturazione, si rivela fruttuosa.

A quel punto la tua vita non è più un lamento, in te affiora gratitudine, ed è un moto spontaneo: quella gratitudine è preghiera. Chiunque preghi diversamente, pregherà invano. Quelle preghiere sono false, sono finzioni, sono fittizie: un ringraziamento di quel tipo è soltanto una formalità. La vera gratitudine è possibile solo quando inizi ad avvertire una pienezza, un appagamento interiore.

E la ricerca del Vero alla quale ti invito è l'inizio... l'inizio del risveglio di quell'agricoltore!

La forza e la debolezza

L'essere umano in quanto tale non è forte, non può esserlo. Se non si permette all'essenza divina di fluire, se non le si dà spazio nel proprio essere, l'uomo rimane debole.

La parte è sempre debole, se non fluisce in sintonia con la totalità dell'esistenza. La forza della parte è dovuta al suo funzionare in sintonia con il Tutto, e la debolezza si accompagna al suo andare contro il Tutto.

L'essere umano è diventato incredibilmente debole, e il motivo è proprio questo: vi hanno insegnato a lottare contro l'esistenza. Quella è l'idea più stupida che ha dominato l'umanità nei secoli: conquistare la natura.

Nell'intento di conquistare la natura, abbiamo distrutto l'ambiente e abbiamo distrutto noi stessi. Forza e vittoria sono possibili, ma si avranno soltanto accompagnandosi al Tutto, vivendo in sintonia e in armonia con l'esistenza; non contrapponendosi al Tutto.

Questa è l'intuizione che viene dall'Oriente: accompagnati al vento, non contrastarlo! Non spingere il fiume, fluisci con lui; e non nuotare controcorrente, altrimenti sprecherai tutte le tue energie in un conflitto inutile, distruggerai te stesso in quel conflitto.

E ricorda: la parte non potrà mai vincere. Se si contrappone alla totalità dell'esistenza, la parte è destinata a soccombere. Soltanto nel Tutto la parte può essere vittoriosa, accompagnandosi al Tutto e assecondandolo.

Se lo si comprende, si è compresa la legge fondamentale della vita, l'essenza del Tao. In quel caso si conosce l'essenza – il logos – e a quel punto si comprende come essere sempre più forti e sempre più vittoriosi.

Questo vuol dire arrendersi; occorre rinunciare alla conquista, per poter conquistare. Questo vuol dire scomparire, per essere. Questo vuol dire che senza una crocefissione non può esserci alcuna resurrezione.

*

Ecco cosa suggeriva Osho a un ricercatore che gli parlava della sua passione per gli esercizi di body building, e gli spiegava che lo aiutavano a sentirsi forte, gli davano una volontà più consolidata... ma non la sensazione di provare alcun rilassamento.

In questo modo stai dando forma a un problema.
Proprio perché ti senti forte e potente, in qualche modo stai rafforzando il tuo ego e la tua volontà. Così facendo, perderai contatto con il fluire rilassato della vita, rafforzerai la tua tensione.

In realtà, ciò che occorre è diventare sempre più vulnerabili e meno forti. Sono molti gli esercizi che ti possono rafforzare; di fatto, il mondo intero è esistito sulla base di esercizi di questo tipo, perché è la forza a essere rispettata e adorata.

Ma la via da seguire non è quella del potere; occorre diventare più umili, essere più femminili.

Il mio suggerimento è dunque questo: interrompi questi esercizi e, per due o tre mesi, fluisci con le cose così come sono; evita qualsiasi contraddizione, così da non creare in te alcuna dissociazione. Al termine di questi tre mesi, scegli se riprendere quegli esercizi oppure smettere.

Ma per tre mesi interrompi, perché tutto il mio intento è l'esatto opposto: renderti più soffice, più delicato; aiutarti a coltivare di più la capacità di arrenderti, di lasciarti andare. Non è la volontà il percorso che suggerisco, si tratta di essere sempre meno egoici, sempre meno in conflitto.

Per tre mesi offri un'opportunità a una vita fondata sul rilassamento... a quel punto, osserva come ti senti e poi decidi qual è la cosa giusta per te.

Coltiva l'arte di osservare

Domanda: *Come tu hai suggerito, ho iniziato a coltivare l'arte di osservare... ma devo confessare che nella mia testa non vedo altro che un susseguirsi di stronzate, è tutta merda – negatività, giudizi, proiezioni: questo è tutto ciò che affiora!*

È naturale, non lasciarti deprimere e non farti buttar giù in nessun modo. Se lo permetti, diventa impossibile liberarsi da tutto quel pattume, perché sperperi tutta la tua energia in quel modo.

Chiunque si interessi alla meditazione prima o poi inizia a sentirsi impotente, sente di non avere alcuna speranza perché il chiacchierio della mente sembra essere senza fine: va avanti all'infinito, e più tenti di porvi fine, più quello ribolle!

Non aver fretta e non assumere alcuna attitudine negativa rispetto a ciò che ti sta accadendo.

Perfino la merda può essere usata – può diventare un ottimo concime. Dunque, non essere negativo nei confronti della tua mente. Useremo quella situazione; non esiste fertilizzante migliore di questo. E ricorda: quando vedi una rosa sbocciata, è il frutto di un concime!

La meditazione scaturisce dalla mente. Si tratta di nonmente, ma si fonda sulla mente. È del tutto simile a un fior di loto: è nato dal fango, non è altro che un frutto della comune fanghiglia.

Inoltre, come seconda cosa, non cercare di fermare quel chiacchierio. Sii sciolto e rilassato. Di' alla mente che può andare avanti senza problemi e finire il suo viaggio a piacere. Rimani indifferente, distaccato, come se non fossero affari tuoi; come se fosse il semplice rumore del traffico... ed è proprio così!

È un meccanismo che va avanti in continuazione, non si ferma mai dal giorno della tua nascita fino alla tua morte. Continua a fare rumore, a disturbare, a chiacchierare, a fare prove mentali, a proiettare, a ricordare il passato, a desiderare il futuro. Accettalo nella più assoluta indifferenza.

Piano piano vedrai che prende forma una distanza, e quella distanza tra te e il fracasso della tua mente continuerà ad aumentare, nascerà una distanza sempre più abissale.

Un giorno, all'improvviso, ti renderai conto che non c'è più. Avvertirai un silenzio incredibile. Per alcuni istanti ti renderai conto che tutto si è fermato... poi riprenderà di nuovo, ma tu rimani sempre e comunque indifferente.

Resta indifferente anche rispetto a quel riversamento, perché se ti rallegri troppo, ecco che immediatamente vieni distratto... e la mente si ripresenterà immediatamente, e l'intero suo lavorio inizierà di nuovo.

Se si ferma, bene; se riprende, va bene comunque.

Ma è così che si crea la distanza – e quella distanza è meditazione. In base alla mia esperienza, non occorre altro: rimani semplicemente distaccato, disinteressato, imperturbato... e osserva.

La parola "osservare" è un po' troppo positiva: osservazione e indifferenza. In questo modo il pericolo di quell'osservazione positiva viene evitato: un'osservazione passiva.

Accadranno molte cose... e piano piano ti dimenticherai della tua vecchia identità.

... e nel frattempo, valorizza il tuo tesoro nascosto

In te esiste una consapevolezza, ma è presente solo in misura infinitesimale. È come un iceberg: un decimo affiora dalla superficie dell'acqua e il resto è sommerso; soltanto una minima parte di te è consapevole.

Io dico una cosa e tu l'ascolti: senza consapevolezza non sarebbe possibile. I pilastri di questo auditorium non ascoltano, non hanno consapevolezza; ma anche noi siamo consapevoli solo in minima parte.

La meditazione è la scienza che sottrae all'oscurità una consapevolezza sempre più vasta. Il solo modo per riuscirvi è essere ogni giorno, ventiquattr'ore su ventiquattro, quanto più consapevoli possibile.

Quando ti siedi, fallo consapevolmente, non come un automa; quando cammini, cammina con consapevolezza, attento a ogni movimento; quando ascolti, ascolta con attenzione sempre più grande, in modo tale che ogni parola ti arrivi nella sua purezza, chiara come il cristallo, nella pienezza del suo significato. Mentre ascolti, sii silenzioso, in modo che la tua consapevolezza non sia offuscata dai pensieri.

In questo preciso istante, se sei in silenzio e consapevole, puoi sentire gli insetti che cantano la loro canzone sui rami degli alberi. L'oscurità non è vuota, la notte ha la sua canzone; se però sei pieno di pensieri, non riesci a sentire gli insetti... e questo è solo un esempio!

Se diventi sempre più silenzioso, puoi iniziare ad ascoltare il battito del tuo cuore, a sentire il flusso del tuo sangue... perché il sangue scorre in continuazione in tutto il tuo corpo. Se sei consapevole e in silenzio, la tua chiarezza, la tua creatività e la tua intelligenza si amplificheranno.

Milioni di persone ricche di ingegno, ricche di talento, muoiono senza nemmeno sapere di essere geniali. Milioni di persone non sanno perché sono venute al mondo, perché sono vissute e perché se ne stanno andando.

La maggior parte della gente vive ignara di essere viva, la sua consapevolezza rimane un tesoro nascosto! E non è possibile scoprire cosa implica e racchiude quella presenza consapevole, finché non ti svegli, finché non la porti alla luce, finché non apri tutte le porte ed entri nel tuo essere e ne esplori ogni angolo e anfratto.

La consapevolezza nella sua pienezza ti darà l'idea di chi sei e ti darà anche l'idea di qual è il tuo destino: dove devi andare, quali sono le tue capacità. Nascondi un poeta nel tuo cuore, un cantante, un ballerino o un mistico?

La consapevolezza è come la luce. In questo momento, dentro di te sei immerso nell'oscurità più profonda, quando chiudi gli occhi non vedi altro che tenebre e oscurità.

Uno dei più grandi filosofi occidentali, C.E.M. Joad, stava morendo e un amico, discepolo di Gurdjieff, andò a trovarlo.
Joad gli chiese: "Cosa fai con quello strano tipo, George Gurdjieff? Perché sprechi il tuo tempo? E non sei il solo... ho sentito dire che siete in molti!".
L'amico rise e commentò: "È strano: le poche persone vicine a Gurdjieff pensano che sia il mondo intero a sprecare il proprio tempo... mentre tu pensi che siamo noi!".
Joad ribatté: "Non mi resta molto da vivere, altrimenti verrei a verificare".
E l'amico riprese: "Anche se ti restassero solo pochi secondi da vivere, puoi farlo, qui, adesso". Joad acconsentì.
L'amico lo invitò a chiudere gli occhi: "Guarda dentro di te, poi riapri gli occhi e dimmi cos'hai visto".
Joad chiuse gli occhi, li riaprì e disse: "C'è buio e niente altro".
L'amico rise e disse: "Non è certo il momento di ridere, visto che stai quasi per morire... ma sembra che io sia arrivato proprio al momento giusto. Hai detto di aver visto soltanto buio dentro di te?".
"Esattamente," rispose Joad.
L'altro riprese: "Sei un grande filosofo, hai scritto libri meravigliosi... non riesci a vedere che esistono due cose: *tu e l'oscurità*? Altrimenti, chi avrebbe visto il buio? L'oscurità non può vedere se stessa – questo, perlomeno, è certo – né può tornare per dire che c'è solo il buio".
Joad rifletté per un attimo ed esclamò: "Dio mio, forse le persone che stanno vicino a Gurdjieff non stanno sprecando il loro tempo. È vero: sono io che ho visto l'oscurità".
E l'amico disse: "Il nostro impegno consiste solo in questo: rafforzare e cristallizzare sempre di più questo 'io', questo testimone, questa presenza che osserva... e trasformare l'oscurità in luce. Entrambe le cose accadono simultaneamente: a mano a mano che il testimone diventa sempre più centrato, l'oscurità diminuisce. Quando il testimone giunge a completa fioritura, e cioè si apre nel loto della consapevolezza, tutta l'oscurità svanisce".

Ricorda: noi non facciamo altro che cristallizzare sempre di più il testimone, la consapevolezza, in modo che il tuo essere interiore, la tua interiorità diventino una luce, una luminosità così piena e stripante da poter essere condivisa con gli altri.

Essere nell'oscurità è vivere al minimo. Ed essere pieni di luce è vivere al massimo.

Coltiva l'arte dell'ascolto

L'ascolto non è un'azione, per ascoltare da parte tua non è richiesto nulla: devi solo essere presente.

Non ci si aspetta da te alcuno sforzo, nessun impegno – siedi semplicemente in silenzio e sentirai. E non appena ti siedi, svuotato... senza fare nulla, la meditazione prende il sopravvento.

Dunque, prova questo esperimento anche a casa, e quando sei solo.

Qualche volta lo puoi fare con gli uccelli; altre volte con le cascate o con il fruscio della brezza che potrebbe passare e scuotere le foglie di un albero.

Prova a spostarti nel silenzio.

Seduto di fianco a un fiume, entra in quel silenzio; adesso il fiume è il tuo maestro, non sa neppure che sei seduto sulla sua riva. I venti non si curano di te, il frusciare delle foglie non accade per te. Seduto vicino a un albero, ascolta semplicemente i suoni tutt'intorno; e in un istante verrai trasportato in un altro mondo.

Krishnamurti continua a sottolineare il "giusto ascolto", ma il giusto ascolto può anche diventare un pericolo. Ha il suo scopo: ti dà le prime intuizioni. Ebbene, non rendere quelle intuizioni la base della tua vita; al contrario, cerca di cogliere quei bagliori in situazioni diverse, così da poter essere libero dal maestro stesso.

Dunque, a volte stai fermo vicino a un albero, altre volte nei pressi di un fiume; altre volte ancora, stai fermo sulla piazza del mercato... ascolta i suoni e resta quieto. Anche lì, in quel contesto, lo stesso mondo trascendente si aprirà davanti a te.

Puoi trovare spunti e suggerimenti su **osho.it** *alla sezione* **L'arte dell'ascolto**.
Per altri suggerimenti vedi: Per approfondire.

... e non scordare il coraggio dell'istante

L'amore implica arrendersi, lasciarsi andare, abbandonarsi... davvero amare significa morire nell'altro. Ecco perché l'amore richiede un'unica cosa: coraggio.

Coraggio, perché l'amore presuppone l'abbandono della propria identità, lasciar andare il proprio ego, rinunciare alla propria personalità. Ecco perché milioni di persone hanno deciso di non amare; ma, in quel caso, la vita è miseria, infelicità, tristezza. In quel caso la vita è un inferno. È comoda, decente, conviene... l'inferno è davvero confortevole e molto conveniente: le ultime notizie dicono che adesso c'è l'aria condizionata!

Se davvero vuoi vivere, devi essere pronto ad affrontare l'insicurezza; e l'amore porta con sé la più grande insicurezza che possa esistere al mondo, perché l'amore non può fare promesse per il domani. L'amore è qualcosa di questo istante, è focalizzato in questo istante, vive unicamente in questo istante. Non può fare promesse, perché qualsiasi promessa è una bugia; e l'amore non può mentire.

L'amore può solo dire qualcosa relativo a questo istante, non può pronunciarsi per il prossimo; non c'è nulla che possa dire o fare per il momento che verrà dopo: rimarrà aperto, vulnerabile, insicuro. L'amore potrà esserci, potrà non esserci; nessuno sa nulla, non ci sono garanzie di alcun tipo. Questo è il motivo per cui la gente sceglie cose come il matrimonio, anziché l'amore: qualcosa di sicuro, di protetto, di garantito dalla legge e dallo Stato e dalla società e dalla chiesa – qualcosa su cui si possa fare affidamento. Ma, purtroppo, proprio in quella scelta ci si suicida, chi segue quella strada non vivrà mai.

La vita in quanto tale è insicura. La vita non sa nulla della sicurezza. La morte offre tutte le garanzie di sicurezza; pertanto, i codardi scelgono la morte anziché la vita; scelgono qualcosa di falso, di plastica, di artificiale e mai il Reale.

Chi ha coraggio, invece, sceglie l'esperienza reale, si accompagna a quel vivere, ovunque conduca. Si arrende al flusso dell'amore ed è pronto ad avventurarsi nell'inesplorato, là dove non esistono mappe, un ignoto che mai è stato visto o conosciuto.

Allontana l'ambizione dalla tua vita

È necessario andare al di là di ogni ambizione. E l'ambizione più grande è diventare famosi, essere qualcuno, non essere anonimi; abbandonare il desiderio di lasciare la propria impronta sulla sabbia del tempo, voler fare qualcosa così da poter essere ricordati, una volta scomparsi. Essere qualcuno agli occhi della gente.

Il desiderio di essere famosi riflette il bisogno di attenzione, la voglia di essere guardati e visti da tutti. E questo perché, quando molte persone ti guardano, la loro attenzione è inebriante, funziona come una droga sottile, e per secoli l'essere umano ha vissuto sotto il suo effetto.

Si tratta di una prospettiva fondamentalmente malata; e questo perché seguirla implica vivere in un perenne conflitto con tutti. La mente ambiziosa è sempre in guerra, e cerca sempre di primeggiare, di vincere con mezzi leciti o illeciti. Per la mente ambiziosa i mezzi non sono rilevanti, ciò che conta è arrivare in cima; e il tempo è poco, per cui quella lotta genera uno stress incredibile.

Tutto questo è soltanto stupido. Se anche arrivassi in cima, non ci troveresti nulla. Sembrerai soltanto stupido, sciocco... anche se non lo accetterai, e men che meno lo confesserai mai!

Fingerai di essere soddisfatto, di essere assolutamente appagato; sosterrai che quella è una vera conquista.

Ma chiedilo al Buddha, chiedilo a coloro che da quella cima sono scesi, e conoscerai la vera storia; ovvero, che diventando famosi non si realizza nulla, non si conquista nulla. E questo perché con la fama non arriverai mai a conseguire il tuo essere. Tutto quel desiderio è frutto di un complesso d'inferiorità.

E ricorda: la mente ambiziosa è animale; è la mente di un lupo, è violenta.

Occorre andare al di là di tutto ciò, occorre trascendere la mente di un lupo, superare quell'ambizione violenta.

Riposa in te stesso. Vai benissimo così come sei. Rilassati in te stesso. Goditi e celebra te stesso.

Anziché sprecare tempo nel diventare qualcuno, sii un nessuno! In questo modo ogni stress svanirà. In questo caso non sarà possibile essere tesi, non nutrirai l'ansia, avrai tagliato le radici stesse dell'angoscia.

A quel punto potrai vivere momento per momento in una sorta di danza. E allora la vita si rivela meravigliosa come lo sono le rose e luminosa come le stelle.

Ecco in cosa consiste la ricerca del Vero alla quale ti invito: accetta la verità del nostro essere un nessuno; e non limitarti ad accettarla con un velo di disperazione... godi, gioisci di questa verità; celebrane la bellezza, la grandezza, la libertà che l'accompagna.

Ricorda: la persona libera dall'ambizione è anche libera dalle masse, non dipende più dalla psicologia della folla. Non ha bisogno di scendere a compromessi. Può vivere confidando in sé, stando sulle proprie gambe; può confidare in se stessa e godersi il proprio essere. Non ha bisogno di vendere la propria anima per gli affari, non deve diventare una merce, un bene di consumo, un oggetto da usare.

... e coltiva le tue qualità femminili

La femminilità ha una sua gloria, essere vulnerabili come una rosa ha una sua gloria; e ricorda: estasi e beatitudine accadono solo quando sei assolutamente aperto, quando lasci spazio alle qualità del femminile, quando ti permetti di essere vulnerabile.

Quando tutte le difese sono lasciate cadere, quando non stai più sulla difensiva, quando la tua armatura è disintegrata, ecco che ti ritrovi assolutamente nudo di fronte all'esistenza, senza protezione, senza difese; in quel momento, in quel momento d'insicurezza assoluta, l'ego scompare. E con la scomparsa dell'ego ecco che appare la tua essenza divina, la tua essenza di Buddha.

Domanda: *Ma io sento di opporre resistenza a ciò che intimamente amo. Anche con te sento di non essere aperto, di respingerti, di rifiutarti...*

Lo avverto, è qualcosa di evidente, di tangibile!
Continua a osservare questa tua attitudine, limitati a osservarla. Se ne andrà, perché è una cosa stupida! Se opponi resistenza in quel modo, sarai tu a perdere. Io non perdo niente, se tu mi respingi; tu perderai semplicemente un'occasione, l'opportunità di aprirti.

Dunque, continua a osservare: nel momento in cui comprenderai la stupidità di questo tuo comportamento, scomparirà.

Non è nulla di peccaminoso, è semplicemente stupido. Dunque, non sforzarti di abbandonarlo e non farne una cosa seria; non è altro che la naturale stupidità della mente umana.

Limitati a meditare, a osservare... e aspetta. Se ne andrà!

Coltiva la solitudine

Sentirsi soli è isolamento, uno stato dell'essere negativo, un vero deserto. In quello stato d'animo si avverte un profondo bisogno, l'urgenza di avere un compagno: avverti la mancanza dell'altro; è uno stato di povertà e miseria.

La solitudine è tutt'altra cosa: è uno stato dell'essere positivo, è pienezza, è assoluta pienezza. Trabocchi della pienezza di te, e l'altro non è più necessario. Straripi di gioia, felicità ed estasi affiorano in te e straripano all'esterno.

L'isolamento è triste, la solitudine è qualcosa di estatico. E se non si consegue alcuna capacità di essere soli, non si ha alcuna maturità. Si resta immaturi, dipendenti, alla disperata ricerca di una mamma o di un papà, di qualsiasi cosa a cui aggrapparsi: un qualsiasi giocattolo, il denaro, il potere... tutte quelle cose non sono altro che elementi con cui si cerca, bene o male, di riempire il proprio vuoto interiore.

Ma quel vuoto non può essere colmato, continuerà a riproporsi, simile a un'eruzione vulcanica. Solo quando consegui la capacità di essere solo, scompare; e il processo che permette di acquisire quella solitudine è la meditazione.

Meditazione è l'arte di diventare solo, l'arte di trovare le proprie sorgenti vitali interiori. È la scienza per eccellenza che permette di trovare all'interno del proprio essere tutto ciò che è necessario; e, una volta trovato, ecco che ci si ritrova felici senza ragione alcuna.

Questo non vuol dire che non si entrerà in relazione con le persone; in realtà, soltanto una persona capace di essere sola può relazionarsi, perché ha qualcosa da condividere.

La persona isolata non può avere alcuna relazione, può solo sfruttare. Chi è capace di solitudine è un ricercatore del Vero, in base alla mia definizione: si relaziona, e interagisce in molti modi, in ogni modo possibile; non è qualcuno che rifugge il mondo, anche se sarà solo perfino in mezzo a una folla.

La sua solitudine è tale per cui nulla può distruggerla, neppure la piazza del mercato, neppure il mondo degli affari.

Coltiva l'arte di rilassarti

Lao-tzu dice: "La fonte originale si trova in profondità, per raggiungerla devi scendere nelle profondità del tuo essere". E le *Upanishad* dicono: "Elevati fino a raggiungere la vetta suprema. Consegui ciò che è un potenziale dentro di te, attualizzalo totalmente".

Potresti vedere un conflitto tra il Tao e le *Upanishad*.

Lao-tzu, infatti, dice che il mezzo, lo strumento da utilizzare è "lo sforzo privo di qualsiasi sforzo" e le *Upanishad* dicono: "Lo sforzo, lo sforzo assoluto, totale è il mezzo".

Parlando di "assenza di sforzo", Lao-tzu invita a essere del tutto immobili, così che non ci sia alcun movimento; questo perché qualsiasi sforzo è un movimento, genera tensione: il minimo sforzo implica che tu sia all'esterno del tuo essere. Dunque, Lao-tzu si riferisce a uno stato della mente del tutto rilassato.

Non è una cosa tanto facile. È forse più difficile che sforzarsi per elevarsi! Infatti, per noi è facile capire intenti che implichino fare qualcosa, ma un intento che presupponga di non fare ci è del tutto incomprensibile.

Per noi è di gran lunga più difficile non fare, anche se entrambi i percorsi sono ardui. E comunque tutti e due tentano di condurre all'essenza più intima di ciò che siamo... quando è assente il benché minimo movimento si precipiterà dentro di sé, giù, giù, giù... fino a toccare il centro.

Ogni e qualsiasi evento periferico è uno sforzo; quando non esiste più sforzo alcuno, ci si ritroverà nel proprio centro essenziale.

Le *Upanishad* utilizzano un percorso differente: sostengono che è necessario uno sforzo supremo, assoluto. Sforzandoti al massimo delle tue possibilità, diventerai sempre più teso, ancora più teso, assolutamente teso... verrà un momento in cui non sarai altro che tensione! A quel punto non potrai andare oltre, hai conseguito un punto di assoluta e pura tensione.

Quando tocchi questo culmine, all'improvviso precipiterai... e all'improvviso ti rilassi e raggiungi quel centro essenziale cui si riferiva Lao-tzu.

Dunque, queste sono le due vie... o ti rilassi direttamente, come suggerisce il Tao, oppure ti rilassi indirettamente come dicono le *Upanishad*: porta la tensione al suo culmine, e a quel punto sopraggiungerà il rilassamento.

Secondo me, le *Upanishad* si rivelano più utili perché oggigiorno siamo così tesi che ci è facile capire quella prospettiva: prova a dire a qualcuno di rilassarsi, non ci riuscirà. Perfino rilassarsi diventerà per lui una nuova fonte di tensione.

Ho visto un libro intitolato: *Devi rilassarti*! Quel "devi" creerà tensione. Rilassarsi diventerà un compito arduo; ci proverai, e proprio il tuo sforzarti produrrà nuove tensioni. Questo è un titolo migliore: *Non devi rilassarti* – se ti vuoi rilassare!

Il rilassamento non può essere usato in modo diretto: siamo tesi, troppo tesi. Per noi la parola stessa non ha alcun significato.

Lao-tzu ha ragione, ma seguirlo risulta difficilissimo. Sembra semplice; ma ricorda: ogni volta che qualcosa sembra semplice, dev'essere molto complessa; infatti, a questo mondo ciò che è semplicissimo risulta essere la cosa più complessa. E poiché sembra una cosa semplice, potremmo essere tratti in inganno.

Per dieci anni ho lavorato ininterrottamente con metodi laoziani, insegnando regolarmente un rilassamento diretto: per me era molto facile, ho dunque pensato che lo fosse per tutti. Poi, piano piano, mi sono reso conto che era qualcosa di impossibile.

Le persone a cui dicevo: "Rilassati" sembravano capire il significato della parola, ma non riuscivano a rilassarsi. Visto lo stato delle cose, ho dovuto ideare nuovi metodi di meditazione nei quali prima si crea tensione, una tensione sempre maggiore, tale da portare sul punto di impazzire. E *a quel punto* dico: "Rilassati".

Quando arrivi a un culmine estremo, un vero picco di tensione, tutto il tuo corpo, tutta la tua mente, risultano affamati di rilassamento. Con una simile tensione vuoi solo fermarti; ma io continuo a incitarti, ad andare avanti fino a un picco estremo. Fa' qualsiasi cosa puoi fare per creare tensioni; e a quel punto, quando ti dico: "Fermati!", ecco che precipiti semplicemente da quel picco in un abisso profondo. Quell'abisso è l'intento finale, l'assenza di sforzo è la meta... ma lo sforzo viene usato come un mezzo.

Arrivare a percepire il proprio centro essenziale è l'esperienza che davvero può fare la differenza. Osho ha approfondito questa prospettiva in decine di opere. Ma il solo modo per comprendere le implicazioni di ciò che diviene possibile, nella nostra vita e nelle nostre relazioni, allorché si tocca il nucleo del proprio essere, è sperimentare.

Nel brano sopra citato Osho accenna a quelle che oggi sono universalmente note come OSHO Active Meditations, le sue Meditazioni Attive che stanno portando una vera e propria rivoluzione nella scienza millenaria della dimensione interiore.

Se vuoi sperimentare da subito, vedi: Per approfondire.

Per una prospettiva più ampia su questi metodi, leggi Cogli l'attimo, Feltrinelli editore. *In particolare la parte seconda: Il vulcano svanirà.*

... e rilassati!

Il rilassamento totale è il massimo: è il momento in cui ci si risveglia, ci si realizza, ci si illumina. Allo stato attuale delle cose, così come sei, non puoi essere totalmente rilassato: nell'essenza più intima del tuo essere, persisterà una tensione. Tuttavia, impara a rilassarti.

E quando inizi a rilassarti, comincia dalla circonferenza, cioè da dove ti trovi. *Possiamo iniziare solo da dove siamo*. Rilassa la circonferenza del tuo essere – rilassa il corpo, il comportamento, le azioni.

Cammina in modo rilassato, mangia in modo rilassato, parla, ascolta in modo rilassato. Rallenta ogni azione. Non avere fretta, non correre. Muoviti come se l'eternità fosse a tua disposizione; in effetti, lo è... Siamo sempre stati qui e saremo qui sempre. Le forme cambiano, ma non la sostanza. I vestiti cambiano, ma non l'anima.

Il primo passo nel rilassarsi è rilassare il corpo. Ricordati per quanto più ti è possibile di stare attento al corpo: osserva se è presente qualche tensione, da qualche parte: nel collo, nella testa, nelle gambe. Rilassa quella parte consapevolmente. Vai semplicemente in quella parte del corpo, e persuadila, dille con amore: "Rilassati!".

E ti stupirà ma, se ti avvicini così a qualsiasi parte del corpo, ti ascolta, ti segue: è il tuo corpo!

Entra nel tuo corpo a occhi chiusi: visitalo dalle dita dei piedi alla testa, e ricerca qualsiasi luogo in cui si annidi una tensione. Poi, parla a quella parte come se parlassi a un amico; lascia che esista un dialogo tra te e il tuo corpo. Digli di rilassarsi, e suggeriscigli: "Non c'è nulla da temere. Non aver paura. Io sono qui per prendermi cura di te – ti puoi rilassare".

Piano piano, imparerai questo trucco, a quel punto il corpo si rilasserà.

Poi fa' un altro passo, un po' più profondo: *di' alla mente di rilassarsi*. E se il corpo ascolta, anche la mente ascolta; ma non puoi partire dalla mente – devi iniziare dall'inizio. Non puoi partire da un punto intermedio, molte persone iniziano dalla mente e falliscono; proprio perché iniziano da un punto sbagliato. Ogni cosa dev'essere fatta nel giusto ordine.

Se riesci a rilassare il corpo volontariamente, sarai in grado di aiutare la tua mente a rilassarsi volontariamente. La mente è un fenomeno più complesso. Una volta che avrai acquisito confidenza, quando saprai che il corpo ti ascolta, avrai una fiducia nuova in te stesso. Adesso perfino la mente ti può ascoltare. Con la mente ci vorrà un po' di più, ma accade.

Poi, una volta rilassata la mente, *inizia a rilassare il tuo cuore*, il mondo delle sensazioni e delle emozioni… si tratta di un fenomeno ancora più complesso, più sottile. Ma ora ti starai muovendo con grande fiducia, avrai una profonda fiducia in te stesso. Adesso saprai che è possibile: se è possibile con il corpo e se è possibile con la mente, è possibile anche col cuore. E solo a quel punto, solo quando hai superato questi tre passi, puoi fare il quarto. Ora puoi entrare nell'essenza più intima del tuo essere, che si trova oltre il corpo, oltre la mente e oltre il cuore: il centro stesso della tua esistenza. E potrai rilassare anche quella.

Quel rilassamento di certo ti dona la gioia più grande che esista, l'estasi per eccellenza, l'accettazione. Sarai colmo di beatitudine e gioirai. La tua vita avrà in sé la qualità della danza.

Piano piano imparerai quest'arte.

Il rilassamento è uno dei fenomeni più complessi: ha mille sfaccettature, è multidimensionale ed è di una ricchezza senza confronti. Tutte queste cose ne fanno parte: lasciarsi andare, aver fiducia, arrendersi, amare; avere la capacità di accettare, riuscire a seguire il fluire della vita, immergersi e unirsi all'esistenza... è assenza di ego, estasi. Tutte queste cose ne fanno parte, e tutte iniziano ad accadere se apprendi le vie del rilassamento.

Il mio sforzo è aiutarti a liberarti da ogni senso di colpa e da tutte le paure. Vorrei dirti che non c'è alcun inferno e nessun paradiso; pertanto, non aver paura dell'inferno e non essere avido del paradiso. Tutto ciò che esiste è *questo istante*: puoi renderlo un inferno, oppure un paradiso – questo è di certo possibile – ma non esiste alcun paradiso e non c'è un inferno da qualche altra parte.

L'inferno esiste quando sei totale tensione, e il paradiso quando sei totalmente rilassato.

Il totale rilassamento è il paradiso.

2
Metti a fuoco i tuoi lati oscuri: tu sei il tuo primo nemico!

La signora O'Hara, vedova da circa cinque anni, si recò da un famoso medium, sperando che potesse metterla in contatto con il marito Mike. Il medium l'assicurò che ogni sforzo sarebbe stato fatto e che avrebbero organizzato una seduta la sera stessa.
A sera, molti adepti si riunirono intorno al tavolo, poi il medium ordinò di abbassare le luci e chiese che tutti si prendessero per mano. Il silenzio scese sulla sala e il medium chiamò ad alta voce il nome di Mike O'Hara.
Improvvisamente, una strana calma sembrò calare nella stanza e una voce remota, dapprima fioca, poi sempre più forte, gemette: "Io sono Mike O'Hara. Chi chiama il mio spirito?".
Il medium rispose che era stata la moglie a chiamarlo, perché desiderava parlargli. Lo spirito rispose che avrebbe parlato con la moglie.
"Mike," disse la signora O'Hara "stai bene?"
"Sì," rispose lui. "Sto bene."
"Dimmi, sei felice lì dove sei?"
"Sì, qui sono felice."
"Sei più felice di quando stavi sulla Terra con me?"
"Sì," rispose lo spirito, "sono molto più felice di quando stavo sulla Terra con te."
La signora O'Hara sembrò leggermente turbata, ma aveva un'ultima domanda: "Dimmi, marito mio, com'è la vita lì? A cosa assomiglia il paradiso?".
"Non dire stupidaggini, donna," muggiò la voce. "Cosa ti fa pensare che io sia in paradiso?"

Persino l'inferno, all'inizio, sembra il paradiso, perché sulla Terra hai creato un inferno peggiore. Sei così infelice, l'inferno che hai creato sulla Terra è così grande che quando vai all'inferno – se mai l'inferno esistesse – all'inizio ti sentirai sollevato. Solo più tardi comincerai ad accorgerti che è pur sempre l'inferno. Invece, noi diciamo di tutti quelli che muoiono che sono andati in paradiso, diventando anime dilette da dio; lui le ha scelte, le ha chiamate a sé... Questi sono tutti modi per evitare un confronto diretto con la morte.

Se non ascolti i Buddha, sarai consumato dalle tue stesse malvagità. Puoi fare più danni a te stesso di chiunque altro: ora come ora, sei il tuo primo nemico. Naturalmente, puoi anche essere il tuo più grande amico, ma non ci hai mai provato.
Per te hai soltanto creato inferni senza fine, e continui a crearli, per il semplice motivo che non hai mai voluto prenderti la responsabilità di te stesso. Hai sempre dato la responsabilità ad altri: a dio, alla società, alla struttura economica, alla politica, allo Stato, a questo o a quello. Continui a dare la responsabilità di te stesso agli altri: questo è un modo sicuro per restare schiavi a vita.
Assumiti ogni responsabilità.
Quando il Buddha dice: "Sarai consumato dalle tue azioni malvagie", sta dicendo: "Ricorda che tutto ciò che ti accade è opera tua. Bene o male, estasi o infelicità, luce o oscurità: raccogli sempre quanto hai seminato. Tu, e nessun altro, sei responsabile di ciò che accade".
Dare la responsabilità ad altri vuol dire diventare uno schiavo. Assumiti tutta la responsabilità di ciò che è la tua vita.
All'inizio è difficile, pesante, ma ben presto capirai una cosa: se sei in grado di creare l'inferno, puoi anche creare il paradiso. Occorrerà solo un po' più di consapevolezza. L'inferno è una strada in discesa, non occorre alcuna consapevolezza. D'altra parte, il paradiso è una strada in salita che richiede sempre più consapevolezza. Quando ti incammini verso le vette, devi fare molta attenzione.
La gente fa attenzione alle cose sbagliate. Se porti soldi

con te, stai molto attento: ti controlli continuamente le tasche; apri in continuazione la valigia per verificare che i soldi siano al sicuro. È così che i ladri capiscono che hai qualcosa. Se una persona si tocca continuamente la tasca, sta invitando i ladri: i borseggiatori sono sempre allerta, in questo modo capiscono. Se nascondi qualcosa, attiri la gente: evidentemente hai merce preziosa. Butta un diamante come il Koh-I-Noor nel giardino, e nessuno lo ruberà.

La gente fa molta attenzione alle cose sbagliate, mai al proprio essere interiore. E nel caso di autentica presenza consapevole, anche cinque secondi diventano troppi!

George Gurdjieff era solito dare ai suoi discepoli il proprio orologio da tasca, dicendo: "Osservati l'altra mano. Se ci riesci per sessanta secondi, un minuto, ti accetterò come mio discepolo. Prova a guardare l'altra mano e, al tempo stesso, ricorda: 'Sto guardando l'altra mano, sto guardando l'altra mano...'. Non dimenticartene!".

Su cento persone, soltanto una o due riuscivano a concentrarsi per sessanta secondi. Sessanta secondi... In realtà, dopo cinque secondi la mente devia, inizia a pensare ad altre cose, si dimentica. Provaci: prendi un orologio e vedrai che dopo cinque, sette secondi sarai andato nel passato o nel futuro. Non sei più qui ora. Invece, con le cose stupide e inutili, usi la massima attenzione.

Il Buddha dice: *"...le tue azioni malvagie ti consumeranno"*.

Qualunque cosa tu stia facendo agli altri non potrà che tornarti indietro, rimbalzare su di te moltiplicata per mille. Il mondo ti sta continuamente rilanciando qualcosa: se lanci fiori, ti torneranno indietro fiori; se lanci pietre, ti torneranno indietro pietre. E perché stai lanciando pietre, come mai sei così violento? Perché ti comporti in modo tanto nocivo? Lo fai, perché pensi: "Così si vince, la competizione è inevitabile. Per vincere nel mondo, questa è l'unica strada".

In primo luogo, su milioni di persone che lottano, solo l'uno per cento riesce a diventare un Alessandro Magno;

tutti gli altri soccombono, con grande frustrazione. Secondo, chi dopo strenui sforzi riesce a raggiungere la vetta la trova desolatamente vuota; anche se non lo ammetterà mai, perché farebbe la figura dello sciocco: hai fatto del tuo meglio per diventare presidente di una nazione, ti sei impegnato al massimo, e poi devi dire alla gente che non ne valeva la pena? Sei *obbligato* a dire: "Finalmente! Ce l'ho fatta: che bello, che felicità!", devi dirlo... solo per salvarti la faccia.

E la gente è pronta a tutto pur di vincere. Si mette a strisciare, scodinzola come un cane... Per vincere, si fa di tutto. Ma prova a interrogare chi ha vinto: le sue mani sono assolutamente vuote, anche se nessuno ha l'onestà di ammetterlo.

Accetta il ritmo naturale delle cose

Domanda: *Mi rendo conto di essere perso nel turbine di emozioni che non riesco a governare. Puoi aiutarmi a comprendere in che modo e perché non riesco a centrarmi nel mio essere?*

Come prima cosa, lascia perdere l'idea di dover essere centrato; non farne uno scopo. Lascia che accada: quando percepisci il tuo centro, bene; e quando non lo senti, va altrettanto bene.

Si dovrebbero accettare di più gli alti e bassi della vita. Esiste un ritmo: a volte senti di essere in sintonia con l'esistenza, altre volte senti di non esserlo; è naturale.

Assomiglia al giorno e alla notte, all'estate e all'inverno. Occorre cogliere e accettare il lato oscuro, l'ombra che accompagna ogni cosa. Se non riesci ad accettare quel lato buio, sarai inutilmente disturbato, e quel disagio renderà tutto più complicato.

Dunque, il mio suggerimento è questo: quando accade qualcosa di bello, accettalo, sentiti grato; quando non accade, accetta anche quello e continua a provare gratitudine, ben sapendo che si tratta soltanto di una fase di riposo.

Hai lavorato per tutto il giorno e la notte ti addormenti: non ti senti infelice perché non hai più la forza per lavorare oltre, e di conseguenza non riesci a guadagnare di più, e non puoi fare mille e una cosa... e le cose da fare sono tantissime! No, nulla di tutto questo ti preoccupa.

Ci sono persone che si lasciano prendere da simili rovelli. Ragion per cui iniziano a perdere il sonno, deprivandosi dei suoi benefici. Chi non riesce a dormire la notte al mattino si ritrova esausto, più stanco di quando era andato a letto.

Chi si lascia alle spalle l'intera giornata e accetta la notte come un periodo di riposo, andando a dormire profondamente rilassato, al mattino sarà in grado di tornare a vivere con occhi nuovi e un nuovo essere, riuscirà ad accettare il nuovo giorno e a dargli il benvenuto, sarà grato di poter respirare di nuovo e di vedere una nuova alba e la gente con occhi limpidi.

Ricordalo sempre: tutto ha il proprio periodo di riposo; e quella fase di riposo non è contro la tua vita... ti dà energia, vitalità.

Dunque, quando ti senti in sintonia con me – o con un'altra persona – va benissimo; quando quella sintonia viene a mancare, non infastidirti. Si tratta di un periodo di riposo: ti permetterà di sintonizzarti ben presto con un piano dell'essere superiore. Se però ti lasci disturbare da quella mancanza di armonia, ecco che nasceranno guai e complicazioni. In quel caso, ci vorrà un lasso di tempo più lungo per tornare a essere in sintonia.

E nel momento in cui si accetta il ritmo naturale delle cose, quell'essere in sintonia verrà e se ne andrà spontaneamente, con un ritmo tutto suo... e tu potrai goderti entrambe le situazioni.

Provaci!

*

Nei momenti in cui ti ritrovi con un'energia bassa, non è consigliabile parlare e condividere. Facilmente, in quello stato d'animo viene a mancare la capacità di comprendere.

È una delle leggi fondamentali da ricordare: noi tutti riusciamo a comprendere qualcosa con maggior facilità quando stiamo fluendo e volando alti. In quel caso siamo più aperti, più vulnerabili, più ricettivi, più intelligenti... ed è in quello stato dell'essere che le verità superiori possono essere condivise.

Quando si è in uno stato d'animo molto basso, piatto, immersi nell'oscurità – in uno stato d'animo triste e cupo –, ti può essere detta qualsiasi cosa... ma tu sarai sordo e non sentirai nulla.

3
Vertigini di fronte a vette abissali

L'amore è una crescita

Domanda: *Mi rendo conto che il mio amore è intessuto di gelosie, possessività, attaccamento, bisogni, aspettative, desideri e di un'infinità di illusioni; ma se io lasciassi cadere tutto questo, rimarrebbe qualcosa del mio amore? Tutta la mia poesia e la mia passione sono menzogne? Le mie pene d'amore hanno a che fare più con il dolore che con l'amore? Imparerò mai ad amare? Oppure l'amore non è un apprendimento, ma un dono, una conseguenza di qualcos'altro? È forse una grazia che discende su di noi?*

No, non si può apprendere l'amore, non puoi coltivarlo. L'amore coltivato non sarebbe affatto amore; non sarebbe una rosa vera, sarebbe un fiore di plastica. Quando impari qualcosa, ti viene dall'esterno, non è il frutto di una tua crescita interiore; e per essere autentico e vero, l'amore dev'essere il frutto della tua crescita interiore.

L'amore non è un apprendimento, è una crescita. Da parte tua, non occorre che impari i modi per amare, ma che *disimpari* i modi per non amare. Devi rimuovere gli impedimenti, devi distruggere gli ostacoli; allora l'amore sarà il tuo modo di essere, naturale e spontaneo. Quando avrai rimosso gli ostacoli, quando avrai gettato via le tue durezze, l'amore inizierà a fluire. *È già presente*, è nascosto dietro quell'infinità di durezze, ma la primavera è già in te: è il tuo stesso essere.

È un dono, ma non è qualcosa che ti accadrà in futuro: è un dono che è già accaduto con la tua nascita. Essere significa amare. Essere in grado di respirare è sufficiente per essere in grado di amare. Amare è come respirare: l'amore è per il tuo essere spirituale ciò che il respiro è per il tuo corpo. Se non respiri, il tuo corpo muore; se non ami, muore la tua anima.

Dunque, questa la prima cosa che devi ricordare: l'amore non è qualcosa che puoi imparare. Se lo imparassi, te ne sfuggirebbe il senso: in nome dell'amore impareresti un'altra cosa. Sarebbe un amore finto, falso; e una moneta falsa potrebbe anche sembrare vera; se non conosci la moneta vera, quella falsa potrebbe continuare a illuderti. Solo conoscendo ciò che è reale, sarai in grado di distinguere il vero dal falso.

Gli ostacoli sono proprio questi: *gelosie, possessività, attaccamento, bisogni, aspettative, desideri...* E la tua paura è giustificata: *se lasciassi* cadere tutto questo, *rimarrebbe qualcosa del mio amore?*

No, del tuo amore non rimarrebbe niente. L'amore rimarrebbe... ma l'amore non ha niente a che fare con l'"io" o con il "tu". Quando saranno scomparse le gelosie, la possessività, l'attaccamento, i bisogni, le aspettative, i desideri, di fatto non scomparirà l'amore: sarai scomparso tu, sarà scomparso l'ego. Quelle sono tutte ombre dell'ego.

Non è l'amore a essere geloso. Guarda, osserva, contempla: quando ti senti geloso, *non è l'amore* che si sente geloso; l'amore non ha mai conosciuto la gelosia. Così come il sole non ha mai conosciuto le tenebre, l'amore non ha mai conosciuto la gelosia.

È il tuo ego che si sente ferito, che si sente competitivo, che vive in una lotta continua. È il tuo ego ambizioso, che vuole essere superiore agli altri, che vuole essere qualcuno di speciale. È il tuo ego che si sente geloso e possessivo, poiché l'ego può esistere solo tramite il possesso. Più sei possessivo, più il tuo ego si rafforza; l'ego non potrebbe esistere senza la possessività. Si appoggia alla possessività e ne dipende. Pertanto, se hai più denaro, più potere, più prestigio, se hai una bella donna, o un bell'uomo o figli bellissimi, il tuo ego si sentirà immensamente nutrito. Quando scomparirà da te ogni possessività, quando non possiederai più niente, non troverai più alcun ego: in te non ci sarà più nessuno che potrà dire "io".

Se pensi che il tuo amore sia *questo*, di certo anche il tuo amore scomparirà. Il tuo non è amore vero: è un insieme di gelosia, di possessività, di astio, di collera, di violenza; è mille e una cosa, tranne amore. È mascherato da amore. Tutti questi sentimenti sono così orribili che non potrebbero esistere senza celarsi dietro una maschera.

Una parabola antica.

> Dio stava creando il mondo e ogni giorno mandava cose nuove. Un giorno mandò nel mondo la Bellezza e la Bruttezza. Dal paradiso alla Terra il viaggio è lungo; ed esse arrivarono nelle prime ore del mattino, mentre stava sorgendo il sole. Atterrarono entrambe accanto a un lago e decisero di fare un bel bagno, poiché i loro corpi e le loro vesti erano impolverati. Non conoscendo le leggi del mondo, che erano appena state create, si spogliarono e si tuffarono nelle fresche acque del lago, completamente nude. Stava sorgendo il sole e la gente cominciava ad arrivare.
> La Bruttezza giocò un tiro birbone alla Bellezza: mentre questa nuotava al largo, tornò a riva, indossò gli abiti sfarzosi e ricchi di ornamenti della Bellezza, poi fuggì. Quando la Bellezza si rese conto che la gente stava arrivando e lei era nuda, si guardò intorno... ma i suoi abiti erano spariti. La Bruttezza era fuggita e la Bellezza era in piedi, nuda, accarezzata dal sole e la folla si stava avvicinando. Non trovando altra soluzione, indossò gli abiti della Bruttezza e andò alla sua ricerca, per scambiare gli abiti.
> La storia racconta che la Bellezza sta ancora cercando di trovare la Bruttezza... che è subdola e continua a sfuggirle. La Bruttezza è tuttora rivestita con gli abiti della Bellezza; è mascherata da Bellezza; mentre la Bellezza va in giro indossando gli abiti della Bruttezza.

È una parabola bellissima.

Tutti quei sentimenti sono talmente brutti che, se vedessi la realtà, non potresti convivere con loro neppure per un istante. Pertanto essi non ti permettono di vedere la realtà: la gelosia pretende di essere amore, la possessività si cela dietro la maschera dell'amore... in questo modo, ti senti a tuo agio.

E ricorda: non stai illudendo gli altri, illudi solo te stessa!

Nulla di ciò che provi è amore. Ciò che pensi sia amore, ciò che finora hai pensato fosse amore, scomparirà: in esso non c'è neppure l'ombra della poesia. Certo, c'è passione; ma la passione è uno stato febbrile, è uno stato inconscio; non è poesia. Soltanto i Buddha conoscono la poesia: la poesia della vita, la poesia dell'esistenza.

L'eccitazione, lo stato febbrile non sono l'estasi. Possono averne l'apparenza, questo è il problema. Nella vita, molte cose appaiono simili ad altre e distinguerle è un compito molto delicato, raffinato, sottile. L'eccitazione può avere l'apparenza dell'estasi: non lo è, poiché l'estasi è fondamentalmente qualcosa di fresco.

La passione è calda, l'amore è fresco: non è freddo, ma fresco. L'odio è freddo; la passione e la lussuria sono calde; l'amore sta esattamente nel mezzo: è fresco, non è freddo e non è caldo. È uno stato di grande tranquillità, di calma, di serenità, di silenzio; e da quel silenzio scaturisce la poesia, da quel silenzio scaturisce il canto, da quel silenzio scaturisce una danza di tutto il tuo essere.

Ciò che tu chiami poesia e passione non sono altro che menzogne, nascoste dietro una bella facciata. Su cento dei vostri poeti, novantanove non sono poeti veri: sono soltanto persone travolte dall'agitazione, dalle emozioni, dalla passione, dai bollori, dalla lussuria, dalla sessualità, dalla sensualità. Solo uno su cento dei vostri poeti è un vero poeta.

Il poeta vero non compone mai alcun poema, poiché tutto il suo essere è poesia. La sua andatura, il suo modo di sedersi, il suo modo di mangiare, il suo modo di dormire: tutto in lui è poesia; egli esiste in quanto poesia. Può creare poemi oppure può non crearne, è irrilevante.

Ma ciò che tu chiami poesia non è altro che il frutto

della tua febbre, del tuo stato surriscaldato di consapevolezza: è uno stato di follia. La passione è folle, cieca, inconscia ed è una menzogna. È una menzogna, poiché ti dà la sensazione che sia amore.

L'amore diventa possibile solo dopo che ti è accaduta la meditazione. Se non conosci il modo per rimanere centrato nel tuo essere, se non conosci il modo per riposare e per rilassarti nel tuo essere, se non conosci il modo per essere totalmente solo e beato, non saprai mai cos'è l'amore.

L'amore appare come una relazione, ma inizia in profonda solitudine. L'amore si esprime come una relazione, ma la sorgente dell'amore non è il rapporto con l'altro: la sorgente dell'amore è la meditazione. Quando sei assolutamente felice nella tua solitudine, quando non hai affatto bisogno dell'altro, quando l'altro non è una necessità, allora diventi capace d'amare. Se l'altro è per te una necessità, un bisogno, puoi solo sfruttarlo, manipolarlo, dominarlo; ma non puoi amarlo.

Poiché sei dipendente dall'altro, in te nasce la possessività; scaturisce da una paura: "Chissà? L'altro oggi è con me, domani potrebbe non esserlo più!". Chi conosce il futuro? La tua donna potrebbe lasciarti; i tuoi figli, cresciuti, potrebbero andarsene; tuo marito potrebbe abbandonarti: chissà cosa riserva il futuro! Dalla tua paura del futuro scaturisce in te una grande possessività e tu crei una recinzione intorno alla persona che pensi di amare.

Ma l'amore non può creare una prigione e se crea una prigione, cos'altro potrà fare l'odio... rimarrà disoccupato! L'amore è portatore di libertà, dona libertà. L'amore è assenza di possessività; ma diventa possibile soltanto se hai conosciuto una qualità del tutto diversa dell'amore: la condivisione con l'altro e non la necessità dell'altro.

L'amore è la condivisione di una gioia straripante. Sei ricolmo di un eccesso di gioia, al punto da non riuscire a contenerla: devi condividerla! In questo caso nel tuo amore c'è poesia, c'è una bellezza preziosa che non appartiene a questo mondo: è qualcosa che proviene dal trascendente.

Questo amore non può essere appreso, tuttavia puoi rimuovere gli ostacoli.

Molte volte dico che si deve imparare l'arte di amare, ma ciò che intendo è ben altro: impara a rimuovere tutto ciò che ti impedisce di amare!

È un processo in negativo, è come scavare un pozzo: continui a togliere uno strato di terra dopo l'altro; elimini le pietre, i pezzi di roccia e, alla fine, all'improvviso ecco che l'acqua zampilla! L'acqua era lì da sempre, ma scorreva sottoterra; dopo avere rimosso tutti gli ostacoli, sarà a tua disposizione. Così accade all'amore: è un flusso all'interno del tuo essere, è un flusso ostruito da molte rocce e da molti strati di terra, che tu devi rimuovere.

Questo intendo, quando dico: "Imparate l'arte di amare". In realtà non significa imparare ad amare, ma "disimparare" i modi per non amare.

Nel momento in cui sei centrato nel tuo essere, allorché sei radicato nel tuo essere, diventi ricolmo di grazia, come se il divino fosse penetrato in te. Tu sei vuoto e il divino comincia a discendere in te; può penetrarti solo quando non ci sei: la tua assenza diventa la sua presenza.

Dio non è una persona, è una presenza. Due spade non possono coesistere nella stessa custodia: o ci stai tu o ci sta dio. Tu devi scomparire, evaporare. La ricerca del Vero a cui ti invito non è altro che la tua assenza.

Quella ricerca è di fatto il processo per diventare sempre più assente, affinché un giorno la tua dimensione interiore possa essere solo e soltanto uno spazio vuoto. In quel vuoto, ogni volta che sarà totale, avvertirai *istantaneamente* il divino. Sentirai il divino come una presenza: dio è un altro nome dell'amore. Conoscere dio significa conoscere la poesia; conoscere dio significa conoscere la celebrazione; conoscere dio significa conoscere la beatitudine: *satchitananda*.

I mistici orientali hanno dato questa definizione del divino: *sat* significa verità, *chit* significa consapevolezza, *ananda* significa beatitudine. Se sarai completamente vuoto, conoscerai queste tre realtà. Per la prima volta avrai un assaggio della verità, avrai un'esperienza della consapevolezza e sentirai il gusto della beatitudine.

Sebbene sul momento ciò che dico ti ferirà, poiché è annientante... ciò che sto dicendo ti scuoterà profondamente. Hai creduto nella tua poesia, nella tua passione; hai creduto nelle tue illusioni, nei tuoi sogni e, grazie a loro, ti sei sentita grande. Invece io ti dico: sono tutte assurdità – sebbene la maggioranza dell'umanità viva in simili illusioni –, sono tutti miraggi. Se vuoi incontrare veramente la vita, devi prepararti a ricevere molti shock, devi prepararti a essere frantumata in mille pezzi.

La funzione del maestro è distruggerti... poiché, solo dopo che sarai stata distrutta, in te si creerà il contesto nel quale potrai sentire il divino. La tua morte sarà l'inizio di un'esistenza divina.

Muori! Muori rispetto al tuo ego, muori al tuo passato, allora risorgerai. Quella risurrezione ti condurrà oltre la morte, oltre il tempo, oltre l'infelicità, oltre il mondo: è ciò che il Buddha ha definito: "oltre questa sponda".

Innamorati dell'ignoto

L'estasi si addice solo agli audaci, anche la beatitudine richiede coraggio. Occorre molto coraggio per essere estatici. Qualsiasi codardo può avere tutta la miseria e l'infelicità che più desidera, fino a strafogarsi. Per essere infelici non è necessario avere coraggio, non serve l'intelligenza; in realtà, per essere infelici non serve nulla.

Invece, per essere estatici occorre un'incredibile intelligenza, servono coraggio e audacia, si deve rischiare, perché la beatitudine implica apprendere le vie dell'ignoto; essere estatici implica muoversi su un sentiero inesplorato, privo di mappe.

E la beatitudine viene sempre trovata in quel muoversi perenne da ciò che è conosciuto all'ignoto; soltanto in quell'attimo di sospensione tra ciò che è familiare, conosciuto, abitudinario... e l'ignoto. Nel momento in cui l'ignoto diventa qualcosa di conosciuto, ecco che di nuovo la beatitudine scompare, torna a spostarsi nell'ignoto.

La felicità estatica affiora proprio tra quelle due dimensioni – tra ciò che è conosciuto e l'ignoto –, prende forma in quel momento di estrema delicatezza. Ricorda: nel momento in cui l'ignoto diventa qualcosa di conosciuto, ecco che di nuovo quell'estasi scompare.

Dunque si deve vivere in perenne movimento, simili a un fiume; non si dovrebbe mai diventare stagnanti, altrimenti l'infelicità si intrufolerà nella tua vita. L'infelicità è simile a una pozza d'acqua, la beatitudine assomiglia a un fiume. L'infelicità è estremamente comoda, conveniente, garantita, stabile, sicura; la beatitudine è una realtà del tutto diversa.

Spostarsi da ciò che si conosce all'ignoto è sempre rischioso, perché non si può mai sapere ciò che accadrà; è del tutto imprevedibile. Ti stai addentrando in qualcosa di cui non sai nulla; potresti perdere tutto, è un gioco d'azzardo, ecco perché la beatitudine si addice solo agli audaci. Ma quell'estasi è vita, altrimenti si è morti.

Al mondo ci sono milioni di persone che sono morte, eppure camminano per strada e lavorano negli uffici e nelle fabbriche; il mondo intero è pieno di morti viventi! Ed esistono due tipi di cadaveri: alcuni vivono nelle città e altri sono al cimitero, ma le persone davvero vive sono pochissime.

Io vorrei che i ricercatori del Vero che si accompagnano a me siano davvero vivi, non importa il rischio che questo comporta. Io insegno a essere giocatori d'azzardo, a non vivere facendo calcoli di interesse, a essere illogicamente innamorati dell'ignoto, a tener viva la fiamma della propria energia vitale, a non sistemarsi assestandosi da qualche parte... non farlo mai, neppure nell'ultimo istante della tua vita!

In questo modo l'intera esistenza sarà per te una magnifica canzone. Avrà la qualità di una poesia e la fragranza dei fiori e la luce delle stelle.

La sorgente di ogni chiarezza

È l'energia divina – il divino che è l'esistenza – che può portare chiarezza, comprensione, salvezza; non sono i nostri sforzi, ma quella grazia a liberare da schiavitù, vincoli e legami.

Certo il nostro sforzo è richiesto e qualcosa può fare; ma tutti i nostri sforzi servono soltanto come preparazione, ci rendono capaci di accogliere la grazia divina: ciò che davvero opera una trasformazione è la grazia.

I nostri sforzi servono in funzione negativa: rimuovono gli ostacoli, così che l'energia divina ci possa raggiungere, ma non sono quegli sforzi a generare la grazia.

Dunque, è fondamentale ricordare continuamente che i nostri sforzi sono necessari, ma solo in funzione negativa. Servono tantissimo, ma non sono – e non possono essere – l'unica causa dell'Evento supremo. Aiutano semplicemente a rimuovere gli ostacoli.

Occorre ricordare che l'energia divina non smette mai di fluire, se però in te sono presenti degli ostacoli, non ti può raggiungere. Nel momento in cui vengono rimossi, ecco che la grazia divina ti raggiunge... e ti salva.

4
Il corpo e i sensi: non farne un problema!

Giocare con il corpo

Domanda: *Ho la sensazione di aver perso ogni contatto con il corpo, di non aver alcun radicamento nella mia fisicità. È come se galleggiassi o vagassi fuori da me stesso. Potresti aiutarmi a tornare in contatto con il mio corpo?*

Penso che tu debba fronteggiare la cosa evitando di vederla come un problema; piuttosto, usa questa situazione come un trampolino di lancio, come una base di appoggio.
Se ne fai un problema, ti arrovellerai e ti preoccuperai inutilmente, e quel tuo rimuginarci sopra non ti sarà affatto d'aiuto. Più ti preoccupi, maggiore sarà la frattura, la sensazione di separatezza tra te e il corpo. E non importa quale sia la cosa con cui ti arrovelli, *qualunque* cosa vedi come un problema *diventerà* un problema! In questo caso, ti stai preoccupando di come rientrare e radicarti nel corpo: proprio quel tuo farne un cruccio ti terrà separato.
Dunque, prima di tutto non considerarlo un problema. Inizia a goderti quella sensazione, anche perché ha il suo lato bello e piacevole; non è affatto priva di vantaggi, ha una sua utilità.
In effetti, in Oriente esistono metodi che vengono usati per creare quella situazione, strategie tali da portare una persona a essere separata dal corpo.
Per raggiungere la verità suprema, esistono soltanto

due strade: o si diventa tutt'uno con il corpo – quella è la via del Tantra – oppure si arriva a essere separati dal corpo, assolutamente scollegati dalla fisicità – quella è la via dello Yoga.

L'intero sforzo dello Yoga tende a farti diventare un osservatore distaccato, un testimone trascendente di ogni cosa; disidentificato da tutto ciò che ti accade, e da quanto accade intorno a te. Il tuo corpo, la tua mente, il tuo cuore... ogni cosa è separata da te.

Sul sentiero dello Yoga devi continuamente ricordare che non sei questo, né sei quello: *"Neti-neti*, né questo né quello. Io sono un semplice osservatore". Se questo essere un semplice testimone diventa qualcosa di totale, si consegue l'Assoluto. E questa è una delle vie principali per conseguire il divino che è l'esistenza.

L'altra via principale è questa: perdersi sempre di più nel corpo, a tal punto che non rimane la benché minima separazione. Sei un tutto unico con il corpo, non identificato ma un tutt'uno; non fissato, non preso da un'idea di unità... sei davvero un singolo e unico essere, esistenzialmente uno.

Anche in questo caso l'Assoluto accade.

La prima è la via della consapevolezza, la seconda è la via dell'amore.

Dunque, il mio suggerimento è di non farne un problema. Chi può dirlo? Per te potrebbe diventare una chiave; per cui, limitati ad aspettare. Godi e divertiti, vivi questa sensazione, potrebbe diventare il tuo sentiero. Se godendoti lo spazio in cui sei, diventa il tuo sentiero, quello stato di cose andrà in profondità; e la tua percezione dell'insieme sarà sempre più chiara, per poi diventare di una limpidezza cristallina. Se non è il tuo sentiero, se non è un percorso che ti si addice... allora, più ne godi e sempre più lo vedrai scomparire.

Piano piano, un giorno all'improvviso scoprirai che quel senso di separatezza non è più presente, e sarai un tutto unico con il corpo. Non perché cercavi e ti sforzavi di esserlo; qualsiasi sforzo in quella direzione ti terrà lontano, sconnesso: lo sforzo in quanto tale diventerà l'ostacolo!

Smetti dunque di preoccupartene. Vivi quello stato di cose: se questa esperienza ti sta accadendo, potrebbe essere che nelle tue vite passate tu abbia praticato qualcosa come lo Yoga, e quel vissuto persiste nell'inconscio collettivo; è qualcosa che ancora ti influenza e intacca la tua consapevolezza.

Ebbene, se le cose stanno così, puoi usarla come un'opportunità! Il mio approccio è questo: usa tutto ciò che hai a disposizione come una base d'appoggio, un trampolino di lancio.

Il divino è simile a una montagna: puoi raggiungere quella vetta da molti lati. Ogni percorso avrà la sua prospettiva, la sua bellezza, le sue benedizioni; e i sentieri sono tutti unici e differenti. Ma la cosa importante non è la via che percorri per arrivare alla vetta; ciò che conta è arrivare su quella vetta! Dunque, goditi al massimo ciò che stai sentendo; smetti di guardarlo con l'idea che sia un problema e debba essere risolto.

In India, se una persona sente di essere il proprio corpo, viene a dirmi: "Questo è il mio problema, come eliminarlo?". In questo Paese, sentire di essere il corpo è lo spazio peggiore in cui ci si possa trovare, perché lo Yoga ha assunto un dominio totale, influenzando tutte le religioni indiane. Quella via ha letteralmente annientato l'intera tradizione tantrica, arrivando praticamente a cancellarla. Questo implica che qualsiasi indiano si senta terribilmente nei guai, scoprendo di essere identificato con il corpo: il suo maggior desiderio è non esserne identificato!

Oggi in Occidente ha preso piede una nuova prospettiva: essere nel corpo, essere il corpo, sentirsi più sensuali, affinare la sensibilità... è una nuova mentalità che domina la mente moderna.

Si tratta soltanto di una reazione alla tradizione cristiana, la cui linea di tendenza è la stessa della tradizione dello Yoga. È dunque una rivolta, qualcosa che accade continuamente: quando una tradizione diventa troppo dominante, è inevitabile che scoppi una rivolta.

Pertanto si può dire che tutti i corsi e i programmi che oggi vengono proposti – connessi al diventare più sensibili, più radicati nel corpo, più sensuali – siano un contrastare l'attitudine cristiana che porta a pensare a se stessi in quanto separati dal corpo, superiori al corpo, più santi del corpo; la sensazione di possedere il corpo e di non essere il corpo.

È scoppiata una ribellione di portata mondiale, cosa inevitabile; infatti, ogni volta che qualcosa tocca un estremo, il pendolo inizia a muoversi verso l'altro polo.

È dunque in questo contesto che il tuo sentire di non essere nel corpo ti sembra un disagio: hai la sensazione che qualcosa ti stia sfuggendo, che qualcosa sia fuori posto; questo genera in te un'ansia e il desiderio di trovare una soluzione.

Per ciò che mi riguarda, entrambe le situazioni sono valide. Se qualcuno identificato con il corpo si presenta da me, gli dico: "Perditi completamente nel corpo". Ciò che davvero conta è la totalità: sii *totalmente* immerso nel corpo! E se arriva qualcuno come te – che ha la sensazione di essere del tutto separato dal corpo –, gli dico: "Sii *totalmente* separato e goditi le cose così come stanno", *quello* sarà l'elemento decisivo.

In un arco di tempo dai tre ai sei mesi le cose si stabilizzeranno spontaneamente, senza che tu debba fare uno sforzo specifico. O quel modo di essere crescerà a un livello di consapevolezza così profondo da renderti davvero separato dal corpo... qualcosa che ha la sua bellezza, che porta con sé una quiete e una calma senza confronti, un silenzio incredibile e un'assoluta tranquillità. Oppure, se quello non è il tuo sentiero, se qualcosa nella tua infanzia è andato storto, il semplice goderti quello stato di cose risolverà la questione; e alla fine non sarà più un problema.

Se lo consideri un problema, lo alimenti come tale; lo nutri con la tua ansia: proprio quell'ansioso arrovellarti diventa il suo nutrimento.

Quando giochi, quando ti diverti con ciò che sei, non alimenti più quel cruccio, lo fai letteralmente morire di fame! Se quella è davvero la tua natura, persisterà; se è qualcosa frutto di incidenti di percorso, morirà. E quando qualcosa muore spontaneamente, sperimenti uno splendore indicibile; questo perché ti lascia proprio nello spazio che aspiravi, che ti industriavi a raggiungere: all'improvviso sei nel corpo!

Dunque, gioca, godi questa situazione, divertiti... e aspetta!

Giocare con i sensi

Non devi cercare di importi obiettivi al di fuori della portata umana; farlo porterà a un unico risultato: ti paralizzerà, ti impedirà di volare, ti ridurrà in un stato di schiavitù psicologica da cui ti sarà difficile uscire; questo perché si ha la tendenza ad attaccarsi alla propria schiavitù... sembra più sicuro, più comodo, più conveniente, più accettabile per la società.

Considera dunque la voluttà, il piacere dei sensi – qualcosa che è stato condannato incondizionatamente da tutte le religioni – *umanamente*.

Se rinunci al piacere dei sensi, diventerai sempre più insensibile. Ed è il piacere che mantiene in vita i sensi, li stimola, li fa danzare. È il piacere dei sensi che stimola la tua sensibilità, portandola al massimo delle sue potenzialità; rinunciando al piacere dei sensi rinunci alla tua sensibilità.

Vedi la rosa ma non ne percepisci la bellezza. Vedi la luna piena che risplende nella notte, ma non ne percepisci lo splendore – infatti, occorre essere sensibili per poter percepire la bellezza.

Se non riesci a vedere la bellezza di una donna, come puoi percepire la bellezza di una notte stellata? Come puoi vedere la bellezza di un fiore? Se non si è sensibili, non si può gioire della musica, non si può provare il piacere estatico della pittura, della scultura, della poesia.

In quel caso, diventi completamente cieco e sordo, non riesci ad apprezzare le grandi opere, il grande contributo che gli artisti di genio hanno dato all'umanità. Un po' alla volta la tua sensibilità comincia a morire; e se i tuoi sensi muoiono, non sei nient'altro che un cadavere.

Qual è la differenza tra un cadavere e un essere vivente?

L'essere vivente è sensibile, i suoi sensi funzionano al massimo delle loro possibilità. L'essere vivente riesce a udire le note musicali più impercettibili; riesce a vedere le bellezze più profonde dell'arte; è sensibile alla gioia di una grande poesia. Ma ciò è possibile soltanto se è libero di sperimentare il piacere dei sensi – senza inibizioni, senza condizionamenti.

Trasforma la voluttà in una qualità sacra. Quello che ti distrugge non è il piacere dei sensi, ma la tua debolezza. *Sii forte, sii saldo!* Purtroppo i vostri cosiddetti leader religiosi vi hanno detto proprio l'opposto: rinuncia al piacere dei sensi e rimani debole. E più rinunci al piacere dei sensi, più ti indebolisci, perché perdi quell'effetto corroborante che ti fa ringiovanire. Perdi il contatto con l'esistenza, perché tu sei collegato all'esistenza tramite i sensi: nel momento in cui reprimi i tuoi sensi, ti scavi la fossa con le tue stesse mani.

Il mio consiglio è fare l'esatto opposto: se il piacere dei sensi ti distrugge, significa che ti devi rafforzare; ti deve essere data una disciplina che ti rafforzi. Non bisogna rinunciare al piacere dei sensi, bisogna rinunciare alla debolezza.

Tutti gli esseri umani devono diventare talmente forti da poter godere del "vino dei vini" senza esserne distrutti ma, al contrario, traendone nuova forza, energia, giovinezza... La sensualità è stata talmente condannata che l'umanità è diventata debolissima, del tutto insensibile, ha perso la connessione con la vita. Gran parte delle tue radici sono state tagliate; te ne sono state lasciate soltanto alcune, il minimo necessario alla sopravvivenza.

Occorre vedere il piacere dei sensi come un'indicazione della possibile felicità a un livello superiore. Tutto dipende dalla tua intelligenza; tutto dipende da come utilizzi le tue energie vitali. Se non ti limiti al piacere dei sensi... il piacere dei sensi serve soltanto a indicare altri piaceri, altre felicità, altre forme di appagamento di un livello superiore.

Ma se rinunci al piacere dei sensi... è soltanto l'inizio ma, nel momento in cui si nega l'inizio, si nega anche la fine. È una logica molto semplice, a volte però è facile dimenticare ciò che è logico. Tutte le religioni vi hanno insegnato: "Troverete la felicità spirituale solo se rinuncerete al piacere dei sensi". È un'idea assurda e illogica.

Il piacere dei sensi è un gradino sul cammino verso la felicità spirituale; se lo neghi, distruggi quel gradino, e non arriverai mai al livello superiore: hai eliminato la scala. Non si deve rinunciare alla scala, la si deve trascendere! Ricordati la differenza tra trascendenza e rinuncia.

Godi dei piaceri dei sensi in tutta la loro varietà e più intensamente che puoi. *Esauriscili* e, all'improvviso, ti renderai conto che il mondo del piacere dei sensi è finito... adesso devi andare al di là. D'altra parte, il piacere dei sensi ti ha mostrato il cammino. Proverai gratitudine, non sarai mai contrario a quel piacere: non ti ha privato di niente, anzi, ti ha solamente arricchito.

Connettersi con i sensi...

Il Buddha dice: "Sii padrone dei tuoi sensi..."; questo non vuol dire che devi distruggere la tua sensibilità. Se la distruggi, di cosa potrai mai essere il padrone? Padroneggiare i propri sensi è difficile, è un'impresa ardua, richiede una grande consapevolezza.

Acquisire la padronanza dei sensi richiede abilità, presenza consapevole, meditazione, coltivazione dell'arte di osservare... è un'arte eccelsa. Infatti, il padrone ha una sensibilità maggiore rispetto a uno schiavo.

A mio avviso, l'olfatto di un Buddha è più sviluppato

del tuo. Quel senso in te è molto represso. Per secoli voi tutti avete represso la sessualità, e l'odorato è profondamente connesso con la sessualità; di conseguenza, avete dovuto reprimerlo.

Per nascondere l'odore che la tua sessualità emana, si usano molti profumi. Se così non fosse, quando una donna ha le mestruazioni avrà un odore diverso; e quando una donna è sessualmente eccitata, il suo odore lo comunicherà e tu lo saprai. La stessa cosa vale per l'uomo: se è eccitato sessualmente, il suo corpo avrà un odore diverso, perché in lui avvengono incredibili cambiamenti chimici che coinvolgono il suo corpo, la sudorazione, la respirazione, il flusso sanguigno.

Poiché nel Buddha non c'è alcuna repressione, la mia comprensione è che il suo olfatto è molto più sviluppato del tuo. I suoi occhi vedono meglio, perché non sono offuscati da alcun pregiudizio, da nessun concetto a priori. Le sue orecchie sentono meglio perché l'udito non è attutito da alcun frastuono, la sua mente è silenziosa.

Quando la mente è assolutamente silente sei in grado di sentire. In quel caso, sei in grado di percepire il canto degli uccelli, il richiamo lontano del cuculo. In quel caso puoi perfino udire il silenzio.

In questo preciso istante: ascolta il silenzio... non udire soltanto il suono, anche l'assenza di suono può essere percepita. Per farlo, devi essere assolutamente silenzioso.

Porta dunque più consapevolezza nei tuoi sensi, così che diventino più sensibili: sono porte, finestre, ponti che si aprono sull'esistenza. Senza di loro saresti solo un fenomeno chiuso, una monade leibniziana, priva di qualsiasi apertura. Non vedresti la luce del sole, la luna, le stelle; non sentiresti nulla.

Se distruggessi i tuoi sensi, saresti solo un cadavere privo di vita. Vita vuol dire sensibilità: *una maggior sensibilità e avrai più vitalità*. Dunque, io non potrò mai dirti di distruggere i tuoi sensi – li hai già distrutti! Ravvivali, ringiovaniscili, riversa in loro la tua energia. E un metodo per energizzarli è diventare più consapevole.

A volte, diventa semplicemente consapevole delle tue orecchie, come se fossi solo e unicamente le orecchie; come se l'intero corpo fosse diventato orecchie.

Sii semplicemente tutto orecchie, e sarai sorpreso: diventerai consapevole di rumori incredibilmente sottili, di fenomeni sottilissimi che accadono intorno a te, cose di cui non sei mai stato consapevole: potresti iniziare a percepire il tuo stesso respirare, il battito del tuo cuore. Potresti sentire molte altre cose, realtà in cui hai sempre vissuto, senza esserne mai consapevole... eri così occupato nel tuo rimuginare.

La gente non fa che parlare in continuazione... deve farlo, perché la mente è piena di rumori e ce ne si deve liberare: è una sorta di catarsi.

Quando vai in giardino, sei immerso in quel chiacchierio; se non parli con qualcun altro, sei perennemente impegnato in un parlottio con te stesso. Non guardi i fiori, non senti la loro fragranza, la gioia degli uccelli, la festosità degli alberi. Ti impedisci qualsiasi sensibilità, ti precludi ogni opportunità di essere più sensibile, più aperto all'esistenza, più vulnerabile.

Sensibilità vuol dire questo: essere aperti, vulnerabili, disponibili.

Questo è il suggerimento del Buddha: qualsiasi cosa fai... piccole cose – mangiare, camminare, bere dell'acqua, fare un bagno, nuotare in un fiume – *qualsiasi* cosa stai facendo – stare sdraiato al sole – sii assolutamente presente, sii totalmente presente. Diventa i tuoi sensi! Scendi dalla mente ai sensi, ritorna ai sensi.

Guarda come se fosse la prima volta

Noi guardiamo ogni cosa con occhi vecchi. Quando arrivi a casa tua, la vedi senza guardarla; la conosci, non ti è necessario guardarla. Ci sei entrato per così tanti anni!

Raggiungi la porta, giri la chiave, entri: la vista non è necessaria.

Tutto questo processo continua meccanicamente, in modo automatico, inconsciamente. Solo se qualcosa andasse storto, se la chiave non entrasse nella serratura, solo allora le daresti un'occhiata. Se la chiave entra, non degni mai quella serratura di uno sguardo.

A causa di queste abitudini meccaniche smarrisci la capacità di guardare; smarrisci la freschezza dello sguardo. In realtà, perdi il senso della vista, ricordalo. Diventi fondamentalmente cieco, perché gli occhi non sono più necessari.

Prova a vedere come se fosse la prima volta. Poniti l'obiettivo di vedere tutto come se fosse la prima volta, e ogni tanto, all'improvviso, sarai sorpreso di scorgere che mondo meraviglioso ti sei lasciato sfuggire. Diventa improvvisamente consapevole... e guarda tua moglie come se fosse la prima volta. Non c'è da meravigliarsi se tornerai a sentire lo stesso amore che hai sentito al primo incontro, lo stesso flusso di energia, la stessa attrazione al suo massimo grado.

Osserva come se fosse la prima volta una persona bella e piacevole, oppure un comune oggetto. Cosa accadrà? Riacquisterai la vista. Tu sei cieco. In questo momento, così come sei, sei cieco, e questa cecità è più fatale di quella fisica, perché hai gli occhi e tuttavia non puoi vedere.

La tradizione tantrica ci ha tramandato una scienza che insegna come risvegliare e affinare i sensi così da poterli usare per cogliere il divino che è l'esistenza. Osho ha reso accessibili le 112 tecniche alla base di questa scienza commentandone il testo principale, in una serie di discorsi raccolti in inglese in un volume unico: The Book of Secrets. *Per l'edizione italiana dell'opera vedi: Per approfondire.*

Un'ottima base di partenza può essere l'utilizzo delle Osho Active Meditations *già suggerite, per tornare a percepire se stessi in quanto energia vitale; e da lì proseguire con metodi più specifici.*

Guarda il video: **OSHO**: Meditations for Contemporary People.

Link breve: http://bit.ly/1blW7Jc
https://www.youtube.com/watch?v=oeEDKBxkNgM

Amplifica i sensi interiormente

Ricorda: tutto ciò che percepisci all'esterno è disponibile anche dentro di te. Tutti e cinque i sensi che si aprono sull'esterno possono anche aprirsi interiormente.

L'uomo si trova proprio sulla soglia di entrambe le dimensioni, è proprio a mezza via tra quelle due realtà: l'esteriore e l'interiore, il dentro e il fuori; e può volgere la sua attenzione in entrambe le direzioni. Se ti focalizzi sull'esterno, diventerai un uomo di mondo; se ti volgi all'interno, diventerai trascendente, spirituale.

In superficie rimarrai lo stesso, ma la tua visione cambierà. Così come puoi vedere all'esterno, puoi vedere all'interno; così come puoi udire all'esterno, puoi sentire anche all'interno. E così come puoi sentire odori e profumi all'esterno, li puoi annusare anche all'interno. L'intera esperienza dei cinque sensi è accessibile anche nella dimensione interiore.

Nel momento in cui conosci quell'esperienza sensoriale dall'interno, tutto ciò che sperimenti all'esterno impallidisce, perde ogni significato. Se hai visto la gamma di colori del mondo interiore, al confronto tutti gli arcobaleni impallidiscono; e questo perché quei colori interiori sono vivi: pulsano, palpitano. Nel momento in cui vedi la luce interiore, al confronto la luce all'esterno sembra oscurità. Nel momento cui hai udito il suono interiore, tutta la musica che sia mai stata creata dall'uomo diventa semplice rumore, baccano, frastuono.

Inizia dunque a percepire dall'interno: guarda, ascolta, annusa, assapora, tocca... interiormente!

Ogni volta che ne hai il tempo, chiudi semplicemente gli occhi e cerca di percepire all'interno di te stesso: cerca di ascoltare, di annusare, di assaporare e di toccare; partendo da ciascuno dei cinque sensi, inizia a ricercare all'interno del tuo essere.

Dentro di te esiste un mondo davvero ricco, di gran lunga più ricco di quello esteriore; e una volta conosciuta la ricchezza interiore, per la prima volta il mondo esterno diventa illusorio, simile a un sogno.

È come svegliarsi al mattino e vedere il sole che sorge: al suo confronto il sole dei propri sogni semplicemente impallidisce, diventa insignificante, illusorio, una semplice allucinazione.

Allo stesso modo, quando ti risvegli alla tua dimensione interiore, l'esterno diventa un'illusione. Ecco perché in Oriente l'abbiamo chiamato *maya* – illusione –, è un'allucinazione; non è reale.

5
Il tuo vero destino: suggerimenti per una vita reale

Eccoci di nuovo a proporre alcuni spunti utili come prospettive e sostegni per una vita reale. Anche in questo caso, il suggerimento è di leggere ogni singolo brano in momenti diversi, usandolo come elemento per osservare dentro di sé quali corde sollecita, dandosi il tempo di godere la melodia che ne scaturisce.

Cerca di fare buon uso di quanto consigliato per coltivare l'arte dell'ascolto, e ricorda di tornare ad alcuni degli esercizi proposti in precedenza, se in te sorge un timore, prendi consapevolezza di una fragilità, ti rendi conto che occorre rafforzare o rilassare qualcosa.

Lascia che queste letture ti guidino nell'approfondire i metodi che forse hai già provato.

A ogni passo, stai attento a ciò che ciascuno di questi brani sollecita, impara a darti il giusto strumento, il giusto sostegno, il giusto nutrimento così da consolidare quell'arte dell'equilibrio che è la lezione principale di questo nostro essere al mondo.

In effetti, forse l'avrai compreso, solo tu puoi dare forma al tuo vero destino.

In questa fase, potrebbe essere utile tenere un diario dei tuoi dubbi, delle tue comprensioni, di ciò che affiora all'improvviso – magari appena sveglio, oppure al termine di una giornata particolarmente intensa.

Osho lo consigliava spesso...

Se una persona prendesse l'abitudine di tenere un diario in cui annotare l'ultimo pensiero, prima di andare a dormire – l'ultimissimo pensiero – potrebbe arrivare a scrivere l'autobiografia più incredibile, qualcosa di incomparabile. Alla fine risulterebbe essere la sua vita in breve, l'essenza della sua storia; includerebbe tutto ciò che è stato essenziale nella sua vita, e tutto ciò che non ha rilevanza sarebbe omesso.

E se scrivi il primo pensiero che affiora in te ogni mattina, semplicemente scorrendo i quindici pensieri dei primi quindici giorni, chiunque potrebbe conoscere tutto della tua vita – ciò che sei stato, ciò che sei, ciò che vorresti essere.

E ricorda: l'ultimo pensiero al momento della tua morte è la quintessenza di tutta la tua vita di settanta, ottant'anni. Diventerà il tuo potenziale dormiente per la tua prossima nascita. Sarà la tua risorsa primaria, ciò che porterai nella tua prossima incarnazione.

Lo puoi chiamare karma, lo puoi chiamare desiderio, puoi dargli il nome che più ti piace; potresti definirlo samsara o condizionamento, non fa alcuna differenza. Quello sarà il programma integrato nel tuo essere, estratto da tutta la tua vita, che vedrà il suo sviluppo nella vita futura.

Estasi e Beatitudine

Nella vita una delle cose più importanti è comprendere che essere infelice, miserabile, sventurato non richiede coraggio alcuno, qualsiasi codardo può permettersi un simile destino. Invece, per essere estatico, beato, gioioso occorre coraggio.

Ecco perché al mondo ci sono pochissime persone raggianti ed esultanti: il primo requisito per esserlo non viene corrisposto.

Davvero è richiesto un coraggio incredibile, perché la società è contraria alle persone che vivono in estasi e in beatitudine. La società è contraria alle persone gioiose, perché non possono essere ridotte a oggetti, non possono essere ridotte a macchine.

E la società non è interessata agli esseri umani; il suo interesse sono le macchine – efficienti, abili, ma semplici macchine – non gli uomini. La società è fortemente contraria all'uomo reale, perché implica libertà. L'uomo reale ha la capacità di dire no, di ribellarsi, di essere se stesso.

L'uomo reale implica non essere semplicemente parte della folla; e la beatitudine, sentirsi estatici, è parte dell'essere un individuo.

Diventando un individuo, si è gioiosi, estatici; restando parte della psicologia di massa, si rimane infelici, miserabili.

Le masse vivono al gradino più basso della scala. Un luogo buio, oscuro ed estremamente disagevole, ma nessuno ha il coraggio di elevarsi. Le masse hanno paura di scalare le montagne, temono i rischi. Là dove sono si sentono al sicuro, anche se cadono, non è pericoloso: si trovano all'altezza del terreno!

Invece, l'uomo che ricerca i picchi della beatitudine – e la beatitudine è il picco più alto, è l'Everest della vita – dev'essere coraggioso. Deve avere il coraggio di lasciar andare l'infelicità, deve avere il coraggio di abbandonare tutti i suoi investimenti nella miseria, deve avere il coraggio di addentrarsi nell'ignoto alla ricerca dell'estasi, della beatitudine.

E allorché apprende come fare i primi passi nell'ignoto... soltanto i primi passi sono fatti con esitazione, saranno titubanti. Il piede sarà incerto, esitante perché ti stai muovendo oltre i confini di ciò che conosci, stai uscendo dalla sfera che ti è familiare.

È la stessa paura che avverte un bambino piccolo il primo giorno di scuola, la stessa paura che sente un ragazzo che va a vivere al college; è qualcosa di naturale. Dev'essere accettata e trascesa; allora, all'improvviso, si dischiudono intorno a te i cieli della beatitudine. Qualcosa che non ha fine; qualcosa che non puoi contenere... tale e tanta è l'estasi possibile.

Inizi a straripare sull'onda di quella gioia sconfinata.

L'esistenza ti ama

Ricorda sempre a te stesso che l'esistenza ti ama. Forse te ne sei dimenticato, ma l'esistenza non se l'è scordato, non è possibile. Forse tu ti sei allontanato e hai raggiunto i confini più remoti, ma il divino rimane sempre nelle vicinanze. In qualsiasi momento volgi la tua attenzione verso di lui, è disponibile.

È qualcosa di simile a questo: un uomo può correre all'impazzata per fuggire lontano dal sole – darà le spalle al sole e correrà per chilometri e chilometri, ma nell'istante in cui si volterà... ecco che il sole è lì presente, tanto quanto lo era prima! Tutti quei chilometri e tutta quella corsa non faranno alcuna differenza, non avranno alcun senso.

Il divino è sempre presente: gli possiamo voltare le spalle oppure possiamo fronteggiarlo. La ricerca del Vero alla quale ti invito è un confronto con il divino, è un essere faccia a faccia con l'esistenza; e per questo impatto diretto con dio occorre coraggio.

D'altra parte, se coltivi la sensazione e il ricordo che il divino – l'esistenza – ti ama, il coraggio prenderà forma; a quel punto non avrai paura. Se dio ti ama, allora non sussiste alcun problema. Anche se non sei degno, per quanto tu possa essere indegno, la cosa non ha alcuna rilevanza: dio ti ama, la sua compassione è ben più grande del tuo essere indegno. Le tue colpe non possono essere più grandi della sua compassione.

Questa è l'attitudine di una mente spirituale: "Posso anche essermi perso nelle remote distese del mondo, posso aver fatto errori su errori, ma la qualità del divino è il perdono. E nella sua visione, le mie colpe e i miei errori e le mie mancanze non possono essere così rilevanti". Dio potrebbe addirittura non vedere simili inezie; nella sua visione potrebbero non essere così rilevanti.

L'essere umano può fronteggiare dio solo se questa rimembranza piano piano sedimenta in profondità nel suo cuore: "Dio mi ama".

Essere degni, sentirsi indegni

Ricorda ancora e di nuovo questa semplice verità: il divino ti ama, tu sei un essere amato dall'esistenza. Non sentirti indegno e non sentirti insignificante. L'esistenza ama il tuo valore, il tuo avere un significato, il tuo splendore.

Questa semplice comprensione è un nutrimento. Ti aiuta a stare eretto, a porti con dignità. Ti aiuta e ti rafforza, permettendoti di affrontare l'ignoto; ti aiuta a cercare, a indagare, a interrogarti e a interrogare. Ti aiuta a diventare un pellegrino dell'Assoluto.

*

La vita è soltanto un'opportunità, un semplice seme. Te la puoi lasciar sfuggire, restando un seme; in quel caso mancherai l'opportunità che ti offre.

È necessario ricercare il terreno giusto ed essere un contadino: si deve apprendere in che modo crescere.

Tutto ciò che la coltivazione di un campo richiede è richiesto anche nella crescita interiore: il terreno giusto, la giusta stagione, la protezione dei nuovi germogli, la giusta quantità di acqua, di sole e di aria, e una non eccessiva protezione: questa è la cosa più importante, perché una protezione esagerata non sarà d'aiuto, farà danni! Se sei troppo protetto, non avrai mai una salda spina dorsale; non sarai forte a sufficienza per stare sulle tue gambe.

Dunque, proprio come le piante hanno bisogno di protezione e necessitano anche di insicurezza – di sicurezza e al tempo stesso di apertura al pericolo, ai rischi; hanno bisogno di vulnerabilità –, anche la crescita interiore richiede entrambe le cose: ti dovrai porre esattamente nel mezzo di polarità opposte. Nel momento in cui ti pieghi troppo verso un estremo, la crescita viene penalizzata, è soffocata.

Crescere necessita dell'aurea via di mezzo: né un'eccessiva sicurezza, né troppa insicurezza. Ed è qualcosa che si può imparare soltanto con l'esperienza, facendo tentativi passo dopo passo; è una questione molto delicata.

Nessun agricoltore può insegnare al figlio come coltivare un campo a parole: può solo portare il suo ragazzo alla fattoria, nei campi, giorno dopo giorno, anno dopo anno; in questo modo apprenderà quel click che è un vero e proprio gioco di destrezza!

Aprirsi all'amore: il dono dell'esistenza

Il divino che è l'esistenza è sempre pronto a donare, noi continuiamo a rifiutare il suo dono. L'esistenza è molto insistente, continua a bussare alla nostra porta; ma noi siamo sordi. Le sue mani si protendono a ogni istante ricercandoti, giorno dopo giorno, anno dopo anno, vita dopo vita; la sua ricerca di te non conosce sosta, è instancabile, tenace, persistente... ma noi continuiamo a evitarla, a negarla, a respingere quel dono.

L'essere umano è davvero uno strano animale: ricerca ciò che è negativo; è sempre pronto ad accogliere l'infelicità, ciò che lo deprime, ciò che lo rende disperato, ciò che lo angoscia, ma non accoglie mai la gioia, l'estasi, la beatitudine.

Non ha alcuna fiducia in ciò che lo rende beato, dubita qualsiasi cosa giunga a lui dal trascendente; laddove, invece, è un fervido credente di tutto ciò che è sbagliato, negativo, debilitante.

Esiste una ragione, ed è semplice: l'ego può esistere soltanto in presenza della negatività. Tutto ciò che è negativo nutre l'ego, mentre il positivo lo distrugge. Se sei infelice, se vivi in miseria, puoi esistere; se però sei estatico, beato, scompari.

La beatitudine si rivela in tutta la sua potenza quando tu non ci sei... ecco la vera paura!

Un ricercatore del Vero deve imparare l'arte di scomparire, di dissolversi, allora i doni dell'esistenza iniziano a riversarsi in lui. Quei doni non hanno mai smesso di essere disponibili; semplicemente, noi siamo chiusi, non siamo affatto ricettivi.

La vita è pura e semplice magnificenza. Essere è una gioia immensa, incredibile, incomparabile; il semplice respirare è una celebrazione senza paragoni. Ma per partecipare a quel solenne splendore è necessaria una cosa inderogabile: dobbiamo permettere il dissolversi dell'idea di separazione, la sensazione di "io sono": "Io non sono, il divino esiste"... ed ecco che tutti i doni dell'esistenza sono tuoi!

Sperimentati in quanto "essenza"

Solo in meditazione si arriva a conoscere la propria essenza divina.

Meditazione è uno stato di nonmente, uno stato di non pensiero, uno stato libero da qualsiasi desiderio.

Nel momento in cui pensare, sognare, desiderare... allorché tutto questo si è acquietato ed è cessato e tu esisti semplicemente, libero perfino da qualsiasi increspatura della mente, il lago della consapevolezza si distende silente e quieto.

In quell'istante assolutamente senza tempo, in quello spazio del tutto indisturbato, ecco che si comprende la propria natura interiore, e *quello* è essenza divina.

La nostra essenza più intima è divina: noi siamo divinità sotto mentite spoglie. Conoscerlo significa conoscere ogni cosa, e lasciarselo sfuggire vuol dire mancare ogni cosa.

Un destino da realizzare

Essere umani è il dono, una grazia del divino, dell'esistenza. Non è un comune accadimento; è qualcosa di molto raro, di unico, perché nell'intero universo – in cui esistono milioni di sistemi solari – solo su questo minuscolo pianeta terra è nata la vita. E la vita ha milioni di forme: dalla più semplice ameba all'essere umano.

L'uomo è l'espressione della vita più elevata, il punto più alto raggiunto dall'evoluzione. L'uomo è una grande speranza, una promessa che va adempiuta, un destino da realizzare. Il semplice essere nati come esseri umani non ci rende umani. Per diventarlo occorre un grande impegno e un grande sforzo.

Essere umani è l'intera arte della religiosità. Non ha nulla a che fare con dio, perché se davvero un uomo è umano è inevitabile che diventi divino.

Il divino giunge come conseguenza: allorché il fiore umano dischiude la fragranza che affiora in lui, ecco che l'essenza divina fa la sua comparsa. L'uomo contiene dio dentro di sé.

Nel momento in cui si diventa consapevoli di questo potenziale immenso, ecco che nella vita prende forma una sfida che ha dell'incredibile e non ha confronti.

In quel caso, ogni passo va fatto con cautela. In quel caso, ogni istante è prezioso. Quel destino può essere mancato, quello è il pericolo. Se però si è attenti, non c'è nulla di cui preoccuparsi. Se stai allerta, se sei presente e consapevole, non te lo puoi lasciar sfuggire.

L'essere umano perde l'opportunità che l'esistenza dona a tutti a causa dell'inconsapevolezza, ed è per questo che occorre coltivare e sviluppare la consapevolezza.

Ogni piccolo atto, ogni azione comune, deve avere come messa a fuoco la tua consapevolezza: mentre mangi, cammini, sei seduto... rimani attento e presente. La consapevolezza dev'essere estesa, allargata per abbracciare le ventiquattr'ore della vita quotidiana.

Includo perfino il tuo sonno. Inizia esercitandoti a essere consapevole mentre sei sveglio. Poi, il secondo passo è diventare consapevole mentre stai dormendo. E infine, il terzo e ultimo passo è diventare consapevole mentre sei profondamente addormentato, e non stai neppure sognando. Nel momento in cui un essere umano è in grado di essere consapevole nel sonno profondo e senza sogni, è arrivato a casa.

Signore di te stesso

Non più signore e padrone delle altre persone, ma maestro e signore di te stesso.

Quella è la vera maestria! Dominare gli altri di fatto è un ben misero sostituto. La gente cerca di imporsi sugli altri, di dominarli perché non governa se stessa.

Nel momento in cui la padronanza di se stessi prende forma, qualsiasi desiderio di dominare, ogni desiderio di possedere, di essere superiori, scompare.

Quella scomparsa si porta via l'intero peso della vita, come se una montagna fosse stata trasportata fino ad allora sulla propria testa, e ora non esistesse più.

Ci si sente così leggeri che quasi si potrebbe volare.

Questo, dunque, è il mio invito: sii signore e padrone, maestro di te stesso!

Parte terza
Di fronte all'ignoto

Una divina avventura

La vita non è affatto qualcosa di statico, e non è mai data una volta per tutte.

La vita è un pellegrinaggio, vivere vuol dire esplorare, scrutare, indagare, ricercare e inquisire. Chi pensa di essere già arrivato, solo perché è vivo, non ha capito nulla e si sta lasciando sfuggire la vita stessa.

La nascita è solo un inizio, ed è un semplice inizio. Si può restare bloccati lì per sempre... e milioni di persone sono ferme in quel punto. Costoro muoiono esattamente là dove sono nati, senza mai fare un singolo passo!

La loro unica preoccupazione è la sicurezza, evitare ogni e qualsiasi pericolo. Salvezza e sicurezza implicano restare bloccati in un contesto specifico, nel luogo che si sente familiare.

Addentrarsi nell'ignoto è pericoloso, ma la vita appartiene solo a coloro che colgono costantemente la sfida dell'ignoto, che sono perennemente allerta e pronti a partire all'avventura.

In quel caso la vita non è statica, possiede una qualità dinamica: è un'esplorazione. E proprio in quell'esplorare si diventa spirituali, perché ci si imbatte in così tante sorprese e in così tanti misteri che è impossibile non cogliere la presenza del divino che è l'esistenza.

1
Vita nascente

La promessa dell'amore

Qual è la promessa dell'amore? Promette l'Assoluto, il divino che è l'esistenza. E non solo lo promette, adempie anche la sua promessa.

Anche il mondo promette molte cose, ma mai, mai e poi mai, quelle promesse sono mantenute; si rimane sempre e comunque delusi. Piano piano, con il tempo la vita diventa una lunga catena di delusioni.

Ogni volta che credi nel mondo esterno ti incammini con una grande speranza; ma quando raggiungi la meta che ti eri prefissato, tutto si rivela un miraggio.

È simile a un arcobaleno: da molto lontano sembra bellissimo, coloratissimo, psichedelico. Più ti avvicini e più inizia a scomparire; e quando davvero arrivi là dove dovrebbe essere, non c'è nulla... forse ti troverai in mano un po' di vapore. Tutti quei colori sono svaniti; esistevano solo grazie a un'angolazione particolare, a una ben precisa distanza... possono esistere solo così: se visti da una certa prospettiva e da lontano.

Tutte le speranze riferite al mondo sono così: quando non hai qualcosa, speri ardentemente; quando ottieni ciò che desideravi, ogni speranza scompare. Ecco perché l'uomo più ricco si rivela il più povero. Più ti arricchisci, più triste e disperato diventi.

Il mondo promette tantissime cose, ma non mantiene

mai quelle promesse. L'unica cosa nell'intera esistenza che promette e realizza ciò che ha promesso è l'amore. Ma per essere in amore con l'esistenza, con la vita, davvero è necessario avere una grande forza d'animo, occorre coraggio... è un coraggioso balzo al di là di sé. Non è qualcosa di graduale: è un tuffo, un balzo quantico!

Pochissime persone, davvero coraggiose, sono capaci di amare; riescono ad amare e a essere amate, perché tutti sono terrorizzati dal proprio vuoto. Amare significa aprirsi – e ognuno di noi prova imbarazzo per il proprio vuoto e la propria oscurità. E amare significa permettere a qualcuno di amarti – di nuovo si pone il problema; ovvero, permettendo a qualcuno di avvicinarsi a te intimamente vieni sopraffatto dalla paura: prima o poi l'altro scoprirà il tuo vuoto!

Meglio tenere una distanza di sicurezza. Ecco perché le persone hanno deciso di giocare ogni sorta di gioco in nome dell'amore, in realtà impedendo all'amore di accadere veramente.

Se però si permette all'amore di accadere, ecco che si lascia spazio all'avvento del divino che è l'esistenza. E l'amore adempie la sua promessa, e quella promessa è l'essenza divina stessa!

Vacuità: il frutto della meditazione

L'amore rende chiunque un imperatore, apre le porte del regno divino. Non si è più persone qualunque. Nel momento in cui l'amore affiora nel cuore, tutti diventano straordinari, unici; incredibilmente estatici.

L'amore fa di una persona qualunque un re, una regina. Senza amore l'essere umano è un mendicante; senza amore l'uomo non è ancora umano: sta semplicemente aspettando che accada qualcosa.

Senza amore l'uomo è solo qualcosa di vuoto; ma questo non è il vuoto, la vacuità di cui parlano i Buddha, si tratta di un vuoto negativo, è vuotezza, desolazione: un'assenza, qualcosa di buio e oscuro.

La vacuità, il vuoto di cui parlano i Buddha è assoluta pienezza; in realtà è qualcosa di troppo pieno, di straripante. È assolutamente positiva: è un vuoto dell'ego ma è pienezza del divino, uno straripare dell'esistenza. Il comune senso di vuoto che le persone avvertono è semplice mancanza, non c'è altro che insignificanza. Soltanto l'amore lo può trasformare, solo l'amore ti può incoronare.

L'amore ha un significato? Quale?

L'amore ha significati diversi per ciascun essere umano. Per gli scrittori, le parole sono l'amore. Per gli artisti, i colori sono l'amore. Per i comici, le risate sono l'amore. Per un bambino, la mamma è l'amore. Per le api, il nettare è l'amore. Per i fiori, i raggi del sole sono l'amore. Per le vacche, i tori sono l'amore!

Il significato che dai all'amore dipende da te. L'amore è una scala composta da molti gradini: il gradino più basso è la fisicità, la biologia, la chimica. È solo un gioco di ormoni: l'uomo è attratto dalla donna e la donna è attratta dall'uomo. Pensi di innamorarti invece, se gli ormoni potessero ridere, riderebbero e si prenderebbero gioco di te: ciò che chiami amore è soltanto l'attrazione tra ormoni maschili e ormoni femminili. È chimica pura e, al livello inferiore, non è niente più di questo; a livello animale, è lussuria.

Milioni di persone conoscono solo questo tipo d'amore al suo livello inferiore. A causa di queste persone, è sorta la tradizione di rinunciare all'amore: chiunque creda che la lussuria sia amore ha dato vita alle grandi religioni e queste impongono ai fedeli la rinuncia all'amore. Entrambe le prospettive sono sbagliate, perché entrambe hanno accettato il gradino più basso della scala dell'amore, come se non ci fosse altro. Non è così!

Se sali gli altri gradini, scopri che l'amore dell'essere umano per la musica non concerne la fisicità, né la biologia, né la chimica: è un amore psicologico. L'amore dell'uomo per i fiori non può essere ridotto alla sfera sessuale. L'amore dell'uomo per la pittura... ci sono stati pittori che hanno sacrificato tutta la loro vita solo per dipingere!

Vincent van Gogh, uno tra i pittori più grandi, ha sacrificato totalmente se stesso all'unico fine di dipingere: per lui dipingere era più importante della vita stessa.

Un simile amore per la pittura, un tale amore per l'arte è qualcosa di superiore, rispetto alla biologia, alla chimica, alla fisiologia... non è di certo lussuria, non potresti definirlo libidine. È un sentimento passionale che ha qualcosa di simile alla lussuria, ma è di gran lunga più grande... sono pochissime le persone che muoiono per una donna o per uomo. Invece van Gogh morì per la sua pittura: il suo amore era di tipo psicologico, e apparteneva a un livello superiore!

Ebbene, esiste un livello ancora più elevato: l'amore spirituale, l'amore di un Buddha, di un Gesù, di un Krishna, qualcosa di totalmente diverso. Non è neppure un amore estetico, non è psicologico: è spirituale.

Questo amore si esprime attraverso la compassione: la passione si è trasformata in compassione. Il Buddha ama l'intera esistenza perché è ricolmo d'amore traboccante e deve condividerlo: è carico dell'amore che si sprigiona in lui e deve condividerlo con gli alberi, con gli uccelli, con gli esseri umani, con gli animali e con chiunque incontri.

L'amore – al livello più basso, fisiologico, cioè la lussuria – sfrutta l'altro, usa l'altro come un oggetto... e si esaurisce in breve tempo. Dopo che hai sfruttato una donna o un uomo, perdi ogni interesse; il tuo interesse era temporaneo: dopo aver conosciuto completamente quella persona, il tuo rapporto con lei si esaurisce. Hai usato l'altro come un oggetto: questo è un comportamento brutto, immorale. Usare l'altro come un oggetto è l'azione più immorale nell'esistenza, perché qualsiasi essere umano è fine a se stesso.

L'amore psicologico è preparato al sacrificio; pertanto l'arte, la poesia, la pittura, la musica, la danza diventano lo scopo della tua vita, non sono più dei mezzi da usare: *tu* diventi il mezzo. L'amore biologico riduce l'altro a un mezzo, l'amore psicologico eleva l'altro a uno scopo da realizzare.

Viceversa, nel mondo spirituale non esistono più né il mezzo né il fine, l'altro non è più l'elemento in gioco: non esiste più dualità. Il Buddha ama l'esistenza, e questo perché è diventato l'esistenza stessa. Non si pone più il problema dell'"io e te", non è più un dialogo. Conseguita la consapevolezza suprema, l'amore non è più un dialogo, non è più un rapporto a due, non è più una relazione: è pura gioia straripante!

Un Buddha è una fiamma d'amore, una pura fiamma senza fumo. Il fumo è generato dalla lussuria; quando in te non c'è lussuria, quando con il tuo amore non vuoi ottenere nulla, quando vuoi soltanto dare, quando ti senti riconoscente all'altro perché accetta il tuo amore –, ecco che la fiamma del tuo amore è senza fumo. È amore puro, è oro puro.

Ebbene, sai che l'amore si eleva sempre verso l'alto? È del tutto simile a una fiamma che sale sempre verso l'alto e non scende mai in basso. La lussuria è simile all'acqua che scende verso il basso; l'amore si eleva sempre, proprio come la fiamma, come il fuoco: sale sempre verso l'alto. E tra queste due realtà c'è l'amore psicologico, qualcosa che contiene un po' di passione, di lussuria e un po' di compassione: quella dimensione si trova proprio nel mezzo, poiché ha qualche caratteristica dell'amore di livello inferiore e alcune qualità dell'amore più elevato.

Ecco perché, quando il poeta è colto dall'ispirazione, in pratica è simile a un mistico; ma solo nei momenti di ispirazione. Quando non è preso dall'ispirazione, è un comune mortale, forse più ordinario dei cosiddetti uomini comuni. Potete averlo notato: quando un musicista si abbandona alla musica, può raggiungere vette incredibili, sfere impalpabili tali da farvi percepire la presenza di un grande mistero! Ma poi, vedendo lo stesso musicista seduto in un bar, mentre beve una tazza di tè e fa discorsi un po' sciocchi, lo trovate davvero ordinario, al punto da faticare a credere che sia la stessa persona capace di creare una musica tanto bella, una sinfonia celestiale!

Leggendo un poema, il poeta ti sembra quasi un veggente, un Kahlil Gibran. Leggendo *Il profeta* hai la sensazione che sia quasi un profeta; invece, incontrando Kahlil Gibran nella vita quotidiana, rimarresti sorpreso: era una persona collerica, gelosa, litigiosa; aveva comportamenti molto infantili, si sfogava aggredendo, era molto possessivo. Se incontrassi Kahlil Gibran, rimarresti sorpreso: un simile uomo com'è riuscito a scrivere *Il profeta*, raggiungendo le stesse vette spirituali di una Bibbia, di un Corano?

Purtroppo quell'uomo non dimora a simili vette: solo ogni tanto le nuvole si ritirano e il poeta riesce a vedere il sole, l'oceano; l'artista può vedere i cieli aperti e può trasmettervi un lampo di meraviglia nella sua poesia o nella sua musica. Ben presto tornano le nuvole e il sole scompare; allora l'artista ridiventa una persona comune come te, anche più ordinaria di te perché, cadendo da uno splendido picco di stupore e meraviglia, sprofonda nell'ordinarietà... è una questione di equilibrio!

Pertanto puoi trovare un poeta ubriaco, sdraiato in uno sporco rigagnolo, come un cane, che sbraita e dice cose senza senso; ed è lo stesso poeta che ti offre splendidi fiori provenienti dall'ignoto. I due aspetti si incontrano e si fondono nella dimensione intermedia, si tratta di un fenomeno ibrido. Pertanto, ti consiglio di risalire dall'infimo, ma ricorda di non fermarti a mezza via: prosegui nell'elevazione fino a raggiungere la vetta!

Quando parlo d'amore, mi riferisco sempre all'amore più elevato, ma con una differenza. Quando gli altri parlano dell'amore più elevato, rinnegano l'amore fisico: io non lo rinnego affatto, lo accetto e voglio usarlo come pietra d'appoggio. L'amore più basso dev'essere purificato dall'amore più elevato; ciò che è inferiore dev'essere trasformato da ciò che è superiore e non rinnegato, non rifiutato. Se lo rifiuti, persiste. Se lo rifiuti, se lo reprimi, si vendica e ti abbruttisce ancora di più!

La vecchia zitella camminava lungo una strada poco illuminata quando un uomo, nascosto tra i cespugli, balzò fuori all'improvviso e le intimò: "Dammi i soldi!".
"Non ne ho," lei tentò di rispondere.
L'uomo cominciò a perquisirla metodicamente, in ogni parte del corpo.
"Allora dicevi la verità..." mugugnò alla fine, furioso. "Non hai denaro con te!"
"Per l'amor di dio," ansimò la zitella, "non fermarti adesso... Ti farò un assegno!"

Io non sono favorevole alla repressione della sessualità più bassa: ciò che è inferiore dev'essere elevato fino alle vette; si devono dare le ali a ciò che sta in basso! È possibile, grazie all'intuizione e alla capacità di comprendere. Se rinneghi il gradino più basso dell'amore, non riuscirai mai a raggiungere il livello più elevato; perché il livello più basso è un gradino necessario. Certo, occorre trascenderlo; ma puoi trascenderlo solo se non lo rinneghi! Usalo, ma ricorda di non lasciarti ossessionare dalla sessualità!

Devi ricordare due cose. La prima: non lasciarti ossessionare dalla sessualità, non rimanere bloccato nella sessualità. E la seconda: non rinnegarla, ma usala come una pietra d'appoggio.

Sii abile! La parola usata dal Buddha è: *upaya*, maestria. Quando dice *upaya*, intende dirti che devi diventare un artista nel trasformare la tua vita. In te c'è solo un potenziale, un seme che può diventare un grande albero e fiorire a tempo debito. E quando un albero fiorisce, quando migliaia di fiori sbocciano sui suoi rami, l'essere dell'albero è pervaso da una gioia immensa, da una grande estasi.

Anche tu sei solo un seme: diventa un albero! Il seme potrebbe anche essere brutto: i semi sono quasi sempre brutti e le radici sono quasi sempre deformi, ma ricorda che l'albero deve crescere attraverso le sue radici. Devi usare le radici perché, senza radici, il tuo albero non fiorirà mai.

Senza un'attrazione fisica, non avrai mai una crescita psicologica e, senza un innamoramento psicologico per l'arte, la musica e la scultura, non potrai mai conoscere l'amore spirituale. I poeti, i pittori, i danzatori e i musicisti sono i passi necessari per diventare un Buddha.

Amore sacro

L'amore può essere estremamente terreno, mondano, materiale, carnale; ma l'amore può anche essere sacro, la sacralità per eccellenza. L'amore è una scala tra quelle due dimensioni: la dimensione materiale e la dimensione spirituale, tra questo mondo e quell'altro, tra il mondano e il trascendente. Un'estremità della scala ha radici nella terra, l'altra raggiunge il trascendente, addentrandosi oltre il cielo.

Purtroppo milioni di persone non diventano mai consapevoli della sacralità dell'amore. Ne conoscono la sensualità, la sessualità, la fisicità; ma non conoscono altro. Non diventano mai consapevoli che qualcosa di incredibilmente prezioso è nascosto all'interno di tutto ciò; non sanno che l'amore racchiude in sé la qualità della preghiera. Non si rendono conto che nell'essenza più intima dell'amore è racchiuso dio stesso, che l'amore è un seme. Se gli fornisci il terreno giusto e la giusta atmosfera e se operi come un giardiniere accorto, quel seme può portare un frutto e una fragranza che non sono di questa terra: un fior di loto che discende dal trascendente.

Nell'amore è nascosto qualcosa di assolutamente diverso e distinto, alieno a questa terra e alla sua materialità.

Rispetto all'amore le persone hanno fatto due cose. Qualcuno pensa che l'amore termini con la fisicità, con la fisiologia, con la chimica, con i processi ormonali e via dicendo. Poi esiste l'altra polarità, persone che pensano: "Visto che l'amore è così carnale, così legato alla mondanità, lo si deve negare, lo si deve combattere, va condannato come un peccato. Solo così sarà possibile raggiungere dio". Entrambe le posizioni sono sbagliate, errori davvero madornali!

L'amore è un paradosso. È materia in superficie, è anima al centro. Se ti limiti a vivere superficialmente, ti lascerai sfuggire l'anima; e se neghi l'amore, anche in quel caso ti sfuggirà.

Questa è stata nel corso dei secoli una delle calamità più grandi che hanno colpito il genere umano: le persone cosiddette mondane hanno mancato l'essenza dell'amore; e anche le persone cosiddette spirituali, coloro che hanno disdegnato la mondanità – uomini pii, religiosi, devoti; i monaci – hanno mancato quell'essenza, perché ancora nessuno è riuscito ad accettare l'amore nella sua totalità.

Io accetto l'amore nella sua totalità – nella sua sensualità e nella sua spiritualità: sono due aspetti della stessa moneta. L'amore è una via multidimensionale; amane l'intero spettro, tutte le sfaccettature. Ama tutte le possibilità che porta con sé e *sperimentale*: non lasciarne neppure una inesplorata! È questo a portare ricchezza, è questo che dischiude tutti i tesori: preziosità inesauribili e immense.

Quel bagliore sei tu, è la tua essenza!

Nascendo portiamo in noi una luce divina. È già presente nelle profondità del nostro essere. L'oscurità esiste soltanto all'esterno; ma, poiché il nostro sguardo è fissato unicamente sull'esterno, restiamo immersi nelle tenebre. Nel momento in cui operiamo una svolta di centottanta gradi e semplicemente guardiamo dentro di noi, tutto è luce.

E quella luce è eterna: non richiede alcun combustibile, esiste semplicemente. È il nostro stesso essere, noi siamo quella luce! Non è qualcosa che vediamo: non esiste qualcosa che viene vista e qualcuno che vede. Si avverte la propria presenza in quanto luce, e quell'istante è di estrema delizia.

In quel caso nessuna tenebra potrà mai farti paura. Quella comprensione annulla per te la possibilità di morire. La morte accade solo nell'oscurità: una volta sperimentata la luce interiore, si è sperimentata l'immortalità.

Che uso fare della propria energia?

Domanda: *In che modo dovrei usare la mia energia?*

Aspetta, non aver fretta di agire. Concediti il tempo di sentirla un po' di più.

La prima cosa, la cosa più importante, è *sentire* la propria energia.

La prima domanda da porsi non è: "Come usarla?". Prima di tutto, ci si deve chiedere: "Come sentirla?". E come sentirla con intensità, con passione, con totalità. E questa è la cosa più bella: nel momento in cui hai percepito la tua energia, quando l'hai sentita in profondità, proprio da quel sentire nasce l'intuizione, la comprensione di come usarla.

L'energia stessa inizia a guidarti. Non sei tu che le dai una rotta; al contrario, è l'energia che inizia a muoversi spontaneamente e tu semplicemente la segui. In quel caso si ha un moto spontaneo e la libertà fa la sua comparsa nella tua vita.

Se ti fissi sull'intento di usare la tua energia vitale, accadranno inevitabilmente due cose. La prima: fin dai primi passi hai assunto un punto di vista fondato sulla dualità; in questo modo ti radichi nell'idea che tu sei separato dalla tua energia – il che è sbagliato. Non solo: è qualcosa che crea una dissociazione; quella è la base di ogni schizofrenia.

Fin dall'inizio ti metti nella posizione di controllare la tua energia, di manipolarla; ed è qualcosa che si può fare solo utilizzando la testa. La testa corrisponde alla mente manipolatrice, ed è sempre impegnata nello sforzo di controllare ogni cosa. E se è la testa a controllare l'energia, potrà permetterle di operare solo fino a un certo punto, le impedirà di andare oltre confini ben precisi. Pertanto l'energia avrà sempre limiti insormontabili: al di là di certi paletti non le sarà permesso di muoversi.

E qual è il limite al di là del quale la mente non permette mai di andare?

Il limite è questo: quando l'energia diventa orgasmica,

ecco che la mente si spaventa; perché in quel caso la testa inizia a liquefarsi e a fondersi, perdendo il suo controllo. All'improvviso si trova al di là del suo dominio; adesso sta accadendo qualcosa di incontrollabile. Pertanto, proprio un attimo prima di un'esplosione orgasmica, la mente inizia a tirare le redini e a trattenere l'energia.

La mente è assolutamente non orgasmica, vieta categoricamente qualsiasi esperienza orgasmica. Potrebbe trattarsi di sesso; ma non solo: potrebbe essere l'amore, la musica, la danza, qualsiasi cosa porti a un'esplosione di energia incontrollata viene impedita. È un assioma della mente: l'esperienza orgasmica in quanto tale è proibita. Semplicemente viene trattenuta, e questo perché essere orgasmici significa essere fuori dalla testa. La testa è scoppiata... ragion per cui ne ha un vero e proprio terrore, è naturale: è una sorta di morte; in quel caso la mente perde qualsiasi controllo.

Dunque, se pensi a come usare l'energia, fin dall'inizio è la testa che si mette nella posizione di controllore, si pone come direttore, regista, amministratore.

La seconda cosa è questa: se la testa cerca di controllare, non avrai mai a disposizione la totalità della tua energia, perché la testa può operare solo in superficie; non è in grado di muoversi verso il centro.

I pensieri non sono in grado di spostarsi al centro del tuo essere; quel centro essenziale è del tutto libero da qualsiasi pensiero. È silenzio, nessuna parola l'ha mai penetrato. È un silenzio vergine; lì la mente non ha alcuna possibilità di interferire.

Dunque, se la testa ha il controllo, tu potrai usare soltanto le energie di superficie, quelle che sono disponibili alla circonferenza. E in quel caso l'energia fruibile sarà estremamente limitata; e facilmente ti sentirai ben presto molto stanco, esausto. Chi vive alla periferia del proprio essere non è connesso, non è collegato alla vera sorgente delle proprie energie.

In breve, se ti poni nella prospettiva di come usare la tua energia, sorgono diversi problemi.

Il mio approccio è questo: sperimenta in cosa consiste questa energia. Se lo fai, accadranno due cose. La prima: vedrai di essere quell'energia; e questo implicherà una profonda unità, darà vita a un'integrazione... qualsiasi dissociazione scomparirà.

Per la prima volta sei davvero normale!

E questa è la seconda cosa: adesso puoi essere orgasmico, o orgasmica. Ora non c'è più nessuno che possa controllare. Tu sei energia, per cui potrai accompagnarti a quella potenza ovunque porti, in profonda fiducia. E a quel punto la vita intera diventa orgasmica.

L'orgasmo sessuale è la forma orgasmica più bassa, è limitato alla biologia. Esistono tuttavia migliaia di altre modalità, orgasmi di gran lunga superiori: se qualcuno è un amante della musica, ascoltandola vive un orgasmo davvero travolgente. Questo è un fenomeno più elevato: qualcosa di più profondo viene smosso e sollecitato. La danza può portare a un orgasmo: non ha nulla a che fare con la sfera biologica, con la fisicità; è qualcosa di interiore. Oppure, vedendo qualcosa di bello, un semplice tramonto – la pura gioia nella percezione dei giochi di colore delle nuvole, il senso del mistero di tutto questo – ecco che il respiro si ferma, il cuore perde un colpo e vieni travolto da un immenso senso di gioiosa meraviglia.

Il punto fondamentale è sentire l'energia. E questo è il lavoro che ti invito a fare: sperimenta! L'energia dev'essere sentita nella sua totalità; a quel punto prende possesso di te e poi ti guida; e ovunque ti porti è la giusta direzione. Ovunque ti conduca *quello* è il divino che è l'esistenza.

Osho ha sempre incluso la danza nei suoi metodi di Meditazione Attiva, spiegando:

L'essere umano è certamente imprigionato nel corpo – un leone rinchiuso in una gabbia da lunghissimo tempo, tanto da aver scordato la sua capacità di ruggire, e da pensare che quella gabbia sia la sua casa. Addirittura ha iniziato anche a credere: "Io sono il mio corpo, io sono la mia gabbia!".

Ha bisogno di una scossa... io posso scuoterti e tu puoi risvegliarti.

Quel leone vuole danzare, ma nel corpo non c'è spazio sufficiente. Per la sua danza ha bisogno di uno spazio maggiore: come potrebbe trovarlo nel corpo? La danza può accadere solo *all'esterno* del corpo; ecco perché, se la tua danza diventa totale, non puoi rimanere confinato nel corpo. Nella grazia suprema della danza, nell'elevazione suprema, tu esci dal tuo corpo. Il corpo continua a girare, a muoversi ritmicamente, ma tu sei all'esterno, non sei più nel tuo corpo.

Questo è il motivo per cui ho incluso la danza invariabilmente nei miei metodi di meditazione: niente può essere più miracoloso della danza, per entrare in meditazione. Se danzi con tutto te stesso, se la tua danza è totale, esci dal corpo. Il corpo continuerà a muoversi, al ritmo della musica, ma tu sperimenterai l'essere fuori dal corpo. A questo punto inizierà la vera danza: al di sotto il tuo corpo continuerà a danzare, al di sopra ci sarai tu danzante. Il tuo corpo danzerà sulla Terra, tu danzerai nel cielo: il corpo è terreno, tu sei celeste. Il tuo corpo si muoverà nella danza materiale, tu volteggerai nella danza della consapevolezza: diventerai Nataraj, il re della danza!

Sii coraggioso, affronta il rischio! Lascia che la tua fiducia cresca, abbi fede in te stesso: in breve tempo il tuo corpo comincerà ad accettare questa esperienza e i tuoi ruggiti disperati spariranno. Allora rimarrà solo la danza! Il leone non soffrirà più, perché avrà trovato la sua strada: quando vorrà uscire, potrà farlo e, quando vorrà rientrare, rientrerà. A quel punto il tuo corpo non sarà più una gabbia, diventerà un luogo in cui rilassarti: quando vorrai, potrai penetrare nella tua interiorità; quando vorrai, potrai uscire e vivere la tua esteriorità.

Quando potrai uscire da te stesso e rientrare nella tua interiorità con facilità, proprio come entri ed esci da casa tua... se fa freddo e senti freddo, esci a scaldarti al calore del sole. Poi il sole raggiunge il mezzogiorno, il caldo aumenta e tu inizi a sudare, ti alzi e rientri... sarà come un normale entrare e uscire da casa tua: la tua casa non è una prigione. Se sei seduto in una prigione, non hai la possibilità di uscire e rientrare a tuo piacimento. In carcere tu sei un prigioniero, in casa tua sei il padrone.

Quando il tuo leone interiore potrà danzare all'esterno, potrà volare nel cielo, potrà giocare con la luna e le stelle senza problemi; allora non lotterà più, non ci saranno più conflitti con il tuo corpo, e il corpo diventerà un luogo in cui rilassarti: quando ti sentirai stanco rientrerai in te stesso e riposerai. A quel punto il corpo non sarà più tuo nemico, diventerà il tuo tempio.

E proprio la danza è alla base di uno dei suoi metodi più apprezzati e praticati: Osho Nataraj Meditation. Se sei interessato a sperimentare questa meditazione, trovi le istruzioni su **osho.com/meditazione**. *Per altri dettagli vedi: Per approfondire.*

2
Risvegliare i sensi

Si dice che l'amore sia cieco, io affermo che soltanto l'amore non è cieco! Chiunque viva privo d'amore vive nella cecità e nell'oscurità. Le orecchie di una persona senza amore non sentono, si limitano a tradurre. I suoi occhi non vedono, si limitano a imporre. La sua mente non comprende, si limita a interpretare. Tutta la sua vita è falsa.

È l'amore che dà autenticità, ed essere autentici rende degni di ricevere la verità.

L'amore porta via tutto ciò che in te è finzione; e quella falsità sta ostacolando la tua intuizione, il falso blocca la strada. È a causa di quella pseudovita che non siamo in grado di sentire, non possiamo vedere e non possiamo sentire. Nel momento in cui nel cuore affiora l'amore, la falsità inizia a scomparire, nello stesso modo in cui, portando luce in una stanza, l'oscurità scompare.

Un essere umano che non abbia vissuto in amore, attraverso l'amore, per l'amore non ha visto nulla.

Ricorda: ancora non hai visto il Reale... ancora non hai visto nulla!

Più sei sensibile, più sei vivo e consapevole

Domanda: Da quanto ho capito, tu parli di una religiosità fondata sull'essere sensibile, sensuale. Ma se mi apro alla sensibilità, la sensualità mi travolge e mi spinge a esagerare...

Ebbene, esagera... eccedi! Sii sensuale! Perché sei tanto spaventato dalla vita? Perché vuoi suicidarti? Cosa c'è di sbagliato nell'eccesso e cosa c'è di sbagliato nell'essere sensuale? Tutti ti hanno insegnato a reprimerti, io ti sto dicendo di *vivere*! Ecco perché ti spaventa essere sensibile: se sei sensibile, con la sensibilità ogni cosa crescerà; la sensualità aumenterà. Ma non c'è nulla di sbagliato a essere sensuali, un uomo vivo dev'essere sensuale; è una cosa bellissima!

Qual è la differenza tra un uomo morto e uno vivo? L'uomo morto non è più sensuale; lo tocchi e non sente niente, lo baci e non reagisce.

Se sei vivo, i tuoi sensi funzioneranno al massimo della loro capacità; sarai sensuale. Hai bisogno di cibo e lo gusterai; ti farai un bagno e sentirai la freschezza dell'acqua. Passeggerai in giardino e sentirai la fragranza di tutti quei profumi: la sensualità accompagnerà ogni istante della tua vita. Passerà una donna e una lieve brezza scorrerà dentro di te. Dev'essere così, tu sei vivo! Se passa una bella donna e in te non accade nulla, sei morto: ti sei ucciso.

La sensualità è parte dell'essere sensibile. Per paura della sensualità tutte le religioni temono la sensibilità, eppure la sensibilità è consapevolezza. A causa di un timore atavico, tutte le tradizioni religiose continuano a parlare di essere consapevoli, ma non possono permetterti di essere sensibile, quindi non puoi essere consapevole: restano soltanto parole. E quella gente non può permetterti alcun eccesso. Infatti, la parola "eccesso" è stata coniata proprio per disapprovare, biasimare, mortificare: quando parli di "eccesso" hai già emesso una sentenza.

Questo è il dilemma: le persone religiose condannano l'eccesso e loro stesse lo creano. Condannano la sensualità e loro stesse la creano. In che modo? Quando continui a reprimere i tuoi sensi, quella stessa repressione crea l'eccesso; altrimenti un uomo veramente vivo non eccede mai: si diverte, ma non eccede mai. Un uomo che ha mangiato bene durante il giorno non può esagerare nel cibo; se però continui a digiunare, tocchi un estremo: un uomo che sta digiunando continua a pensare al cibo, al cibo, al cibo...

diviene un'ossessione. Ragion per cui, quando rompe quel digiuno, va all'altro estremo, esagerando: a un estremo digiuna, all'altro mangerà troppo.

Esattamente nel mezzo esiste un punto d'equilibrio: quella è la cosa giusta. Il Buddha ha ripetutamente usato la parola "giusto" in ogni contesto: giusto cibo, giusta rimembranza, giusta conoscenza, giusto sforzo. Qualunque cosa suggeriva, aggiungeva sempre la parola "giusto".

Quando i discepoli chiedevano: "Perché aggiungi sempre la parola 'giusto'?", lui rispondeva: "Perché voi siete persone pericolose: andate da un estremo all'altro".

E così come nasce un eccesso se digiuni, anche se cerchi di restare celibe, nascerà un indulgere nel sesso: qualunque cosa forzi in te, alla fine ti spingerà inesorabilmente verso un eccesso.

Un uomo veramente sensibile si gode la vita a tal punto che il piacere stesso lo acquieta e lo rende tranquillo. Non ha ossessioni: è sensuale. E se lo chiedi a me, un Buddha è più sensuale di chiunque altro. Deve esserlo perché è incredibilmente vivo: quando il Buddha guarda gli alberi, di certo vede molti più colori di quanti ne puoi vedere tu; i suoi occhi sono più sensibili, più sensuali. Quando un Buddha mangia, di certo prova più piacere di quanto ne possa sentire tu, perché ogni cosa in lui funziona perfettamente. Se passi vicino a un Buddha, puoi sentire il ronzio di un meccanismo che funziona a meraviglia, simile al ronzio di un'auto perfettamente a punto: ogni cosa sta andando assolutamente come dovrebbe. È sensibile, è sensuale, ma non c'è alcun eccesso: come potrebbe esserci?

L'eccesso è una malattia, è una mancanza di equilibrio. Ma a te non dico di essere morigerato, ti dico: "Esagera e falla finita! Non trascinarti nella testa tutto quel non vissuto: è peggio che eccedere".

Esagera! Se vuoi esagerare nel cibo, fallo. Forse, attraverso l'esagerazione, arriverai a qualcosa di equilibrato, a sensazioni armoniose; forse, attraverso l'esagerazione, arriverai a una maturità, a una completezza che ti farà dire: "Tutto questo è stupido".

Davvero non vedo nulla di sbagliato nell'eccesso. Se eccedi veramente e non ti trattieni, ne uscirai più maturo; in caso contrario l'eccesso, in quanto idea, sarà sempre presente: ti perseguiterà, diverrà un fantasma. Le persone che fanno voto di castità sono sempre perseguitate dal fantasma del sesso. Le persone che cercano di darsi una qualunque forma di controllo sono sempre perseguitate dall'idea dell'eccesso; hanno il terrore di rompere quel vincolo, quella disciplina, quel controllarsi... temono fortemente l'impulso di buttarsi a capofitto nell'eccedere.

Permetti semplicemente alla vita di condurti ovunque ti stia portando, e non aver timore. La paura è l'unica cosa che si dovrebbe temere, tutto qui. Cammina! Sii coraggioso e rischia, e io ti dico che, piano piano, proprio l'esperienza dell'eccesso, della sensualità ti calmerà, ti acquieterà: conseguirai una centratura.

In ogni caso, io preferisco la sensibilità. Anche se porta eccessi, anche se porta sensualità, va bene. Io non temo gli eccessi e la sensualità; temo solo una cosa: che la paura dell'eccesso e della sensualità possa uccidere la tua sensibilità. Se viene uccisa, hai commesso un suicidio. Se sei sensibile, sei vivo, sveglio e presente: più sei sensibile, più sei vivo e consapevole. E quando la tua sensibilità diviene totale, sei entrato nel divino che è l'esistenza.

Permetti alla tua energia vitale di diffondersi nei sensi

Il primo passo per nutrire la propria sensualità è un semplice ravvivare i propri sensi, nel quotidiano. Un modo di porsi e di essere, più che un metodo, è ciò che Osho suggerisce e che può essere sperimentato con estrema facilità, in ogni istante della giornata.

Guarda con maggior amorevolezza, assapora con più amore, tocca con più amore, annusa con più amore. Lascia che i tuoi sensi si dispieghino in tutta la loro potenza, permetti che siano sempre di più attivi e, all'improvviso, vedrai che tutta l'energia in eccesso presente nella tua testa si equilibrerà meglio nel corpo.

In pratica, la mente ha ucciso i sensi: assorbe quasi l'ottanta per cento della tua energia, lasciandone soltanto il venti per cento al resto del corpo. Da qui il tuo patire; infatti, puoi essere felice solo se funzioni come un'unità organica, un insieme in cui ogni parte del corpo e dell'essere ottiene la propria porzione di vitalità. Solo in quel caso operi con un ritmo armonico.

Purtroppo la testa si pone come un elemento di disturbo. Le persone hanno perso ogni consapevolezza di molte parti del proprio essere: hanno perso la capacità di annusare, hanno perso la capacità di gustare; riescono ad ascoltare soltanto alcuni suoni, perché hanno perso l'uso delle proprie orecchie. E in realtà pochissimi sanno cosa sia realmente il tatto: la loro pelle è morta, si è indurita e non possiede più alcuna ricettività.

Dunque, è importante riportare in vita i propri sensi.

Fa' qualcosa con le mani, con la terra, con gli alberi, con le pietre, con i corpi, con la gente. Fa' qualcosa che non richieda troppo lavorio mentale, un uso eccessivo dell'intelletto e gioca, divertiti! In questo modo, piano piano, la testa si alleggerirà.

Facendolo, anche la testa ne trarrà beneficio; infatti, se è troppo appesantita, non riuscirà a pensare con lucidità e chiarezza: come potrebbe pensare una mente preoccupata?

Quindi, lasciare che la tua energia vitale si diffonda in tutti i tuoi sensi non è in opposizione alla testa, è un modo per aiutarla; e questo perché, quando la testa è meno pesante, ha un miglior equilibrio, funziona meglio; altrimenti è vittima di un traffico congestionato.

Assapora l'esistenza

Visualizza uno di quei momenti meravigliosi in cui non fai nulla. Tutti ne hanno assaporati alcuni; accadono tuo malgrado: sono doni del divino. Forse non li hai riconosciuti...

Un giorno, prendendo semplicemente il sole sulla spiaggia, senza fare nulla, il semplice esistere... e all'improvviso l'esistenza cambia qualità. Appare una felicità che non ha motivo alcuno di esistere! Sale dentro di te: non ha una causa, non esiste alcuna causa esterna, dentro di te sta accadendo qualcosa. Mentre ti riposi al sole, accarezzato dal vento, all'improvviso vieni trasportato in un altro mondo, in un'altra dimensione, in un altro spazio del tuo essere.

L'uomo può esistere in due dimensioni: il divenire e l'essere. Il divenire è infelicità, l'essere è beatitudine. Il divenire è andare all'esterno, l'essere è tornare a casa. Il divenire è ricerca, l'essere è non ricerca. Il divenire ti rende miserabile, ti rende meschino.

Impara le vie dell'essere: un giorno, mentre guardi il tramonto... ecco che lo percepisci; per un istante, per un solo istante, simile a un lampo, un bagliore ti ha colpito e se n'è andato.

Mentre tieni per mano la tua amata, un amico, a volte quel sapore ti ha raggiunto... *il gusto della beatitudine*.

A volte il semplice guardare un fiore ha aperto qualcosa dentro di te; quel fiore ha stimolato in te una fioritura. E a volte guardando le stelle qualcosa in te inizia a brillare: quelle stelle iniziano a riflettersi nella tua consapevolezza... e ti tramuti in una notte splendente.

In quei momenti c'era gioia, affiorava una celebrazione infinita, e nel tuo cuore si elevava un canto.

Istanti che vanno e vengono perché non conosci l'arte di renderli duraturi. Accadono tuo malgrado; ma li puoi stimolare, puoi farli apparire in maniera consapevole. In questo caso, piano piano, puoi apprendere l'arte di esistere in quel momento, oppure puoi entrare in quei momenti ogni volta che vuoi. Coltivando quest'arte, perfino sulla piazza del mercato puoi entrare in ogni momento in quella dimensione: ogni volta che ti rilassi, appare! In questo caso, perfino se vivi nella confusione del mondo puoi entrare nella fonte più intima del tuo essere e uscirne ringiovanito.

Tu sei il centro del ciclone, ma hai completamente scordato quel centro e vivi nel ciclone stesso. Il divenire è il ciclone, l'essere è il centro. E noi tutti viviamo alla circonferenza, per questo siamo infelici, tristi, seri, privi di felicità, privi di sostanza.

Torna a casa!

Torna a sentire

A volte qualcuno viene a dirmi che si è innamorato. Quando gli chiedo: "Ne sei certo?", lui risponde: "*Penso* di esserlo!".

Persino il sentire deve prima passare attraverso il pensiero, poi arriva a te. Il tuo cuore deve pregare la mente di permettergli un po' di libertà!

Questo è assurdo, visto che il pensiero è uno strumento: è utile, ma non è affatto la totalità del tuo essere. È simile a un radar: ti aiuta a guardarti intorno, a sbirciare un po' nel futuro, così da poterti muovere agevolmente, ma non è affatto il tuo essere.

E comunque, in qualsiasi modo addestri la tua mente, non ti darà mai la felicità, perché non è una qualità che la mente può percepire: è come se tentassi di annusare qualcosa attraverso gli occhi; oppure è come se tentassi di vedere qualcosa attraverso le orecchie.

La mente è un biocomputer. Essenzialmente questo meccanismo esiste per aiutarti a muoverti con sicurezza in un mondo ignoto, in un mondo strano, estraneo: non è altro che una protezione. Non è previsto che tu sia felice per suo tramite – eppure è questo che hai tentato di fare! Ed è così che hai creato un inferno intorno a te: tu stai cercando di essere felice *attraverso* la mente, cosa impossibile!

Purtroppo sei diventato così dipendente dallo schiavo, che quel servitore è diventato il padrone. E il padrone si è perso completamente: non sei neppure in grado di percepirne la presenza.

Lao-tzu suggerisce: "Ricadi nel cuore: ama le cose, non pensare alle cose. Ama le persone, non pensare alle persone. Senti di più, pensa di meno, e sarai sempre più felice".

Gli alberi sono più felici dell'uomo, gli uccelli sono più felici dell'uomo, gli altri animali sono più felici dell'uomo... questo è incredibile! Cos'è successo all'essere umano? È rimasto invischiato nel meccanismo della mente.

Va benissimo che la mente esista! È splendida, se riesci a usarla. Ma tu non dovresti essere una testa, al contrario dovresti essere il padrone della testa: dovresti usarla come si usa una macchina – nello stesso modo in cui guidi un'automobile. Non identificarti con la macchina, sii il guidatore e restalo! E quando non vuoi guidare, non permettere alla macchina di imporsi: se ne hai bisogno, usala; se non ne hai bisogno, non usarla.

La testa è un meccanismo sottile che ti circonda: tu sei esattamente simile a un guidatore, nascosto dietro al meccanismo. Lascia cadere ogni identificazione con la mente, solo in questo caso saprai cos'è l'amore – infatti, una volta che abbandoni quell'identificazione con la mente, all'improvviso ricadi verso il cuore.

Il cuore è colui che guida. Ma in che modo si deve agire? Infatti, il semplice dire che il primo tesoro è l'amore, non chiarisce nulla; e ripetendolo non si raggiunge nulla.

Inizia a muoverti lentamente in quella direzione. Siedi di fianco a una roccia, chiudi gli occhi e *sentila*. Non pensare, non dire che è bella... tutte queste cose sono menate mentali. Sdraiati semplicemente sulla roccia, spalanca le mani e distendi tutto il tuo corpo su di essa, come fosse il seno di tua madre, e senti quella roccia: chiudi gli occhi, toccala con la tua lingua, baciala e lascia che ti trasmetta un sentimento, una sensazione.

All'inizio potrebbe non essere così facile, perché le rocce sono diventate timorose degli uomini, non ci crederanno... Infatti non hai mai fatto qualcosa di così sciocco!

All'inizio la roccia potrebbe essere dubbiosa... permetti alla roccia di abituarsi a te, e ben presto avvertirai una vampata di energia sprizzare dalla roccia e colpire direttamente il tuo cuore.

Va' e abbraccia un albero. Appoggia semplicemente la tua testa sull'albero e riposa così; senti come l'energia dell'albero inizia a fluire in te, e come ti ringiovanisce, come ti rende assolutamente rinnovato e ripulito, come all'improvviso nelle profondità del tuo essere qualche fiore inizia a schiudersi e a fiorire.

All'inizio non sarà tanto facile, anzi sarà durissimo: in continuazione ti ritroverai a pensare. Ricorda: lascia cadere il pensiero e torna a sentire. Con il tempo arriverai a cogliere quel trucco, è davvero un gioco di destrezza!

Una volta che avrai compreso il trucco del sentire, riderai! Stupito ti chiederai come hai potuto lasciartelo sfuggire! Ti nascondevi dietro al meccanismo: il guidatore era perso, e la macchina aveva preso il sopravvento. Adesso chi guida ha preso le distanze, si è differenziato; ora puoi prendere in mano la situazione: puoi avviare la macchina, oppure la puoi fermare e spegnerla, sta a te deciderlo. La mente è un meccanismo: può essere spento o acceso.

Quando vi parlo, devo accendere la mente, e quando ve ne siete andati, tolgo la chiave: il meccanismo non funziona più, si arresta. La tua macchina è continuamente accesa, i tuoi motori stanno funzionando in continuazione: creano un rumore costante e frastornante, dentro di te; è un continuo chiacchierio interiore!

Uno sguardo consapevole è sufficiente...

Ricorda di attivare la tua consapevolezza nel quotidiano, partendo dai semplici oggetti; diventandone più cosciente.

Guarda le cose con maggior presenza, con più attenzione. Se passi vicino a un albero, guardalo attivando tutta la tua attenzione. Fermati per un po' e guarda quell'albero; sfregati gli occhi e guardalo con presenza e attenzione.

Raccogliti nella tua consapevolezza e guarda l'albero, poi considera se qualcosa è cambiato, rispetto al solito. All'improvviso, se sei attento e presente, l'albero è diverso: è più verde, è più vivo, è più bello; è lo stesso albero, ma tu sei cambiato.

Guarda un fiore come se tutta la tua vita dipendesse da quello sguardo. Porta tutta la tua consapevolezza al fiore, e all'improvviso sarà trasfigurato: è più radioso, è più luminoso. Rivela qualcosa della gloria dell'eterno, come se l'eterno fosse entrato nel tempo con le fattezze di un fiore.

Guarda il volto di tuo marito, di tua moglie, di un amico, della persona che ami con presenza attenta e consapevole; medita su quel volto, e all'improvviso non vedrai soltanto il corpo, percepirai ciò che è al di là del corpo, che scaturisce dal corpo. Intorno alla forma fisica è presente un'aura, qualcosa che caratterizza la sfera spirituale.

Il volto dell'amato non è più la sua faccia; il volto dell'amato è diventato il viso del divino.

Guarda il tuo bambino; osservalo giocare con piena presenza, resta attento e consapevole e all'improvviso ciò che vedi è trasfigurato.

Ascolta senza la testa

Prova ad ascoltare della musica, senza partire dalla testa. Dimenticati la testa, lasciati andare alla sensazione di essere senza testa, come se non l'avessi affatto!

Sarebbe bene avere nella propria stanza un'immagine di sé senza la testa. Metti a fuoco questa immagine: non hai la testa, non permetterle di interferire. Mentre ascolti della musica, ascolta partendo dal cuore. Lasciati andare alla sensazione che quella musica proviene dal tuo cuore; lascia che il tuo cuore vibri con quelle note.

Permetti ai tuoi sensi di unirsi al cuore, ma lascia fuori la testa. Prova questo esperimento con tutti i sensi, e apriti sempre di più alla sensazione che ogni senso arrivi al cuore e in lui si dissolva.

Amplifica l'ascolto e l'osservazione...

Se un uccello sta cantando sull'albero, presta attenzione... come se in quel momento esistessi solo tu e quel canto – l'uccello in quanto tale non esiste, non è rilevante. Focalizza tutto il tuo essere verso il canto dell'uccello, e vedrai la differenza.

Il rumore del traffico non esiste più, oppure esiste solo all'estrema periferia, qualcosa di remoto, di distante; e quel piccolo uccellino e il suo canto riempiono tutto il tuo essere – esistete soltanto tu e quell'uccello.

Poi, quando il canto si interrompe, ascolta l'assenza di quel canto. Se lo fai, l'oggetto della tua attenzione diventa sottile; infatti, quando un canto si interrompe, lascia nell'atmosfera una qualità particolare... la sua assenza.

L'atmosfera è cambiata, non è più la stessa... adesso è presente l'assenza di quel canto. Osservala – l'intera esistenza è ricolma di quell'assenza, qualcosa di gran lunga più bello di qualsiasi canto, perché questo è il canto del silenzio.

Un canto usa il suono, e quando il suono scompare, quell'assenza usa il silenzio. Dopo che un uccello ha cantato, il silenzio è più profondo. Se riesci a osservarlo, se riesci a essere attento e presente, ti ritroverai a meditare su un oggetto davvero sottile, qualcosa di estremamente sottile.

Se nella stanza si sta muovendo una persona, una persona molto bella, osserva la sua presenza. Quando se ne va, osserva la sua assenza; ha lasciato qualcosa: la sua energia ha cambiato la stanza, adesso non è più la stessa.

Raffina l'olfatto

Anche l'olfatto può diventare qualcosa di molto bello, se ne fai un oggetto di meditazione. È un fenomeno davvero molto sottile e, piano piano, può raggiungere dimensioni di sottigliezza estrema.

Gli hindu usano profumi particolari, nei templi si usa l'incenso; si tratta di profumi spirituali. Dopo una lunga ricerca, sono state scoperte fragranze specifiche che non sono sessuali; al contrario, portano l'energia a elevarsi.

Puoi usare l'incenso. Brucialo, medita su di esso, sentilo, annusalo, lasciatene colmare e poi, muoviti all'indietro, allontanati. E continua a meditare su di esso; lascia che diventi sempre più sottile. Verrà un momento in cui potrai sentire l'assenza di quella particolare fragranza... allora, avrai raggiunto un livello di consapevolezza estremamente profondo.

Allenati a toccare con il cuore

Prova a toccare a occhi chiusi, tocca qualsiasi cosa. Tocca il tuo amato o la tua amante, tocca tuo figlio o tua madre, oppure un amico; tocca un albero o un fiore, oppure tocca la terra.

Chiudi gli occhi e percepisci una comunicazione dal tuo cuore alla terra, o alla persona che ami.

Lasciati andare alla sensazione che la tua mano sia semplicemente il tuo cuore che si dilata e si estende, si protende all'esterno per toccare la terra.

Lascia che la sensazione legata a quel tocco sia in relazione con il tuo cuore...

Assaporare è un'arte

Dall'esterno non è possibile imporre alcuna routine, nessuna disciplina. Non può essere fatto, né è consigliabile prescrivere un codice generale di vita quotidiana a un ricercatore del Vero.

Certamente, si possono indicare alcune linee guida, a partire da un fattore essenziale: *qualsiasi cosa fai, agisci con consapevolezza*; e nel tuo agire metti a fuoco il tuo bene e quello altrui. E in tutto ciò che fai, sappi che stai facendo la cosa giusta se le tue azioni promuovono la tua salute, la tua quiete e la tua felicità. D'altro canto, se ciò che fai danneggia la tua salute e genera infelicità, dovresti fermarti e cambiare rotta.

Per ciò che riguarda il cibo, stai attento a mangiare cose fresche, leggere e nutrienti; cose che ti rafforzano e ti danno salute. In ciò che mangi evita tutto ciò che è frutto di inutile violenza; non si dovrebbe mangiare ciò che è frutto di uccisioni o di mutilazioni di altri esseri viventi.

In sintesi, nella tua scelta del cibo la salute dovrebbe essere la tua prima considerazione.

L'altro fattore importante, per ciò che concerne l'alimentazione, è apprendere e sviluppare un senso del gusto, da coltivare sempre mentre si mangia. Nutrirsi dipende infatti più dall'arte di assaporare che dal cibo in quanto tale.

Sulla base di queste linee generali, ciascuno può creare il proprio menù, in base alle proprie peculiarità individuali.

Nessuno potrà mai darti una disciplina, e sarebbe semplicemente assurdo; infatti, ciascuno è artefice del proprio destino. E l'intento sotteso alla ricerca del Vero che ti sto suggerendo è diventare maestro di te stesso; sarai dunque tu a prendere le tue decisioni, stabilendo quale sia la giusta condotta per te stesso, in base alla tua comprensione.

Si potrebbe obiettare che l'errore è dietro l'angolo, ma è meglio così: se sbagli, soffrirai per i tuoi errori; e se agisci correttamente, vivrai felice. In realtà, la vera immoralità è interferire nella vita di qualcun altro. Lo si dovrebbe fare solo se l'errore di una persona reca danno ad altre; altrimenti, nessuno dovrebbe arrogarsi il diritto di interferire.

A tutti dev'essere permesso di sbagliare, così da imparare dai propri errori.

Un ricercatore del Vero è un individuo che vive con discernimento, con saggezza; qualcuno che non smette mai di comprendere cosa comporta felicità e cosa implica dolori e sofferenze. Una persona simile impara ciò che è bene per lei proprio dalle sue esperienze dirette.

È in viaggio verso la propria beatitudine, nessuno ha il diritto di interferire o di preoccuparsi per lui.

Si ricorda che l'intera tradizione tantrica suggerisce e spiega nella pratica come ravvivare i propri sensi. Osho ha rivisitato e liberato dalla polvere del tempo quel patrimonio di tecniche giunto a noi in un'opera che merita di essere avvicinata: il Vigyana Bhairava Tantra, *da lui commentato in cinque volumi, editi da Bompiani. Tra i 112 metodi suggeriti di certo ciascuno troverà quello più adatto a sé e alla propria situazione per tornare a una naturale fioritura della propria sensualità e del proprio sentire.*

3
Rigenerarsi, ricrearsi, amarsi, nutrirsi

L'amore non è un'azione, è uno stato dell'essere. Non è qualcosa che puoi fare, puoi soltanto esserlo. E l'amore non è neppure un rapporto, è una partecipazione. In un rapporto due persone restano irretite, le loro vite si intrecciano. Si creano una reciproca schiavitù, è una sorta di mutuo legame.

Nella partecipazione si avvicinano, si ritrovano vicinissime, giungono ad avere un'intimità, senza essere invischiate in un intreccio. Sono vicine, ma non dipendenti l'una dall'altra. Sono vicine, eppure sono libere. La loro libertà resta intatta, in questo caso si tratta di partecipazione.

Se la libertà viene distrutta, allora è un rapporto. La libertà è il criterio principe per stabilire se l'amore è reale o non lo è. Se l'amore distrugge la libertà, allora non ha alcun valore. In quel caso è qualcos'altro, mascherato da amore; qualcosa di diverso che finge di essere amore.

Più vai a fondo nell'amore, più diventi libero. Libertà vuol dire che sei libero di avvicinarti al tuo partner o di allontanarti. L'altro non ti ostacola in alcun modo; il tuo partner non interferisce con il tuo spazio e tu non interferisci con lo spazio dell'altro. Entrambi avete un immenso rispetto della reciproca indipendenza. In questo caso è partecipazione.

Dunque ricorda: l'amore non è un'azione, non può esserlo. Se ti viene ordinato di amare, ti sarà impossibile ubbidire a quel comando. Al massimo potrai cercare di muoverti, compiendo i vuoti gesti dell'amore; ma nelle tue azioni non ci sarà alcun amore.

È ciò che accade nel mondo... i genitori dicono ai bambini: "Amateci – sono tua madre, sono tuo padre". I bambini devono amare, ed è così che la falsità entra in gioco. Al bambino non viene permesso di *sentire* amore, gli viene ordinato: "Dai un bacio a papà", e non importa se il bambino sente di volerlo fare! Lo *deve* fare.

Così fin dall'inizio le persone imparano che l'amore è una sorta di dovere, un obbligo cui si deve corrispondere, un'azione che dev'essere fatta obbligatoriamente.

Non è così: l'amore non è affatto un'azione. Non è inclusa nelle tue facoltà di agire, è al di là di te. Viene quando viene; e quando è presente, ne sei sopraffatto, travolto. Quando non è presente, puoi solo aspettare; non puoi fare proprio nulla: non c'è modo di introdurlo nel tuo essere.

Una volta appresa questa verità – il fatto che l'amore è uno stato dell'essere che accade, non qualcosa che si può far accadere – nella tua essenza si consolida un'incredibile intuizione.

E quando si apprende la seconda cosa – ovvero che l'amore è partecipazione, non un rapporto – ecco che in te penetra un'altra intuizione.

E la terza e più grande intuizione, per ciò che concerne l'amore, è questa: al suo culmine, l'amore diventa preghiera. A quel punto i due amanti non possono più regredire, precipitare, andare alla deriva, scendere verso il basso.

Il sesso possiede una spinta verso il basso, l'amore ha una spinta verso l'alto. Il sesso ti porta più vicino alla terra, è qualcosa di terreno; è soggetto alla legge di gravità. L'amore non è soggetto alla legge di gravità, bensì è connesso con la legge della grazia: ti spinge verso l'alto.

Quando due amanti partecipano l'uno dell'altro, quando sono in uno stato d'amore, entrambi iniziano a elevarsi verso l'alto... simili al fumo dell'incenso che sale in alto. Si tratta di un sottile processo che porta a elevarsi. Quel movimento verso l'alto è preghiera.

La preghiera non è ciò che viene recitato nelle chiese e

nei tempi; quello è soltanto un rituale. Preghiera è ciò che viene fatto in un'atmosfera d'amore, nel tempio dell'amore.

Quando due persone sono così sommerse e travolte dall'amore, al punto di incontrarsi e fondersi e scomparire l'una nell'altra, diventano un'incredibile corrente d'energia; e quell'energia inizia a salire verso l'alto, inizia ad avere un dialogo con il cielo.

Il sesso è un dialogo con la terra, la preghiera è un dialogo con il cielo; e l'amore è proprio nel mezzo, tra quelle due dimensioni: è una connessione tra il sesso e la preghiera, tra la terra e il cielo. L'amore è un ponte.

Coltivare il silenzio

Il silenzio è il mio messaggio. Silenzio è l'unica parola che continuo a ripetere incessantemente. In mille e un modo io sto dicendo un'unica cosa: sii in silenzio, siate in silenzio, perché tutto ciò che è necessario accade in silenzio.

L'amore accade nel silenzio, la beatitudine accade nel silenzio, la verità accade nel silenzio.

Il silenzio è la soglia al tempio del divino che è l'esistenza.

Dunque, ogni volta che volete una connessione con l'esistenza, o con me... siate in silenzio.

Accogliere il dono

La verità non è una conclusione logica; non potrà mai essere frutto di un processo di pensiero.

Il pensiero al massimo può fornirti un'ipotesi, una base su cui lavorare che non sarà mai la verità.

Il pensiero non è in grado di portarti oltre le supposizioni, al di là delle deduzioni; e nulla di tutto ciò è verità. Per essere vera la verità dev'essere un'esperienza.

La filosofia pensa, la religiosità sperimenta. La filosofia specula, elucubra, analizza; la religiosità è esistenziale. Per avvicinarsi progressivamente alla verità la filosofia usa la logica; la spiritualità mette da parte qualsiasi procedimento logico; in realtà abbandona qualsiasi pensiero: si diventa assolutamente quieti e silenziosi, ed è in quel silenzio che giunge il dono.

In realtà, dire che quel dono arriva non è esatto: il dono è già presente, quando siamo silenti lo riconosciamo.

La verità non è qualcosa che accadrà in futuro, è già accaduta. Tu sei una forma, una manifestazione del Vero!

Occorre soltanto uno spazio di silenzio in cui ti permetti di sentire chi sei. La mente è rumorosissima, un vero e perenne frastuono, e non lascia spazio a quella quiete.

Dunque, l'intera opera che io suggerisco è questa: sgravati da tutto il pattume che la mente si sta portando dietro; trova il modo per liberartene e per disimparare le strategie di quel perenne chiacchierio interiore; lavora per arrestare quell'intimo cicaleccio.

E negli intervalli, nelle pause in cui quel parlottio interiore si ferma, ecco che la verità semplicemente affiora, sgorga dentro di te. E soltanto la verità che affiora dentro di te può essere una forza liberatrice.

Gesù dice: "La verità libera", ma non la verità che si prende in prestito da qualcun altro. La verità di Gesù non ti potrà mai liberare, la mia verità non ti può liberare; soltanto la tua stessa verità è liberazione.

Sii una luce a te stesso! Non esiste altra possibile salvezza.

Inizia dal silenzio

L'essere umano è un cosmo in miniatura, tutto è interconnesso. Se il tuo amore va più in profondità, il tuo silenzio sarà più profondo; la tua beatitudine, la tua innocenza, la tua sensibilità toccheranno profondità abissali; la tua potenzialità estetica giungerà a fioritura.

Così come le tue mani non sono separate dagli occhi, né i tuoi piedi sono separati dalle mani – tu sei un'unità organica –, anche nel mondo interiore accade la stessa cosa. Il tuo amore, la tua meditazione, il tuo silenzio, la tua beatitudine sono tutte semplici onde sullo stesso oceano di consapevolezza.

Dunque, non lasciarti infastidire dalla mente, che pretende sempre di essere il padrone; ascolta il cuore e non sarai mai sul sentiero sbagliato. E più ascolterai il cuore, più sentirai che la tua vita va oltre l'intelletto, oltre la logica, oltre la dialettica, oltre ogni sorta di discriminazione.

Puoi scegliere di partire da un punto qualsiasi. Tu sei un cerchio perfetto, intimamente e profondamente interconnesso con ogni elemento che compone la tua vita. Puoi dunque iniziare con l'essere più meditativo, il che è la cosa più semplice perché non coinvolge altri esseri umani. Gli altri sono sempre un po' più complessi: è meglio che entrino in gioco da soli.

In base alla mia comprensione, ti consiglio di non partire con l'amore; questo perché ciò che sai dell'amore non è amore autentico: si tratta semplicemente di infatuazione biologica e, se inizi da lì, ti puoi perdere.

Inizia con la meditazione, perché è l'unica cosa che la biologia non ti ha fornito. Possiede un'incredibile forza implicita; ecco perché i fisiologi, i biologi parlano di tutto, ma non menzionano mai la parola meditazione.

La meditazione è l'unico ponte tra te e il trascendente. Inizia con la meditazione – e puoi sperimentarne l'essenza stando seduto con me, ascoltando i miei discorsi: nel tuo cuore entra un silenzio particolare... e all'improvviso avverti lo zampillare di un amore privo di un qualsiasi referente, qualcosa che si irradia in tutte le direzioni. Non è un amore per qualcuno, è un semplice essere amorevole.

Se quell'amore è frutto della meditazione, del silenzio, avrà una purezza cristallina, perché non è generato dalla biologia. Non nasce dal tuo passato, non è frutto di tutti i tuoi condizionamenti; scaturisce da un'esperienza spontanea di silenzio. E all'improvviso avvertirai intorno a te un sorprendente aroma d'amore.

Tu hai conosciuto l'amore, ma è sempre stato un amore

condizionato. E un amore che implica condizioni non vale granché, perché tutto ciò che comporta vincoli e termini è destinato a finire. Nel momento in cui quella condizione viene adempiuta, perde qualsiasi senso.

Più di ogni altra cosa il silenzio è l'esperienza che può fare la differenza. E molti hanno scoperto proprio nei discorsi di Osho una soglia di accesso privilegiata a questa dimensione che può solo essere attivata con espedienti del tutto fuori dagli schemi.
Un gioco di destrezza che solo un Maestro di Realtà è in grado di rendere un'arte – l'arte dell'ascolto, appunto – e che oggi la tecnologia permette di sperimentare con facilità, a casa propria. Ci puoi provare adesso, guardando un video di Osho... in cui la sua spiegazione di quel trucco può diventare paradossalmente un'esperienza diretta e immediata di ciò che intende condividere!
La prima volta puoi seguire il video, leggendo i sottotitoli in italiano; ma poi prova una seconda volta, tenendo gli occhi chiusi, a seguire semplicemente il flusso delle parole di Osho.

OSHO TALKS: Silence Shared in Words
I discorsi di Osho: Silenzio condiviso con le parole
http://bit.ly/29UXvbO

Per ampliare questa comprensione, visita la sezione "L'arte dell'ascolto" su **osho.it**

Il richiamo della natura

Visualizza queste cose: le vette innevate delle montagne, le cime che brillano al sole, il silenzio vergine di quei picchi, il chiacchierio dell'acqua che scorre e il frusciare del vento tra i pini.

Considera queste cose, contemplale: ti ricorderanno il divino che è l'esistenza.

Uno dei problemi più grandi che l'umanità si trova a

dover fronteggiare è il mondo artificiale creato dall'uomo stesso. Oggi il genere umano si trova circondato da ciò che ha creato: edifici, strade, tecnologie, un insieme sconfinato di manufatti – tutto questo ha un valore immenso e mi trova del tutto favorevole, purtroppo nulla di tutto ciò ti ricorda l'essenza divina; non può farlo! Al contrario, tutte quelle cose ti ricordano unicamente il tuo ego, ti trasmettono l'idea che il tuo io è l'artefice: è lui ad aver creato ogni cosa! E piano piano si perde il contatto con la natura, ed è la natura il tempio di dio.

Se vedi un quadro, ti ricordi il pittore; se ascolti una musica, ti ricordi il compositore… la natura deve diventare la tua meditazione.

Va' al fiume, siedi di fianco a un albero, a un cespuglio di rose, e sii totalmente aperto alla natura, rimani ricettivo, disponibile. Piano piano nel tuo essere inizierà ad affiorare un incredibile ricordo. L'essenza divina non è mai perduta, semplicemente viene scordata; tutto ciò che occorre non è andare alla ricerca di dio, è sufficiente *rimembrarsi*.

In che modo attivare quel ricordo? Osserva la natura, partecipa alla crescita degli elementi naturali, partecipa allo sviluppo naturale degli alberi… gli edifici costruiti con cemento e calcestruzzo non crescono. Non hanno vita, sono morti fin dalla nascita. Pensa a qualcosa che cresce, perché dio non è altro che il principio di crescita dell'esistenza. Dio è l'evoluzione presente nell'esistenza, ciò che sta crescendo costantemente. E nella vita la cosa più importante che si deve comprendere è proprio questa: cos'è la crescita.

La persona davvero religiosa è chi si lascia affascinare da questo fenomeno misterioso chiamato crescita.

Un seme diventa un germoglio e poi continua a crescere. Questo è il miracolo più grande che accade ogni giorno. Una donna rimane incinta e la vita inizia a crescere… ovunque vi sia crescita, là c'è la vita; e ovunque sia presente la vita, là c'è dio; dio è un altro nome per indicare la vita.

Ogni volta che ne trovi il tempo, avvicinati alla natura; stabilisci un contatto sempre più assiduo e profondo con la natura: quella diventerà la tua meditazione. Perfino se lo fai nella tua immaginazione, sarà di immenso aiuto... mentre ti stai addormentando, pensa alle montagne, accompagna il tuo addormentarti con la presenza delle montagne. Scendi sempre più tra le braccia del sonno, accompagnandolo con il ricordo dei fiumi e degli alberi e delle rose, ben presto avvertirai un cambiamento anche nel tuo sonno: diventerà ricolmo di essenza divina!

Essere costantemente in contatto con la natura è l'unico modo per ricordare il divino che è l'esistenza, tutte le altre strategie sono solo poveri sostituti.

Vivi nella tua foresta interiore

Vivi come un estatico abitante dei boschi. E non sto parlando delle foreste che esistono nel mondo esterno. Parlo della foresta che esiste dentro di te.

In te esiste un luogo immerso nel silenzio più assoluto – nessuna foresta è così silenziosa – ed è un regno assolutamente meraviglioso; nessuna foresta è così verde e così ricca di fragranze.

Quella foresta interiore è così vicina che puoi entrarci: basta un attimo, devi soltanto chiudere gli occhi; non occorre viaggiare.

In realtà, le persone si sentono bene andando nelle foreste perché, in qualche modo, quel passeggiare nei boschi sollecita una nostalgia per qualcosa, risveglia un ricordo, echeggia l'esperienza che hai avuto da bambino del tuo silenzio interiore, della tua intima innocenza, della purezza, della tua vitalità essenziale.

Andare in montagna, camminare nel silenzio di un bosco, porta a ricordarti di avere delle montagne dentro di te.

E chi riesce a trovare le montagne e le foreste interiori non ha più bisogno di andare da nessuna parte; può semplicemente chiudere gli occhi e scomparire nel mondo interiore; e ricorda: la dimensione interiore è di gran lunga più vasta del mondo esterno.

Durante la gravidanza stai nella natura

A una donna che gli confida di aspettare un bambino, Osho suggerisce:

Goditi questa gravidanza! Fa' in modo di essere sempre più meditativa, così sarai di grande aiuto al bambino. Siediti in silenzio quanto più ti è possibile, ascolta della musica dolce, delicata, rilassante. Stai nella natura: tra gli alberi, al sole, di fronte all'oceano, nell'acqua, sulla spiaggia... lascia che il bambino sperimenti la natura quanto più possibile fin dall'inizio. Infatti qualsiasi cosa sperimenti diventa l'esperienza del bambino; dunque inizia a insegnargli la meditazione, la gioia, la bellezza.

E in tutto questo periodo in cui il bambino sarà dentro di te, abbandona completamente alcune cose: non essere arrabbiata, non essere avida, non essere possessiva.

Essere madre è un'arte eccelsa!

Scegli e privilegia i momenti di beatitudine

Una persona che non sia estatica, che non conosca la beatitudine, non sa nulla della gloria della vita, ha vissuto invano; in realtà non è mai stata viva, è solo esistita.

Soltanto chi conosce cos'è la beatitudine ha preso familiarità con l'incredibile splendore dell'esistenza.

La vita è incredibilmente bella, è meravigliosa. Non c'è nulla di ordinario, perché ogni cosa è una tale pienezza, è così carica di essenza divina; è energia divina che sta straripando... non può esserci nulla di ordinario, di dozzinale, di insignificante.

L'intera esistenza è un'assoluta e incredibile celebrazione; ma noi ce la lasciamo sfuggire, perché in cuor nostro non partecipiamo, non ci sentiamo affatto in uno spirito festoso e celebrativo.

Soltanto un'anima che ha quello spirito può avvertire la festa, la celebrazione dell'esistenza. Dunque, sii più estatico, lasciati andare di più all'allegria, al gioco, alla spensieratezza. E ricorda: è solo una questione di scelta.

Partecipare alla festa della vita non dipende affatto dalle circostanze: in qualsiasi circostanza una persona può scegliere di essere infelice. Potresti essere un Alessandro il Grande, potresti possedere il mondo intero... eppure essere infelice! Alessandro non era felice; morì come un infelice, con le mani assolutamente vuote.

Ed è vero il contrario: un uomo può scegliere di essere estatico, beato in qualsiasi circostanza, perfino all'inferno! Tutto dipende da come guardi la vita, è una questione di attitudine.

Una persona può essere libera in prigione e un'altra può non essere libera fuori da un carcere; tutto dipende dalla propria anima, dall'attitudine interiore.

Dunque, ti suggerisco di imparare come scegliere momenti sempre più estatici. Sono disponibili, così com'è disponibile l'infelicità. Occorre apprendere il trucco di come scegliere la beatitudine; piano piano è un'arte che si apprende.

La ricerca del Vero alla quale ti invito non è altro che questo: un educarsi a scegliere momenti felici, estatici, beati. E quando avrai iniziato a sperimentare alcuni di questi istanti, molti altri seguiranno... perché raffinerai questa tua abilità.

Un giorno accadrà: sarai pura e semplice beatitudine. A quel punto quegli istanti di estasi non saranno più passeggeri, qualcosa che viene e se ne va; diventa un semplice stato del tuo essere, si è semplicemente estatici, si è immersi nella beatitudine.

Allora si giunge a conoscere la gloria dell'esistenza, il suo senso, il suo significato.

4
Le sfumature del desiderio

La parola amore significa semplicemente "desiderare". Forse non lo sai, ma *love* ("amore") deriva da una radice sanscrita: *lobha*. Oggi quella radice è dimenticata. *Lobha* significa "desiderare intensamente".

L'amore cresce quando desideri con intensità; e quando i due partner stanno troppo vicini, inizia a morire.

Includi la meditazione, perché può darti qualcosa di gran lunga superiore all'amore; qualcosa senza la quale nessun amore potrà mai diventare reale.

L'amore è una relazione tra te e un'altra persona. La meditazione è una relazione tra te e te stesso. L'amore è un andare verso l'esterno, la meditazione è un entrare dentro di sé.

L'amore è condividere, ma come puoi condividere se prima non lo possiedi? Cosa potrai mai condividere?

Le persone hanno rabbia, gelosie, odio; quindi, in nome dell'amore con il tempo iniziano a condividere queste cose, perché questo è tutto ciò che possiedono.

Una volta conclusa la luna di miele, quando le maschere vengono messe da parte e la realtà inizia ad apparire e tu ti mostri per ciò che sei... cosa potrai mai condividere? Condividerai ciò che hai: se hai rabbia, condividerai quella; se in te c'è possessività, sarai possessivo. A quel punto ci saranno litigi e conflitti e discordie e disarmonia; e ciascuno dei due partner tenterà di dominare l'altro.

La meditazione ti darà qualcosa che può essere condiviso; ti darà la qualità, l'energia che può diventare amore, se messa in relazione con qualcuno.

Di solito non possiedi quella qualità, nessuno ce l'ha; la devi creare: l'amore non è qualcosa che porti con te dalla nascita. È qualcosa che devi creare, è qualcosa che devi diventare: occorre lottare, sforzarsi; è un grande impegno e un'arte eccelsa.

Solo quando straripi d'amore, lo puoi condividere; ma è qualcosa che accade solo quando hai una relazione con te stesso.

E la meditazione non è altro che imparare ad avere una relazione con se stessi.

Se non sai come relazionarti con te stesso, come potrai mai aspettarti di riuscire ad avere una relazione con qualcun altro? Dunque, il primo amore è per se stesso; in questo caso il secondo diventa possibile.

La gente si precipita a inseguire il secondo amore, senza sapere nulla del primo.

Come prima cosa è bene conoscere se stessi con chiarezza, mettere a fuoco lo stato del proprio essere.

Il desiderio è un'opportunità per comprendere

Il Buddha è l'individuo che più di chiunque altro ha frantumato, demolito, sconquassato, polverizzando qualsiasi propensione a consolare e a essere consolati. Tutto il suo sforzo tende a lasciar cadere qualsiasi sostegno, ogni conforto.

Il Buddha non ti dirà mai di credere in qualcosa; è un non credente e la religiosità che propone è fondata sul non credere. Il suo non è un invito a credere: "Dubita!" è il suo comando.

Il dubbio è la metodologia da lui suggerita.

Dubita fino a toccarne l'essenza stessa, dubita fino in fondo, dubita fino a giungere all'estremo punto possibile. E quando avrai dubitato di ogni cosa, e avrai lasciato cadere proprio tutto sulla base di quel dubbio... ecco che nella tua visione affiorerà il Reale, qualcosa che non ha nulla a che vedere con una qualsiasi professione di fede. A quel punto affiorerà la realtà: del tutto sconosciuta, priva di qualsiasi familiarità, assolutamente inesplorata, ignota.

Ma ciò è possibile solo quando l'intero sistema di credenze dal quale dipendi è stato abbandonato e la mente è giunta a uno stadio di maturità, di comprensione, di accettazione; allorché esprime con chiarezza: "Qualsiasi cosa sia, quello è; io non desidero che sia altrimenti. Se dio non esiste, allora non esiste; non ho alcun desiderio di proiettare un dio. Se non c'è un dio, lo accetto e basta".

Questo è maturità: accettare i fatti per ciò che sono e non crearci intorno una finzione, una fantasia; accettare la realtà per ciò che è, senza cercare di addolcirla, senza tentare di decorarla, senza sforzarsi di renderla accettabile al proprio cuore. Se è sconvolgente, se frantuma... quello è! Se è sconvolgente, è sconvolgente. Se la verità uccide, si è pronti a essere uccisi.

Il Buddha non ha pietà. E nessuno ha mai aperto la soglia sul Reale in modo altrettanto profondo, così intimamente come lui ha fatto. Non dà spazio ad alcun desiderio infantile. Il suo invito è chiaro: "Diventa più consapevole, sii più cosciente, sii più coraggioso. Non continuare a nasconderti dietro a credenze, a professioni di fede, a maschere, a teologie. Prendi la vita nelle tue mani. Ravviva la tua luce interiore e lascia che risplenda luminosa; *e osserva*, vedi ciò che è, di qualsiasi cosa si tratti. E quando sarai diventato coraggioso a sufficienza per accettare le cose così come sono, ecco: quella è una benedizione!".

Nessun sistema di credenze, nessuna fede è necessaria: quello è il primo passo del Buddha verso la realtà. Credere in qualsiasi cosa, assumere un qualsiasi sistema di credenze è velenoso; qualsiasi professione di fede è un ostacolo.

E come seconda cosa, il Buddha nega l'esistenza di qualsiasi paradiso, di un regno dei cieli, di *moksha*. Sostiene che tutte quelle cose sono frutto unicamente dei vostri desideri sessuali inappagati, dei vostri moti istintivi frustrati: tutto ciò che non è stato vissuto viene proiettato in un'altra vita, in un'esistenza nell'aldilà, in una vita dopo la morte. E sembra aver ragione.

Se guardi la descrizione del paradiso islamico, cristiano o ebraico capirai indubitabilmente ciò che sta dicendo: tutto ciò che qui rimane inappagato lo si proietta nell'aldilà... ma il desiderio sembra essere lo stesso!

Si tratta di semplice psicologia: l'essere umano vive una vita insoddisfatta, inappagata, irrealizzata... e non ne esce. Per tutta la vita si sforza al meglio di sé di realizzarsi, ma si ritrova sempre scontento, mai appagato; per cui deve proiettare il suo desiderio nel futuro. E non perché in futuro possa essere appagato – il desiderio in quanto tale è inappagabile, irrealizzabile.

Il Buddha dice: "Per sua stessa natura il desiderio non può essere appagato. Qualsiasi cosa fai, non importa ciò che fai, il tuo impegno, l'insieme dei tuoi sforzi... il desiderio rimane insoddisfatto, quella è la sua natura intrinseca".

Dunque, puoi anche stare seduto sotto un albero dei desideri, non farà alcuna differenza: ancora e di nuovo avrai la sensazione che il tuo desiderio sia stato appagato, ma ecco che tornerà a riproporsi. All'infinito continuerà ad affiorare ancora e di nuovo, e poi ancora...

Questo è l'invito del Buddha: "Osserva, guarda, scruta nella natura del desiderio. Osservane il movimento – è davvero sottile. Se lo fai, riuscirai a vedere due cose: la prima, il fatto che per sua stessa natura il desiderio è inappagabile; e la seconda, nel momento in cui comprendi che il desiderio in quanto tale è irrealizzabile, ecco che scompare – e tu ti ritrovi privo di desideri".

Quello è lo stato dell'essere in cui prevalgono la pace, il silenzio, la quiete. Ed è quello lo stato di appagamento! L'uomo non potrà mai arrivare a sentirsi appagato attraverso il desiderio; giungerà a provare soddisfazione, si sentirà realizzato solo trascendendo il desiderio.

Il desiderio è un'opportunità, è l'incredibile opportunità di comprendere il funzionamento della mente – in che modo opera, qual è il suo meccanismo. E nel momento in cui l'hai compreso, proprio in quella comprensione... ecco la trasformazione. Il desiderio scompare, senza lasciarsi dietro alcuna traccia. E nel momento in cui sei libero da desideri, allorché non desideri nulla, sei appagato, realizzato, soddisfatto.

Non che il desiderio sia appagato, l'appagamento si ha allorché il desiderio viene trasceso.

La natura del desiderio

Occorre guardare, scrutare nel desiderio. Che cos'è il desiderio? Hai mai scrutato all'interno della tua mente sempre pronta a desiderare? Hai mai provato una qualsiasi meditazione su tutto ciò? In cosa consiste il desiderio?

Desideri una casa, lavori sodo, ti impegni con tutto te stesso per averla. Distruggi la tua vita per quello scopo... e alla fine riesci ad averla. Ma proverai forse un senso di appagamento? Ti sentirai soddisfatto?

Allorché la casa sarà tua, ecco che all'improvviso ti senti profondamente vuoto; ti senti più vuoto di prima, perché ora è venuto a mancare l'impegno che ti teneva occupato, non hai più lo scopo di arrivare a possederla.

Adesso è tua... e subito la mente si metterà a cercare qualcos'altro con cui tenersi occupata. Metterà a fuoco ville e palazzi più grandi.

Oppure, desideri una donna e riesci a realizzare quel desiderio; ma poi, all'improvviso, ecco che le tue mani sono di nuovo vuote. E subito inizi a desiderare un'altra donna...

Questa è la natura del desiderio. Il desiderio si protende sempre oltre te, è sempre proiettato nel futuro; è una speranza: per sua stessa natura non può essere appagato, è destino che rimanga irrealizzato e proiettato nel futuro. Resta sempre fisso all'orizzonte.

Puoi affrettarti, puoi correre verso quell'orizzonte, ma

non lo raggiungerai mai: ovunque arrivi, scoprirai che l'orizzonte si è allontanato un po' più in là.

Hai diecimila dollari, ne desideri ventimila; ne hai ventimila, ne desideri quarantamila. La distanza rimane la stessa, e la progressione matematica rimarrà invariata.

Qualsiasi cosa possiedi, il desiderio sarà sempre oltre. E il suggerimento del Buddha è questo: "Abbandona la speranza, abbandona il desiderio. Lasciando andare la speranza, abbandonando il desiderio, sarai quieora". Libero dal desiderio sarai appagato, ti sentirai realizzato.

È il desiderio che ti sta ingannando!

E non si tratta solo di desideri mondani, materiali... il Buddha afferma, senza mezzi termini, che anche tutte le cosiddette persone religiose sono materialiste. Tutte le preghiere, tutti gli atti di devozione non sono altro che richieste per avere di più, invocazioni fatte alle divinità o a dio; la fede in quanto tale è centrata nel desiderio: "Dacci di più! Donaci raccolti migliori, piogge a profusione, più soldi, più ricchezze, più vita, salute e longevità – dacci di più!".

E neppure gli asceti sembrano aver davvero compreso la natura del desiderio: anch'essi non smettono di desiderare; ovviamente, il loro desiderio viene proiettato in un futuro ancora più remoto, nell'altra vita, ma comunque l'oggetto del desiderio resta lo stesso. La mente protesa verso il desiderare non è per nulla intaccata.

Qualcuno desidera in questo mondo, prima di morire, altri desiderano dopo la morte; ma che differenza fa? Non c'è alcuna differenza: tutti desiderano la stessa cosa... la natura del desiderio è la stessa. E se il desiderio in quanto tale è presente, si rimane sempre e comunque materialisti.

Ricorda: nulla in questa vita sarà mai abbastanza per appagare i tuoi desideri, per soddisfare il tuo appetito, le tue voglie. Questo è un mondo onirico – nulla potrà mai essere appagante, perché soltanto il Reale può dare soddisfazione, può appagarti, farti sentire realizzato.

Comprendi dunque la futilità del desiderio, comprendi l'intera assurdità della mente che crea e intesse sogni. Solo allorché si è privi di desiderio fa la sua comparsa la beatitudine.

Il viaggio interiore ha inizio allorché si lascia andare qualsiasi sistema di credenze, ogni professione di fede, e si diventa consapevoli della paura, della morte, del desiderio.

E nel momento in cui ti ritrovi in te stesso, ecco che d'acchito tutte le paure scompaiono; infatti, nell'essenza più intima del tuo essere non è mai esistita morte alcuna, non può esserci.

La tua essenza più intima è un assoluto non essere, un non sé.

Un io – un sé – può morire, il non sé non può morire. Se è presente qualcosa, può essere distrutto. Ecco perché il Buddha afferma che dentro di te non c'è nulla: tu sei un puro nulla. Quel nulla non può essere distrutto.

E nel momento in cui l'hai compreso, quando sai che la morte non può distruggere; e hai capito che quel nulla è in sé qualcosa di meraviglioso, che non è affatto necessario continuare a rimpinzarlo di denaro, potere, prestigio, fama; quando sai che quel nulla essenziale è assoluta purezza, intima innocenza e bellezza squisita ti sentirai estatico e benedetto. Allora inizierai a danzare in quel nulla. Il nulla stesso darà il via a una danza... e il Buddha ti sta indicando, ti dona degli spunti per giungere a quella danza.

> Quando il Buddha stava morendo, Ananda scoppiò a piangere e gli disse: "Cosa farò, adesso? Te ne stai andando e io ancora non sono illuminato".
> Il Buddha disse: "Non piangere, perché io non posso fare di te un illuminato. Solo tu puoi compiere quel miracolo, puoi farti quel dono. Sii una luce a te stesso – *Appa dipo bhava*".

Il Buddha scaraventa letteralmente l'umanità nella propria essenza più intima; dice: "Va' dentro di te – e non esiste alcun altro luogo dove andare. Tu sei la sorgente, il tempio e il santuario. Vai dentro di te!".

E ricorda: non esiste un altro dio da qualche altra parte da adorare. Più ti immergerai nel tuo essere, nella tua dimensione interiore, e più vedrai affiorare una maggior consapevolezza la cui qualità è il rispetto e la celebrazione della sacralità della vita – senza che ci sia un qualsiasi oggetto in particolare da venerare. Affiorerà una preghiera, non indirizzata a nessuno – una preghiera pura... frutto della beatitudine, frutto del tuo essere, frutto della tua intima illuminazione.

Allenati e coltiva l'arte di osservare

La mente in quanto tale non potrà mai suicidarsi, e questo perché qualsiasi cosa farà porterà a un suo rafforzarsi. Qualsiasi azione fatta dalla mente la renderà più forte; dunque è impossibile che si suicidi!

Se la mente fa qualcosa, presupporrà la propria continuità – dunque, il suo suicidarsi non è nella natura delle cose.

D'altra parte un suicidio si verifica. Lascia che lo dica senza mezzi termini: la mente non può uccidersi, ma un suicidio accade. Si verifica attraverso l'osservazione della mente, non facendo qualcosa.

L'osservatore è separato dalla mente, è qualcosa di più profondo della mente, di più elevato rispetto alla mente. Colui che osserva è sempre nascosto dietro la mente.

Passa un pensiero, affiora una sensazione... *chi sta osservando quel pensiero*? Non la mente in quanto tale – e questo perché la mente non è altro che il processo di pensieri e sensazioni. La mente non è altro che il semplice traffico dato dal pensare.

Chi lo sta osservando?

Quando dici: "Avverto un pensiero rabbioso", chi è colui che percepisce? In chi è affiorato quel pensiero? Chi è il contenitore? Il pensiero è il contenuto... chi è il contenitore?

La mente è simile alla carta su cui stampi un libro: su un foglio bianco, pulito, compaiono le parole. Quel foglio bianco è il contenitore e le parole stampate sono il contenuto.

La consapevolezza è simile a un foglio bianco. La mente è simile al foglio scritto, stampato.

Qualsiasi cosa esista in te come un oggetto, *qualsiasi* cosa puoi vedere e osservare, *quella* è la mente. Colui che osserva non è la mente, ciò che viene osservato è la mente.

Dunque, se ti limiti semplicemente a osservare, se perseveri, senza condannare, senza giudicare, senza creare in alcun modo un conflitto con la mente; senza indulgere in ciò che affiora, senza seguirlo, senza essere contro o a favore; se puoi essere semplicemente presente, indifferente a tutto ciò che compare e scorre... in quell'indifferenza accade un suicidio.

Non che la mente si suicidi: nel momento in cui affiora l'osservatore, quando il testimone è presente, la mente semplicemente scompare.

La mente esiste grazie alla tua collaborazione, *oppure* grazie al tuo conflitto. Entrambi sono modi di cooperare – anche il conflitto! Quando lotti con la tua mente, le stai dando energia. Proprio nel tuo lottare ne hai accettata l'esistenza, proprio nel tuo metterti a lottare con lei ne hai accettato il potere sul tuo essere. Dunque, sia che tu collabori sia che tu sia in antagonismo, in entrambi i casi la mente si rafforzerà sempre di più.

Osserva semplicemente. Sii un semplice testimone; e piano piano vedrai affiorare delle aperture, degli spazi vuoti: sopraggiunge un pensiero, passa... e un altro pensiero non compare immediatamente. Esiste un intervallo... in quell'intervallo c'è quiete. In quell'intervallo c'è amore. In quell'intervallo è racchiuso tutto ciò che hai sempre cercato – senza mai trovarlo da nessuna parte.

In quell'intervallo non sei più un io, un ego. In quell'intervallo non sei definito, non sei confinato, non sei imprigionato. In quell'intervallo sei vasto, immenso, sconfinato, maestoso! In quell'intervallo sei un tutto unico con l'esistenza: la barriera non esiste più, i tuoi confini non ci sono più; sei dissolto nell'esistenza e l'esistenza è dissolta in te; iniziate a sovrapporvi e a fondervi.

E se continui a osservare, senza attaccarti neppure a questi momenti di vuoto... perché ora è naturale farlo: avverti l'impulso ad attaccarti a quegli spazi.

Se inizi a desiderare spasmodicamente quei momenti, quegli spazi... accade, perché sono incredibilmente belli, sono di un'estasi senza confronti. È naturale avvertire un attaccamento per quei momenti di nulla: nasce il desiderio di averne sempre di più – ma in questo caso ti sfuggiranno. Se li desideri, l'osservatore scomparirà; in quel caso quei momenti di vuoto torneranno a svanire, e di nuovo il traffico della mente farà la sua comparsa.

Dunque, la prima cosa è diventare un osservatore indifferente.

E la seconda cosa è ricordare che quando questi bellissimi momenti si manifestano, non ci si deve attaccare, non si deve iniziare a pretenderli, non ci si deve aspettare che siano più frequenti.

Se riesci a ricordare queste due cose – quando quei bellissimi intervalli compaiono, osserva anche quelli; e mantieni viva la tua indifferenza – ecco che un giorno quel traffico scomparirà semplicemente insieme alla strada, le due cose svaniranno. E rimarrà un incredibile vuoto.

È ciò che il Buddha chiama "nirvana" – la mente ha cessato di esistere. Questo è ciò che io chiamo "suicidio" – ma la mente non l'ha commesso, la mente non può farlo.

Tu puoi contribuire al suo accadere. Lo puoi ostacolare, oppure puoi dare un aiuto e far sì che accada: dipende da te, non dalla tua mente. Tutto ciò che la mente può fare porterà solo a rafforzare la mente stessa.

Dunque, la meditazione non è in realtà uno sforzo della mente. La vera meditazione non è per nulla uno sforzo. La vera meditazione non è altro che questo: permettere alla mente di andare per la sua strada, *senza interferire in alcun modo*, proprio in nessun modo – resta un semplice osservatore, sii un testimone, presente e distaccato. Così si azzittisce, piano piano si acquieta, si calma, diventa silenziosa... e un giorno se n'è andata. Vieni lasciato solo.

Quella solitudine è la tua realtà. In quella solitudine nulla è escluso, ricordalo. In quella solitudine è inclusa ogni cosa – quella solitudine è il divino che è l'esistenza. Quella purezza, quell'innocenza, quello spazio non corrotto da alcun pensiero... ecco ciò che è dio.

Desiderio di totalità

Domanda: *Avverto un desiderio fortissimo di vivere me stessa con totalità; d'altra parte, la mia energia è tale e tanta che ne sono semplicemente travolta... non riesco a governarla e mi ritrovo letteralmente incapace di pienezza.*

È un problema che hanno tutti, non solo tu.

La mente non permette a nessuno di essere totale; e tutti ardono dalla voglia di totalità.

È un bene che tu ne sia diventata consapevole; proprio a causa di questo tuo fortissimo desiderio, grazie a questa sofferenza, un dolore reiterato, prima o poi acquisirai lo slancio per conseguire la totalità; non esiste altra via.

L'intero percorso è costellato dal dolore, dalla sofferenza. Soltanto alla fine, quando avrai conseguito la totalità, tutta quella pena scomparirà, e tu le sarai grata; infatti, senza il suo apporto non avresti mai realizzato una reale pienezza. Dunque, le cose per te stanno andando per il verso giusto!

Ricorda due cose. La prima: il desiderio di totalità è ottimo, è una benedizione; infatti, messa in altre parole, è il desiderio di abbracciare il divino.

E la seconda cosa da ricordare è questa: nel frattempo, non frenarti solo perché non riesci a essere totale; questo non sarà di alcun aiuto. Se ti freni perfino nell'essere parziale nel tuo agire, come potrai mai essere totale, un giorno?

Quindi, nel frattempo, impegnati quanto più possibile a portare totalità nelle tue azioni, nel tuo fare l'amore, in qualsiasi cosa sei impegnata ogni giorno. Non sarà nulla di assoluto; dovrai accettare che le tue azioni rimangano qualcosa di limitato, di contenuto, di imbrigliato... ora come ora, non raggiungeranno mai un culmine.

È qualcosa che si deve accettare e, al tempo stesso, si deve continuare a lavorare su di sé: un giorno la tua energia raggiungerà un picco.

Molte volte chi scala montagne si ritrova bloccato; deve cambiare strada, deve muoversi in una direzione diversa. Ma se si persevera... arrivare in cima all'Everest richiese cinquant'anni di tentativi, e in quei cinquant'anni centinaia di scalatori tentarono e fallirono. Ma alla fine, un giorno, un uomo ci riuscì.

E la vita è proprio così: fallirai molte volte, e ogni volta quel fallimento ti procurerà frustrazione e un profondo tormento. In quel continuo fallire, potresti anche iniziare a pensare: "Che senso ha tutto questo? Perché fare l'amore, se non riesco a essere totale?".

Ma questo non sarà di alcun aiuto, smettere di fare l'amore non servirà a nulla!

Perché guardare un tramonto, se quell'esperienza non arriva a una totalità?

Perché ascoltare della musica, se l'esperienza non è totale?

Ma anche così, ben sapendo che manchi di totalità, pur bramando ardentemente essere totale, continua ad accettare tutto ciò che oggi ti è possibile, continua ad agire al meglio e al massimo di te stessa.

Solo in quell'agire, piano piano migliorerai la tua abilità, la tua capacità di essere presente con totalità... e un giorno accadrà, è inevitabile. Accade... io ne sono un testimone oculare!

Non lasciarti dominare dai desideri

Ci si può impegnare a dominare gli altri, oppure imparare a governare se stessi. Spadroneggiare sugli altri è un povero sostituto del vero potere; infatti, il vero sovrano è colui che governa se stesso. E poiché è davvero arduo governare se stessi, la gente ha scelto qualcosa di più a buon mercato: dominare gli altri.

Il potere politico è la cosa peggiore che esista al mondo; e con questo intendo qualsiasi sforzo fatto con l'intento di possedere, di dominare, di imporre il proprio dominio sull'altro. E la cosa più elevata al mondo è la religiosità; e con questo intendo lo sforzo di governare se stessi, di diventare maestro e padrone del proprio essere.

Se ti limiti a dominare gli altri, rimani uno schiavo. Il tuo essere il capo che comanda è soltanto una facciata; in profondità sei uno schiavo; e probabilmente sei schiavo dei tuoi stessi schiavi!

Dominare gli altri non comporta alcuna libertà. Invece, se arrivi a governare te stesso, se impari a essere centrato e radicato nel tuo stesso essere... accade allorché non sei più dominato dai desideri, dai sogni, dai pensieri; quando non sei più soltanto una massa informe di una moltitudine di menti che si affollano dentro di te, ma sei diventato un sovrano in grado di dare una rotta al corpo, di orientare la mente, di guidare l'anima verso un ritmo particolare, una specifica armonia... in quel caso inizi a operare in quanto unità organica, non come una molteplicità, non come una folla. In quel caso sei un organismo, qualcuno che ha creato dentro di sé un cosmo lasciandosi alle spalle il caos primordiale – ecco, allora sei diventato un vero re. E la ricerca del Vero che ti suggerisco è esattamente questo.

Il regno è all'interno e il re è addormentato: quel re dev'essere risvegliato!

Al di là del desiderio: la beatitudine

Esiste una beatitudine che è al di là di noi, non è nostra e non lo potrà mai essere; non la si potrà mai pretendere come un bene posseduto. Viene e se ne va con un ritmo tutto suo, spontaneamente... di tanto in tanto, a volte viene a farci visita.

Nel momento in cui cerchiamo di afferrarla e di possederla, la distruggiamo. Volerla fare nostra comporta la sua perdita. Perché rimanga parte della nostra vita, occorre apprendere come non essere possessivi. Occorre apprendere come essere una semplice e passiva ricettività che accolga; occorre essere un anfitrione che si prende ogni cura ma non domina in alcun modo, non manipola neppure lontanamente.

È un compito arduo, perché quando quella beatitudine si presenta si è portati ad afferrarla. Si è letteralmente terrorizzati dalla possibilità di perderla; potrebbe andarsene e non tornare mai più. La si vorrebbe ridurre a qualcosa di certo, di garantito; e proprio in quel desiderio si distrugge quell'estasi, quella beatitudine va persa per sempre.

Se ci intestardiamo e continuiamo a farlo e a rifarlo, potremmo non avere più alcun istante di beatitudine, e questo perché è qualcosa che accade. Non dipende da alcuna azione specifica, non ci si può fare nulla: il fare è proprio l'esatto contrario dell'accadere! Perché qualcosa possa accadere occorre smettere di fare qualsiasi cosa.

E tutto ciò che ha un vero valore – la beatitudine, l'amore, la verità, la preghiera... davvero tutto! – viene dal trascendente, sono tutte cose che appartengono al divino che è l'esistenza. Sono doni, e non dovremmo pretendere che siano nostri possessi; al contrario, dovremmo permettere a noi stessi di esserne posseduti. In quel caso, diventano un fattore che dimora in noi stabilmente. In quel caso, l'ospite si fonde con l'anfitrione e, piano piano, diventano un tutt'uno.

Parte quarta
Amore consapevole

L'umanità è sopravvissuta soltanto grazie al contatto con la sfera superiore. Puoi scegliere venti nomi nella storia del genere umano: il Buddha, Gesù, Mahavira, Laotzu... venti nomi, e ti sarà impossibile concepire come l'umanità avrebbe potuto sopravvivere senza di loro. Darwin potrà anche dire che siamo sopravvissuti grazie alla lotta nel mondo animale. Ha ragione per quanto riguarda la nostra sopravvivenza in quanto animali; ma come esseri umani siamo sopravvissuti grazie alle forze superiori che non hanno mai cessato di penetrare nel mondo.

Ovunque esista un Buddha ciò che sta in alto penetra in ciò che sta in basso, per suo tramite l'intera umanità viene a contatto profondo con una dimensione superiore. Il Buddha diventa un veicolo, un passaggio, un ponte. Esistono molti ponti: grazie a questi tramiti, l'uomo non è un semplice animale ma qualcosa di più.

Se l'uomo sopravvive soltanto come animale, la sua sarà una sopravvivenza priva di senso; ed è ciò che sta accadendo ovunque nel mondo intero. Chi considera la situazione nella sua globalità, si rende conto che le nostre vite ormai non sono altro che una ripetizione insensata e assurda della banalità, reiterata all'infinito. Ci limitiamo a passare il tempo, non viviamo affatto!

Solo chi è privo di qualsiasi consapevolezza può pensare che questa sia vita. Solo menti molto mediocri possono pensare che questa sia vita. Se si crede che questo sia tutto, allora la vita è davvero senza senso. È senza senso perché l'uomo come animale non può avere alcun significato: l'uomo è un processo di crescita, è un trascendere l'animalità.

Il Buddha dice che la vita è una meraviglia, una benedizione. Krishna può cantare e danzare e celebrare la vita. Noi siamo immersi nella tristezza: restiamo seduti a guardare l'esistenza che passa come un viaggio privo di senso, senza destinazione. Una noia, una noia ripetitiva... ma per Krishna la vita è una celebrazione, una danza, una fioritura. Come mai? Perché è in contatto con la sfera più alta. Quando sei in contatto soltanto con la sfera inferiore, la tua vita non è che banale quotidianità, ripetitiva e priva di qualsiasi significato.

Il mondo non finirà a causa di un'esplosione atomica, ma potrebbe finire a causa di questa mancanza di significato. Quando penso alla fine del mondo, non mi viene mai in mente un assassinio, ma un suicidio. Se questa mancanza di senso continuasse ad accumularsi, l'umanità potrebbe suicidarsi. Potrebbe servirsi di un'esplosione atomica, questa è un'altra questione, ma sarà comunque un suicidio.

La sfera superiore è sempre necessaria, è l'unica forza in grado di salvare il genere umano. Purtroppo noi siamo sempre più chiusi alla forza superiore, l'abbiamo completamente negata.

La vita acquista significato se percepisci l'esistenza del divino. Il significato può esistere solo se esiste la sfera superiore. Il significato proviene sempre dal trascendente, non puoi crearlo tu!

La vita è del tutto priva di significato, se sei aperto soltanto alla sfera inferiore. Con la sfera inferiore può esistere soltanto una ripetizione della stessa cosa, degli stessi gesti... continua, incessante, reiterata.

Con la sfera superiore non esiste alcuna ripetizione: si ha eterna freschezza, perenne verginità. Ogni istante è eternità pura e semplice. In quel caso esiste un significato nell'esistenza, allora la tua vita diventa estremamente significativa.

L'umanità ha un profondo bisogno del contatto con la

sfera superiore, solo così potrà sopravvivere. Altrimenti potrà solo esistere come una specie animale; diversa ovviamente, ma priva di qualsiasi unicità.

Oggi più che mai abbiamo bisogno del Buddha e di Gesù.

Tu cosa puoi fare? Puoi imparare a chiudere l'apertura inferiore: quello è l'unico atto fondamentale, essenziale. Ma quali sono le difficoltà che potresti incontrare? Una sola: le tue vecchie abitudini.

Le vecchie abitudini diventano automatiche. Qualcuno è in collera e, prima che tu possa riflettere, anche la tua rabbia si scatena. È diventato un processo del tutto automatico: è come se qualcuno premesse un pulsante e si accendesse la luce. È esattamente come premere un interruttore. Non devi fare nulla, l'ira esplode automaticamente.

Gli psicologi sostengono che la nostra mente è simile a un robot: non è necessario prestarvi alcuna attenzione. Qualunque cosa tu abbia imparato, la passi all'automa che la esegue. La tua mente è esattamente simile a un computer: una volta provvista di un programma, lo elaborerà. A quel punto, tu puoi riposarti, non sei affatto necessario. Nella vita quotidiana il robot è utilissimo, senza di lui non saresti in grado di fare così tante cose, è un aiuto indispensabile. Ma per ciò che riguarda le cose superiori, il robot diventa un problema.

Il robot sa quando arrabbiarsi. Non occorre che tu sia consapevole che qualcuno ti sta insultando o ti sta guardando con rabbia; il robot prende in mano la situazione. Inizia a iniettare veleno nel sangue, ti prepara a buttarti nella lotta. Questa è automazione!

Devi imparare a governare quell'automa, quantomeno per ciò che concerne le aperture inferiori. È un bene che il robot guidi la macchina, ma non lasciare che sia lui ad amare o ad arrabbiarsi.

Il tuo robot fa qualsiasi cosa, per te. Ha compiuto la stessa azione così tante volte che è diventato un esperto: non ha bisogno di te... e quando un marito e una moglie si amano, diventa un fenomeno automatico, viene a mancare la consapevolezza. Il robot continua a ripetere certe azioni... no, non lasciare al controllo del robot rapporti così delicati!

Il robot è l'unico ostacolo al progresso spirituale. Assumine la responsabilità. Sii consapevole delle azioni che sono diventate automatiche; poi, gradualmente, a mano a mano che la tua consapevolezza aumenta, l'apertura inferiore si chiuderà. E allorché si aprirà quella superiore, non dovrai più fare nulla: a quel punto la sfera superiore inizierà a fare ogni cosa, attraverso di te.

Si deve fare qualcosa con la sfera inferiore; con quella superiore ci si deve solo lasciar andare, arrendersi: tu non ci sei più.

Come prima cosa, chiudi l'apertura inferiore e poi, quando inizierai a percepire l'apertura superiore, abbandonati a lei. Quando arrivi a sentire la dimensione superiore, abbi fiducia in lei; quando senti la sfera inferiore, non crederci, non fidarti di lei, mantieni le distanze, resta chiuso. In questo modo tu stesso diventerai un ponte che collega alla dimensione superiore.

1
Consapevolezza: la marcia in più

Una volta il Buddha stava passando per un villaggio e si imbatté in un vecchio contadino.
Il vecchio gli chiese: "Che cosa fai?".
Il Buddha disse: "Prima di tutto, puoi dirmi cosa fai tu?".
L'uomo rispose: "Il mio lavoro è coltivare".
Il Buddha rise e disse: "Anch'io sono un coltivatore".
A quel punto, fu il vecchio a ridere e a commentare: "Stai scherzando? Tu saresti un uomo che coltiva? Che cosa coltivi?".
Il Buddha disse: "Coltivo la verità, coltivo l'essenza divina, coltivo la meditazione. Semino i semi del divino!".

Ebbene, il mio invito è questo: diventa un coltivatore dell'essenza divina.

Il viaggio verso casa

L'essere umano non è altro che questo: una ricerca della propria casa.
Da qualche parte abbiamo perduto il paradiso, dev'essere riacquisito. In profondità nei nostri cuori è presente una nostalgia, vaghi ricordi di quella casa, della vera terra cui apparteniamo.
Dunque, tutti sono alla ricerca, a modo loro; tutti indistintamente sono ricercatori del Vero. Qualcuno potrebbe cercare nel modo sbagliato, altri potrebbero ricercare nella direzione sbagliata – quella è un'altra cosa – ma, per ciò

che concerne la ricerca, tutti stanno cercando, indagando, inquisendo.

La meditazione ti orienta verso il divino. Ti aiuta a muoverti verso il vero e giusto centro dell'esistenza. La meditazione ti aiuta unicamente ad abbandonare, a lasciar andare ciò che è sbagliato. Non ti insegna a rinunciare, ricorda: ti aiuta semplicemente a vedere, e nel momento in cui vedi il falso in quanto falso, ecco che se ne va, decade, scompare spontaneamente.

E vedere il falso in quanto falso è l'inizio della percezione del Vero in quanto Vero.

Allenati a sentire la fragranza

Il divino che è l'esistenza risplende attraverso ogni cosa – attraverso i fiori e le stelle e gli occhi delle persone. Ciò che risplende è divino, ed è cieca la persona che non riesce a vederlo. Non vedere quell'essenza divina è la più grande calamità che può accadere a una persona, ed è ciò che è accaduto a milioni di esseri umani: la gente è diventata del tutto incapace di vedere dio.

Le persone sono in grado di vedere il fiore, ma non riescono a sentirne la fragranza; riescono a vedere la materia, ma non sono in grado di assaporare la consapevolezza. Riescono a vedere unicamente ciò che è grossolano, grezzo, dozzinale e continuano a lasciarsi sfuggire ciò che è delicato, sottile, impalpabile; l'elemento etereo è la realtà più vera, ciò che è grezzo, primitivo è soltanto il rivestimento.

L'intera ricerca consiste in questo: come svelare, come portare alla luce ciò che è nascosto; e non è difficile, perché non esiste solo all'esterno, è presente anche interiormente.

In questo preciso istante è ciò che in te mi sta ascoltando, in questo preciso momento è ciò che sta parlando attraverso di me. Quando ti guardo negli occhi è lui che sta guardando nei suoi stessi occhi, perché il divino è l'unica realtà ed è una realtà di uno splendore immenso.

È semplicemente incredibile ed è inspiegabile in che modo la gente continui a lasciarselo sfuggire.

La meditazione ti aiuta ad aprire gli occhi. E la ricerca del Vero alla quale ti invito diventa un impegno, un'azione determinata: "Questa volta non me ne andrò senza aver conosciuto l'essenza divina". Nel momento in cui questo impegno sussiste, iniziano ad accadere miracoli; allorché questa determinazione è presente, dà origine alla direzione verso cui incamminarsi.

Un semplice esistere quieora

Soltanto grazie alla meditazione si giunge a conoscere di essere divini. E meditazione significa questo: uno stato di nonmente, uno stato di non pensiero, uno stato di assenza del desiderio. Nel momento in cui cessa ogni e qualsiasi pensare, sognare, desiderare e tu semplicemente esisti, senza che nella tua mente rimanga la benché minima increspatura, ecco che la limpida distesa della tua consapevolezza è del tutto silente, calma, quieta. In quell'istante assolutamente senza tempo, in quello spazio del tutto indisturbato, si comprende la propria natura interiore... e tutto è divino.

La nostra essenza più intima è divina: noi siamo divinità sotto mentite spoglie. Conoscerlo significa conoscere ogni cosa, e lasciarselo sfuggire vuol dire lasciarsi sfuggire ogni cosa.

Il paradiso è uno spazio interiore

Il significato della parola "paradiso" è questo: un giardino cintato di beatitudine.

E il paradiso non è da qualche altra parte, non è un luogo geografico. Ha qualcosa a che fare con la tua psiche, con la tua anima; è uno spazio interiore.

Nel loro mondo interiore di solito le persone sono simili a deserti, non vi cresce nulla; e a meno che qualcosa inizi a germogliare nel tuo mondo interiore, non potrai crescere. Ecco perché la gente si limita a invecchiare, ma non cresce: si diventa vecchi ma non si matura mai!

Le persone restano deserti: sono aride, con una vita del tutto priva di vitalità, senza alcun gusto. Purtroppo, nel corso dei secoli, abbiamo adorato le persone più aride come santi! Il mio sforzo è l'esatto opposto.

Vorrei che i ricercatori del Vero che si accompagnano a me siano giardini, non deserti – rigogliosi, con tutte le gradazioni di verde che caratterizzano gli alberi e con tutte le sfumature di rosso e di oro che li ravvivano; voglio che siano pienezza di linfa vitale e di nettare squisito. In questo modo la vita avrà un sapore diverso, una diversa danza. In questo caso l'esistenza ha una fragranza, e quella fragranza diventa la prova che dio esiste.

Dio non è la conclusione di un sillogismo: è un'esperienza del proprio fiorire interiore. Qualcosa di possibile. Mancare quella fioritura è davvero lasciarsi sfuggire ogni cosa; in quel caso la vita intera diventa un vero e proprio spreco.

Quella fioritura non è neppure distante, nulla di remoto: è vicinissima. Occorre un piccolo sforzo, ed ecco che puoi trasformare il tuo deserto in un giardino – è sufficiente un piccolo sforzo, e quello sforzo minimo è ciò che io chiamo meditazione.

Lo si può chiamare meditazione, preghiera, silenzio... qualsiasi nome andrà bene, ma questo è il punto essenziale: inizia a lasciar andare la mente con tutti i suoi pensieri fastidiosi e disturbanti.

Diventa sempre più silenzioso, sii sempre di più una nonmente... ed ecco che da un deserto sei trasformato in un giardino.

Rompere il sonno della coscienza

Noi tutti siamo nati come semi.
È davvero molto raro che qualcuno diventi un fiore.

Noi tutti moriamo come gemme mai sbocciate.

Questa è la miseria della vita, la sua agonia e il suo inferno.

Se una gemma sboccia, in te spunta il Buddha: diventi un'anima risvegliata.

La gemma caratterizza una consapevolezza addormentata, il fiore rappresenta la consapevolezza risvegliata.

Ogni sforzo dev'essere teso a rompere questo sonno della coscienza, a uscirne. Impegnati dunque a essere più attento e più presente; sii più sveglio e osserva, coltiva sempre di più la presenza consapevole, l'osservatore presente dentro di te.

Da ogni prospettiva si deve attaccare quel sonno, si tratta di un sonno che risale alla notte dei tempi; non è facile penetrarlo, non è facile andarci a fondo... ma non è neppure impossibile!

È un compito difficile, di fatto è la più grande sfida che l'essere umano possa mai accettare; e al tempo stesso è la più grande avventura. Infatti, quando la gemma si schiude, entrerai in un'esistenza di qualità del tutto diversa. Ogni cosa rimarrà la stessa di sempre, eppure tutto cambierà totalmente.

Dunque, lascia che questa sia la tua meditazione: semplice consapevolezza, presenza consapevole.

Il male più grande: l'identificazione

Domanda: *Cos'è l'inconsapevolezza?*

L'inconsapevolezza consiste nell'identificarti con la mente, nel vivere nella mente. Pensare: "Io sono la mente!" è inconsapevolezza. Sapere che la mente è soltanto un meccanismo, proprio come lo è il corpo; sapere che la mente è separata da te: quello è consapevolezza.

Scende la notte o spunta il giorno, ma tu non ti identifichi; non dici: "Io sono la notte", non dici: "Io sono il giorno". Arriva la notte, viene il giorno, di nuovo viene la notte:

la ruota continua a girare, ma tu rimani cosciente di non essere tutte quelle cose. La stessa cosa deve accaderti con la mente.

Sorge in te la collera e tu dimentichi te stesso: diventi la collera! Sorge in te l'avidità e tu dimentichi te stesso: diventi l'avidità! Sorge in te l'odio e tu dimentichi te stesso: diventi l'odio! Questa è inconsapevolezza!

La consapevolezza consiste nell'osservare che la tua mente si riempie di avidità, di collera, di odio o di lussuria, mentre tu rimani un semplice osservatore. Allora potrai veder sorgere l'avidità e la vedrai ingrandirsi a tal punto da diventare una pesante nuvola nera... che poi, alla fine, si dissipa e sparisce, mentre tu non ne vieni toccato. Per quanto tempo può durare quella nuvola? La collera, l'avidità e la lussuria sono fenomeni temporanei; osservali e rimarrai sorpreso: arrivano e poi se ne vanno, mentre tu rimani intatto, calmo, quieto.

> Un grande re chiese a un mistico Sufi di dargli qualcosa di scritto – un sutra, una breve massima – che potesse aiutarlo in ogni situazione, buona o cattiva che fosse; qualcosa che lo potesse sostenere nel successo, nel fallimento, nella vita e nella morte.
> Il mistico gli diede il suo anello e gli disse: "Racchiude un messaggio. Ogni volta che sei davvero in difficoltà, di fronte a una vera emergenza, apri l'anello – solleva il diamante – e incastonato sul fondo troverai il messaggio. Ma non aprirlo per curiosità: puoi recepire quel messaggio soltanto quando sei davvero in pericolo, qualcosa che da solo non puoi gestire; per cui senti profondamente di aver bisogno del mio aiuto".
> Molte volte il re fu preso dalla curiosità di sapere quale fosse il messaggio, ma resistette alla tentazione: aveva fatto una promessa, aveva dato la sua parola. E lui era un uomo di parola.
> Dieci anni dopo, il suo regno fu invaso e lui fu sconfitto. Fuggì nella foresta, verso le montagne e il nemico lo inseguì: il re poteva sentire i cavalli avvicinarsi sempre di più. La morte era sempre più vicina: l'avrebbero ucciso. Ma comunque volava come il vento, sul suo cavallo; sebbene fosse stanco, il cavallo allo stremo... sia lui sia il cavallo erano stati feriti.
> Poi, all'improvviso si trovò di fronte a un burrone. La strada finiva: di fronte a lui un precipizio! E non era possibile tornare

indietro, perché il nemico era vicino; e a ogni istante si avvicinava ancora di più. Né poteva balzare in quella voragine: sarebbe stata morte certa! Non poteva fare altro che aspettare.
All'improvviso si ricordò dell'anello: lo aprì e tolse il diamante. All'interno c'era un fogliettino; e su quel pezzettino di carta era scritta una sola, semplice frase: "Anche questo passerà".
In un attimo sul re discese una quiete immensa: "Anche questo passerà".
E accadde proprio così. Poteva sentire il rumore degli assalitori che si avvicinavano; ma poi, piano piano, sentì che si allontanavano: avevano preso il sentiero sbagliato. Al crocevia che lui aveva superato, dovevano aver preso un'altra biforcazione.
In seguito, il re riunì il suo esercito, tornò a combattere e riconquistò il suo regno. Fu accolto dal popolo esultante, festeggiato con ghirlande di fiori e lancio di petali: l'intera capitale lo accolse festante.
D'acchito si sentì avvampare, fu sopraffatto da un ego smisurato. E di nuovo si ricordò il messaggio: "Anche questo passerà"... e l'ego scomparve. Tutte quelle ghirlande e tutti quei festeggiamenti divennero semplici giochi di bimbi: nel fallimento quel messaggio lo aveva aiutato, lo aiutò anche nel successo.
Quella divenne la sua meditazione, divenne il suo mantra. Ragion per cui, qualunque cosa accadeva, in cuor suo ripeteva – non a parole, ma come sensazione presente nel suo cuore – "Anche questo passerà".

Se riuscirai a ricordare questa massima, qualsiasi cosa transiti nella tua mente, ne rimarrai un testimone, un semplice osservatore: "Anche questo passerà". Questo essere un testimone è consapevolezza. Noi, invece, ci identifichiamo e diventiamo l'avidità, la collera, la lussuria: qualsiasi sensazione si presenti di fronte alla nostra consapevolezza, ci identifichiamo.

È sciocco, e lo si capisce subito, quando accade ai bambini molto piccoli.

Hai mai fatto questa prova? Metti un bambino molto piccolo di fronte a uno specchio: guarderà nello specchio, sorpreso, a occhi sbarrati – "Chi è quel bambino?" – e tenterà di afferrarlo, senza riuscirci. Se il bambino è intelligente, cercherà di guardare dietro allo specchio: "Forse quel bambino è nascosto lì dietro". Ancora non comprende che è soltanto la sua immagine riflessa nello specchio: non è la realtà!

La mente è solo uno specchio: riflette le nuvole del mondo, riflette tutto ciò che accade nel mondo. Qualcuno ti insulta e in te spunta la collera: è solo un riflesso. Una donna bellissima ti passa accanto, in te sorge la lussuria, subito ti identifichi con quella brama di possederla.

Tieni una piccola distanza dalla tua mente e scoprirai, a poco a poco, che quella distanza aumenterà sempre di più. Un giorno la tua mente sarà così lontana da te da non influenzarti più.

Questo è il ritorno a casa, questa è la buddhità.

Aes dhammo sanantano: questa è la legge eterna, inestinguibile della vita. Se riuscirai a rimanere un testimone, attraverserai una profonda trasformazione e conoscerai il tuo vero essere!

> La vecchia zitella era seduta e, mentre accarezzava il suo gatto, si rammaricava di aver sprecato tutta la vita... all'improvviso le apparve una fata con in mano la sua bacchetta magica.
> Le disse di essere pronta a realizzare tre desideri a sua scelta; la consigliò di non eccitarsi, di prendere il tempo per pensarci bene e scegliere con cura i tre desideri.
> Con il primo desiderio, la vecchia chiese di avere un corpo magnifico: la fata agitò la bacchetta magica e il desiderio diventò realtà. Ammirandosi allo specchio, subito la zitella espresse il suo secondo desiderio: possedere abiti splendidi per adornare il proprio corpo statuario. Anche questo desiderio fu appagato: apparvero un'infinità di appendiabiti carichi di vestiti proprio della sua taglia.
> La fata le chiese qual era il suo terzo desiderio e la zitella rispose che voleva un uomo.
> La fata le chiese: "Hai un gatto bellissimo: cosa ne pensi se lo trasformo in un uomo?".
> La zitella accettò molto volentieri e il suo gatto diventò un uomo. La donna era alle stelle per la felicità e, alla domanda della fata, rispose di essere davvero soddisfatta! Poi la fata chiese anche all'uomo se fosse contento. Lui rispose: "Io sì, ma lei non lo sarà granché!".
> "Come mai?"

"Perché si è dimenticata di avermi appena portato dal veterinario... per farmi castrare!"

Voi tutti continuate a fare cose in modo del tutto inconsapevole; continuate a pretendere cose, del tutto inconsapevoli di ciò che chiedete! Se tutti i vostri desideri venissero appagati, sareste le persone più infelici del mondo! Fortunatamente i desideri rimangono inappagati!

La persona realmente religiosa non chiede mai niente all'esistenza. Dice: "Sia fatta la tua volontà, venga il tuo regno! Nella mia inconsapevolezza, cosa potrei mai chiederti? Tutte le mie richieste sarebbero sbagliate". Si limita a dire: "Sia fatta la tua volontà!".

Sii meditativo, assorto in preghiera. Ricorda questi due sutra. Il primo: *"Anche questo passerà"* ti aiuterà a meditare. Il secondo: *"Sia fatta la tua volontà!"* ti aiuterà a pregare.

Quando nel tuo essere la meditazione e la preghiera si incontreranno, raggiungerai la vetta più elevata della consapevolezza.

Coltivare la consapevolezza

Domanda: *Come posso aumentare la mia consapevolezza?*

Diventando più consapevole, si aumenta la propria consapevolezza: è l'unico metodo, è un processo semplice. Qualsiasi cosa tu faccia, agisci con totale consapevolezza: come se fosse una questione di vita o di morte, come se una spada fosse sospesa sulla tua testa.

Puoi aumentare la tua consapevolezza diventando più consapevole della precarietà della vita: la morte può accadere in qualsiasi momento, potrebbe bussare alla tua porta anche il prossimo istante. Se pensi che vivrai in eterno, puoi rimanere inconsapevole; ma come potresti vivere inconsapevolmente, sapendo che la morte è sempre accanto a te? È impossibile! Se la vita è temporanea, come una bolla di sapone – è sufficiente uno spillo perché finisca –, come potresti rimanere inconsapevole?

Porta consapevolezza in ogni tua azione. Camminando per la strada, cammina vigile e attento; mangiando, mangia con consapevolezza. Qualsiasi cosa tu stia facendo, non permettere al tuo passato e al tuo futuro di interferire; *vivi nel momento presente*: questo è il senso della consapevolezza. Stai facendo una doccia, falla senza fare nient'altro: non lasciare che la mente vaghi in lontananza, né nel passato né nel futuro. Non permettere tali escursioni, nega simili viaggi alla tua mente! Stai facendo una doccia, fa' semplicemente la doccia, nient'altro!

> Bokuju era un grande maestro Zen. Qualcuno gli chiese: "Qual è il tuo insegnamento fondamentale? Qual è la tua pratica essenziale? Come hai fatto a raggiungere l'illuminazione?".
> Lui rispose: "Il mio insegnamento è semplice: quando hai fame, mangia e quando hai sonno, dormi".
> Chi gli aveva fatto la domanda era perplesso: "Non ho mai udito parlare di una simile pratica. Che insegnamento è mai questo?".
> Bokuju esclamò: "Non lo so! Ma questo è il modo in cui ho raggiunto l'illuminazione ed è il modo in cui molti tra i miei discepoli si sono illuminati. Puoi andare e chiederglielo".
> Ma l'uomo obiettò: "È ciò che facciamo tutti: quando abbiamo fame, mangiamo; quando abbiamo sonno, dormiamo".
> Bokuju precisò: "No, c'è una differenza, una differenza enorme. Mentre io mangio, sto solo mangiando: non faccio nient'altro! Quando tu mangi, nella tua mente stai facendo mille altre cose del tutto estranee al mangiare: stai facendo cose totalmente differenti, perciò mangi in modo meccanico! Quando dormi, stai veramente dormendo? Come puoi dormire, se continui a sognare? È un susseguirsi di sogni: per tutta la notte in te si accavallano onde su onde di sogni. Solo per qualche minuto, qui e là, i sogni spariscono e in quei momenti tu cadi in un sonno profondo. Altrimenti, continui a sognare e i sogni ti distraggono dal sonno. Sei distratto da un'infinità di cose, perciò non stai veramente dormendo. Tu non fai mai una cosa sola alla volta!".

Per essere consapevoli, si deve fare una sola cosa per volta. E la si deve fare con piena consapevolezza, in totale presenza.

La gente continua ad agire in uno stato praticamente onirico, tutti sono addormentati; diventa semplicemente più vigile, attento e presente! Introduci la consapevolezza in qualsiasi cosa tu stia facendo: non esiste nessun altro metodo. Puoi introdurre quella qualità nelle piccole cose, ti sarà utile. Resta seduto e osserva la tua respirazione: osserva il respiro mentre inspiri, osservalo mentre espiri. Continua a osservare semplicemente il tuo respiro: ti sarà molto utile perché, mentre osservi il respiro, la mente cessa di pensare.

È qualcosa che si deve comprendere: *puoi pensare, oppure puoi osservare il tuo respiro*. Non puoi fare le due cose contemporaneamente! Respirare e pensare sono processi tali per cui, in piena consapevolezza, solo uno dei due può esistere in te. Quando sei inconsapevole, possono coesistere: puoi respirare e al tempo stesso puoi pensare. Se però sei consapevole, puoi pensare o puoi respirare e quando respiri con consapevolezza, i pensieri scompaiono: tutta la tua consapevolezza si focalizza sul respiro. E la respirazione è un processo davvero naturale, non devi fare niente: accade spontaneamente. Puoi semplicemente portare la tua consapevolezza nella respirazione.

Il Buddha raggiunse l'illuminazione con questo semplice metodo, che ha chiamato vipassana, "intuizione". La respirazione porta con sé una grande intuizione e, quando sei consapevole, l'intero processo del pensiero si arresta ed ecco che sorge una profonda quiete. Dopo aver osservato la respirazione, ti riuscirà facile osservare direttamente il processo del pensare, visto che la respirazione è un po' più grossolana, e pensare è più sottile.

I pensieri non hanno peso e non possono essere misurati. Questo è il motivo per cui i materialisti non riescono ad accettarli. La materia può essere misurata: ciò che può essere misurato è materiale; pertanto i pensieri non appartengono alla materia perché non sono misurabili.

Esistono, tuttavia non possono essere misurati; di conseguenza il processo del pensare è un epifenomeno. I materialisti affermano: "È solo un surrogato, un effetto collaterale, è l'ombra di un fenomeno!". Nello stesso modo in cui, quando cammini al sole, proietti la tua ombra che ti segue, ma non esiste; tu cammini nella vita e in te sorgono i pensieri, che sono soltanto l'ombra del tuo vivere. Se osservi quest'ombra, questo epifenomeno, il processo del pensare diventerà sempre più sottile, non essendo grossolano come la respirazione.

Comunque, prima di tutto impara il processo della consapevolezza osservando la respirazione, poi continuerai osservando i pensieri. Rimarrai sorpreso: più osserverai i pensieri... lo ripeto: *puoi osservare oppure puoi pensare*. I due processi non possono accadere simultaneamente: se osservi, i pensieri spariscono.

Se riappaiono i pensieri, cessa l'osservazione. Quando sarai diventato così vigile da osservare i tuoi pensieri e da lasciarli scomparire grazie alla tua osservazione, potrai rivolgerti ai sentimenti, che sono ancora più sottili. *Questi sono i tre stadi della vipassana*: il primo è l'osservazione del respiro, il secondo è l'osservazione dei pensieri, il terzo è l'osservazione dei sentimenti. E quando saranno scomparsi tutti e tre questi fenomeni, ciò che rimarrà in te è il tuo essere.

Conoscere il tuo essere significa conoscere tutto; conquistare il tuo essere significa conquistare ogni cosa.

Comprensione: una parola chiave... da comprendere!

Domanda: Qual è il rapporto tra la padronanza di me stesso e il controllo su di me?

Sono due realtà opposte. La padronanza di se stessi non contiene alcun sé; è totalmente priva del sé. Esiste la padronanza, ma non c'è alcun sé da governare; non c'è nulla da padroneggiare, non c'è niente che debba essere governato: esiste solo la pura consapevolezza. In quella purezza, tu sei parte del divino; in quella purezza, sei il signore dell'esistenza stessa; ma il sé è del tutto assente.

Quando parliamo di "padronanza di se stessi", usiamo un linguaggio errato; ma non possiamo farci niente poiché, a queste altezze, ogni linguaggio è sbagliato. In quei momenti di pienezza, nessuna parola risulterebbe adeguata. Nel controllo, il sé è più che mai presente. Chi non si controlla non ha un sé altrettanto grande, non ha un ego così grande: come potrebbe? Costui conosce la propria debolezza.

Ecco perché ti imbatterai in un fenomeno davvero strano: i vostri cosiddetti santi sono molto più egoisti, se paragonati ai peccatori. I peccatori sono più umani, più umili; i santi sono praticamente disumani, a causa del loro controllo, e pensano di essere superuomini. Poiché riescono a controllare i propri istinti, possono fare lunghi digiuni e rinunciare ai piaceri sessuali per anni o per tutta la vita; riescono a stare svegli per giorni e giorni, senza neppure un colpo di sonno, poiché hanno un forte controllo sul loro corpo e sulla loro mente; ovviamente, tutto questo dà loro un ego smisurato. Alimenta in loro l'idea: "Io sono davvero speciale" e nutre la loro malattia.

Il peccatore è più umile; deve esserlo, poiché sa di essere incapace di controllarsi. Quando in lui monta la collera, diventa la collera. Quando in lui sorge l'amore, diventa amore. Quando in lui sorge la tristezza, diventa tristezza, poiché non ha alcun controllo sulle sue emozioni. Quando è affamato, è pronto a fare qualsiasi cosa pur di avere del cibo e, anche se dovesse rubare, è pronto a farlo. È pronto a usare qualsiasi mezzo possibile.

Il controllo su se stessi genera un ego molto sottile; nel controllo su se stessi insorge un sé più grande che mai. Viceversa, la padronanza di te stesso è un fenomeno del tutto differente: non contiene alcun sé. Il controllo lo devi coltivare, devi esercitarlo e l'ottieni con grande fatica; occorre una lunga lotta per conseguirlo. *La padronanza* di te stesso non la devi coltivare, non devi esercitarla; *non è altro che la capacità di comprendere*: non è affatto un controllare se stessi.

Per esempio, puoi controllarc la collera, la puoi reprimere, puoi sederti sulla tua collera. Nessuno saprà mai cos'hai fatto e sarai sempre elogiato dagli altri poiché, in una situazione in cui chiunque sarebbe andato in collera, tu sei rimasto assolutamente calmo e centrato, pacato e quieto; ma tu sai che quella calma, quella pacatezza esistevano solo in superficie. Nel tuo intimo ribollivi, nel tuo intimo c'era un fuoco; sai di aver represso tutto nel tuo inconscio, hai schiacciato a forza ogni cosa in fondo al tuo inconscio e ti sei seduto sopra le tue emozioni... sei ancora seduto lì: è come se fossi seduto sul cratere di un vulcano.

Chi controlla se stesso si reprime e continua a reprimersi. Poiché continua a reprimersi, continua ad accumulare tutto ciò che è sbagliato e la vita intera diventa un accumulo di rifiuti. Prima o poi, e accadrà molto prima di quanto ti immagini, il vulcano erutterà, poiché la sua capacità di contenimento è limitata.

Tu reprimi la collera, reprimi la sessualità, reprimi ogni sorta di desideri e di aspirazioni: per quanto tempo riuscirai a reprimerli? Puoi contenerne solo una certa quantità perciò, un giorno, tutto ciò che hai represso supererà la tua capacità di controllo e traboccherà.

I vostri cosiddetti santi, uomini che hanno il controllo su se stessi, possono essere provocati con facilità. Grattate solo un poco, raschiate la superficie e rimarrete sorpresi nel veder emergere immediatamente l'animale: la loro santità non va neppure oltre lo spessore della loro pelle. Si portano dentro un'infinità di demoni e riescono, in qualche modo, a nasconderli. Vivono una vita infelice, poiché la loro è una vita di lotta perenne. Sono nevrotici, sono sull'orlo della follia, vivono sempre sull'orlo di un baratro. Qualsiasi inezia può essere l'ultima goccia che fa traboccare il vaso! Secondo la mia visione della vita, costoro non sono affatto religiosi.

L'uomo religioso non controlla se stesso e non reprime niente. Chi è religioso comprende; fa il possibile per comprendere, non per controllare. Diventa sempre più meditativo: osserva la sua collera, la sua bramosia, la sua avidità, la sua gelosia, la sua possessività. Osserva tutte queste cose velenose che lo avvolgono; le osserva semplicemente. Fa il possibile per comprendere che cosa sia la collera e, proprio comprendendola, trascende. Diventa un testimone di se stesso e, grazie alla sua osservazione, la sua collera si scioglie: proprio come, al sorgere del sole, la neve comincia a sciogliersi.

La comprensione porta con sé un certo tepore: è come se in te sorgesse il sole e sciogliesse tutto il ghiaccio che ti circonda; è come una fiamma interiore che comincia a fugare le tue tenebre.

L'uomo di comprensione è meditativo, non è un controllore, un giudice di se stesso: è l'esatto opposto. È un osservatore e, se vuoi essere un osservatore, non devi affatto esprimere giudizi.

Chi si controlla giudica e condanna continuamente: "Questo è male!". E premia continuamente: "Questo è bene!"... "Ciò che è male, ti condurrà all'inferno; ciò che è bene, ti porterà in paradiso!" Costui esprime costantemente giudizi, condanne, lodi e scelte. Colui che controlla se stesso vive scegliendo. Un uomo in grado di comprendere, vive nell'assenza di scelte.

È la consapevolezza priva di scelte che porta con sé la vera trasformazione. Poiché non reprimi niente, in te non sorge alcun ego, nessun "sé"; e poiché la capacità di comprendere è soggettiva, è un fenomeno interiore, nessuno lo conosce, nessuno può vederlo, all'infuori di te.

L'ego proviene dall'esterno, dagli altri, da ciò che dicono di te: è la loro opinione su di te che crea il tuo ego. Gli altri dicono che sei intelligente, che sei veramente santo e pio e tu, naturalmente, ti senti alle stelle. L'ego proviene dall'esterno: ti viene dato dagli altri. Gli altri, ovviamente, di fronte a te dicono una cosa e, alle tue spalle, dicono qualcos'altro, esattamente l'opposto.

Freud era solito ripetere che, se tutti gli abitanti del pianeta decidessero, anche solo per ventiquattr'ore, di dire unicamente la verità, nient'altro che la verità, tutte le amicizie scomparirebbero; si dissolverebbero tutti gli amori e tutti i matrimoni si scioglierebbero, tutti i rapporti andrebbero a rotoli.

All'ospite, che bussa alla tua porta, non diresti: "Sei il benvenuto, ti aspettavo. Da quanto tempo non ci vediamo! Ho sofferto molto per la tua lontananza, dove sei stato? Mi stai riempiendo il cuore di gioia!". Diresti invece la verità: "Questo figlio di una buona donna si presenta di nuovo in casa mia! Come farò a liberarmi da questo idiota?".

È ciò che hai in cuor tuo e che controlli, e che di solito dici, ma alle spalle del tuo ospite. Osservati, osserva ciò che dici in faccia alle persone e ciò che dici alle loro spalle. Ciò che dici alle loro spalle è molto più vero di ciò che dici loro in faccia, è molto più vicino ai tuoi sentimenti di ciò che dici loro in faccia.

Ma il tuo ego dipende da ciò che gli altri ti dicono, per cui è molto fragile; al punto che su ciascun ego, c'è la scritta: "Maneggiare con cura!".

Il tuo ego dipende dagli specchi. Ogni rapporto funziona come uno specchio, ogni persona che incontri funziona come uno specchio e il tuo ego continua a mantenere il controllo.

E perché mai vuoi controllarti?

Ti controlli perché la società lo apprezza e perché, se ti controlli, la società aumenta il tuo ego. Se segui i dettami della società, se segui i suoi moralismi, il suo puritanesimo, le sue idee sulla santità, ti loderà sempre più. Sarai rispettato da un numero crescente di persone, il tuo ego si gonfierà sempre più e volerà in alto.

Ricorda però che l'ego non produrrà mai in te alcuna trasformazione. L'ego è il fenomeno più inconscio che accade in te e ti renderà sempre più inconsapevole. E chi vive attraverso il proprio ego ne rimane come ubriacato: non è in sé, agisce immemore di se stesso.

> Fernando si era appena sposato: la festa nuziale era grandiosa e il vino scorreva a fiumi. Tutto andava per il meglio, quando Fernando perse di vista la propria sposa. Dando uno sguardo agli invitati, scoprì che era scomparso anche il suo amico Luigi.
> Fernando si mise allora a cercare i due dispersi. Guardò in camera da letto e scoprì che Luigi stava facendo l'amore con sua moglie. Senza far rumore, Fernando chiuse la porta e si precipitò giù dalle scale verso i suoi invitati.
> "Presto, presto, venite tutti a vedere!" urlò. "Luigi è così ubriaco che crede di essere me... lo sposo!"

L'ego ti fa vivere praticamente in uno stato di ebbrezza. Non sai più chi sei, poiché credi in ciò che gli altri dicono di te. E non sai neppure chi sono gli altri, poiché credi in ciò che gli altri dicono delle altre persone. Quello in cui viviamo è il mondo illusorio, fatto di credenze.

Risvegliati! Diventa più consapevole e, diventando consapevole, diventerai padrone del tuo stesso essere. La padronanza di se stessi non conosce il sé e il sé non conosce alcuna padronanza di se stessi. Lascia che questa verità ti sia chiara, in tutta la sua evidenza!

E ricorda: io non vi insegno il controllo di voi stessi, né l'autodisciplina. Il mio insegnamento è la consapevolezza di sé e la trasformazione di sé. Io vorrei che tu diventassi vasto come il cielo, poiché questo è ciò che tu sei nella realtà!

2
Ascoltarsi e comprendersi

Da come si ascolta dipendono molte cose.

Udire è qualcosa di meccanico: hai le orecchie, l'udito ne consegue; se diventassi sordo, un apparecchio acustico ti potrebbe aiutare. Le orecchie non sono altro che uno specifico meccanismo atto a ricevere i suoni. L'udito è un meccanismo semplicissimo che tutti gli animali hanno: è sufficiente avere le orecchie. L'ascolto, invece, è uno stadio di gran lunga superiore.

Ascoltare significa questo: quando ascolti, fai solo quello, non fai nient'altro; nella tua mente non ci sono altri pensieri, nel tuo cielo interiore non scorre alcuna nuvola – in questo modo, qualsiasi cosa venga detta ti arriva così come è stata pronunciata. Non sussistono interferenze mentali; tu non interpreti in base ai tuoi pregiudizi; nulla è velato da qualcosa che, in quel momento, scorre in te... infatti, quelle sono tutte distorsioni.

Di solito, non è difficile: l'ascolto si accompagna all'udito, se si tratta di cose comuni. Se dico qualcosa sulla casa, rispetto a una porta, a un albero, a un uccello non ci sono problemi. Questi sono oggetti comuni, un vero ascolto non è necessario. Invece, se si parla di qualcosa come la meditazione – che non è affatto un oggetto bensì uno stato soggettivo dell'essere –, l'ascolto diventa necessario. E lo si può solo tratteggiare: devi essere davvero attento e presente, solo così è possibile che un qualche significato ti arrivi.

E se anche una piccola comprensione affiora in te, è

più che sufficiente; questo perché la comprensione ha un modo tutto suo per crescere: se anche solo un briciolo di comprensione cade nel posto giusto, se raggiunge il cuore, inizia a crescere spontaneamente.

Non occorre fare nulla... un puro e semplice ascolto

L'udito è tuo in quanto diritto di nascita. L'ascolto lo si deve acquisire, conquistare, guadagnare! È un'arte. Devi conseguire un'abilità specifica, cosa che l'udito non richiede; è sufficiente che le orecchie funzionino.

La gente di solito litiga, discute, bisticcia... sono tutte dinamiche inconsce. Le persone riescono a stabilire particolari compromessi, solo per tener insieme le situazioni, ma nulla sembra davvero funzionare: a un certo punto, qualsiasi compromesso va in pezzi.

Nessun marito ascolta ciò che la moglie sta dicendo, né la moglie... entrambi hanno le orecchie; ma nessuno ha mai insegnato loro l'arte dell'ascolto. Nessuno ha mai insegnato loro come ascoltare.

Quando divenni professore, quella era la prima cosa che facevo.
Ogni anno, per un mese non insegnavo nulla. Il primo mese, chi voleva partecipare ai miei corsi doveva imparare come ascoltare. Ci furono delle lamentele: "Questo non fa parte del corso universitario, non esistono indicazioni in tal senso!". E il vicerettore mi chiese chiarimenti.
Spiegai: "Non posso fare altrimenti, devo assumermi un peso creato dalla vostra società. È qualcosa che doveva essere insegnato all'inizio, nei primi anni; sarebbe stato molto più facile".
Il vicerettore contestò il fatto che l'udito degli studenti funzionava alla perfezione! Per cui spiegai: "Le orecchie non c'entrano. Puoi sempre udire qualcosa, mentre dentro di te stai pensando; ma in quel caso, il tuo processo di pensiero si mischierà con ciò che senti, contaminandolo, corrompendolo. In quel caso, ciò che sostieni di aver udito non è ciò che è stato detto; è qualcos'altro... potrebbe addirittura essere l'esatto opposto!
Se dentro di te hai dei pregiudizi, stereotipi che continuano a

filtrare tutto ciò che passa dalle tue orecchie, tutto ciò che va contro quei pregiudizi verrà bloccato; mentre tutto ciò che li sostiene verrà lasciato passare. Ebbene, questo stato di cose rende impossibile comprendere la filosofia. Non mi interessano le altre materie, ma la mia risulterà incomprensibile; e questo perché di fondo la filosofia è consapevolezza di un problema in tutti i suoi aspetti. Se hai già una concezione mentale di come stanno le cose, ogni comprensione diventa impossibile".

All'inizio gli studenti trovavano davvero difficile stare seduti per un'ora in silenzio, ad ascoltare: gli uccelli all'esterno, qualsiasi rumore – un professore che urlava, una macchina che passava, un aereo che svettava... e tu che semplicemente ascolti.

Non occorre fare nulla... un puro e semplice ascolto.

Molti se ne andavano prima della fine del mese. Se iniziavano in trenta, era praticamente garantito che alla fine rimanevano soltanto in dieci. Ma quei dieci mi erano grati per sempre; non per ciò che io avevo insegnato, ma per ciò che loro avevano imparato in quel mese. Ciò che poi veniva insegnato era ottimo per la laurea, ma ciò che avevano imparato in quel mese di ascolto silenzioso diventava un nuovo modo di vedere le cose, di sentire, di essere.

Io definisco "individuo" chi è capace di ascoltare; ovvero, chi è in grado di essere in uno stato di meditazione. In quel caso, non è più una persona, è un individuo.

Su un essere simile non potrai più imporre nulla che la sua consapevolezza non riconosca come giusto. Preferirebbe morire che fare un passo falso; la morte per lui non è rilevante, ciò che è importante è restare veri a se stessi.

La sua consapevolezza diventa così preziosa che qualsiasi altra cosa può andare perduta, ma gli è impossibile perdere quel bene. Una volta che lo possiedi – e sarebbe meglio dire che già è tuo! – una volta che torni a scoprirlo, non lo puoi più dimenticare un'altra volta.

Questa è una delle più grandi esperienze della vita: di fronte alla tua presenza attenta e consapevole, tutto ciò che non è giusto inizia a dissolversi.

La tua presenza attenta, la tua consapevolezza, il tuo essere meditativo funziona in pratica come il sole con la rugiada: tutto ciò che è falso evapora. Non devi neppure decidere cosa sia giusto e cosa sia sbagliato; ciò che è sbagliato scompare spontaneamente, e ciò che è giusto rimane.

Questo è un modo davvero del tutto nuovo di esistere.

Impara ad ascoltarti

Domanda: Sono letteralmente perseguitato da un continuo chiacchierio interiore che diventa particolarmente assillante di notte, al punto che mi impedisce di addormentarmi. Non mi lascia mai e, negli ultimi tempi, è addirittura aumentato!

La causa potrebbe essere proprio la meditazione. Se in te è presente qualcosa, viene accentuato... e a quel punto tu cerchi di soffocarlo.

Di solito, quando si vuole fermare qualcosa, si cerca di contrastarlo lottando, il che è sbagliato. Se davvero vuoi fermare qualcosa, devi portarlo a conclusione. Se in te è presente qualcosa, deve avere una causa interna; anziché reprimerlo, dagli spazio.

Permettendo un'espressione, vedrai che scomparirà. Ciò che affiora in te vuole comunicarti qualcosa, la tua mente ti vuole parlare; qualcosa che non hai ascoltato, a cui non hai prestato attenzione, a cui hai mostrato indifferenza, vuole relazionarsi con te.

Potresti non essere consapevole di ciò che ti vuole comunicare proprio perché hai sempre lottato, pensando che fosse una follia; e ti sei sforzato di trasformarlo in qualcos'altro o di metterci una pietra sopra, soffocandolo. Qualsiasi diversivo è una forma di repressione.

Prova questo espediente.

Ogni sera, prima di andare a dormire, per quaranta minuti mettiti seduto rivolto a un muro, e inizia a parlare – parla a voce alta. Fanne una cosa divertente... *partecipa*! E se ritieni che siano presenti due voci, lascia che entrambe si esprimano. Presta attenzione e dai spazio a una delle due, poi rispondi dando spazio all'altra voce... e osserva come riesci a creare uno splendido dialogo.

Non tentare di manipolare la situazione, visto che non stai parlando con qualcuno. Sarà qualcosa di folle... lascia che lo sia! E non cercare di tagliare o di censurare nulla, altrimenti l'intero intento andrebbe perso.

Fallo perlomeno per dieci giorni, poi prendi nota di come ti senti.

In quei quaranta minuti, non assumere alcun atteggiamento di giudizio, non frenare nulla; evita qualsiasi opposizione. Se riversi tutta la tua energia in questo espediente, nell'arco di dieci giorni affiorerà ciò che tentava di comunicare con te, ma che tu non hai mai ascoltato; oppure, vedrai qualcosa di cui eri cosciente, ma che non volevi ascoltare.

Ascoltalo e chiudi la questione. Perché accumulare tanto chiacchierio interiore? Di certo esiste una necessità, deve implicare qualcosa... ed è proprio così!

L'intera psicanalisi non è altro che far affiorare il tuo dialogo interiore. Lo psicanalista di fatto non fa nulla; siede semplicemente dietro di te. Il paziente è sdraiato sul divano e dice qualsiasi cosa affiori in lui.

Freud la chiamava "libera associazione". Qualsiasi cosa affiori nella mente, libera da ogni sistematizzazione, senza alcuna razionalizzazione... anche se avverti che è pura follia, la devi esprimere. La presenza dello psicanalista ti dà soltanto la sensazione che qualcuno ti stia ascoltando. È un rimedio davvero costoso... ma lo puoi fare da solo!

Certo, ci sono persone che non potranno essere guarite, a meno di non pagare per riuscirci; e pagano somme incredibili. Per anni e anni un paziente si presenta ogni settimana – due o tre volte – e per un'ora non fa che parlare, parlare e parlare. Quando tutto quel cicaleccio interiore viene espresso, si sciolgono molte cose; ci si sente sollevati. Il paziente pensa che quel senso di benessere dipenda dallo psicanalista: pensa che abbia fatto qualcosa; in realtà, nessuno fa nulla. Lo psicanalista si è limitato a un ascolto simpatetico: ti ha ascoltato, così da eliminare la sensazione che parlassi a un muro.

Nella tua vita quello è un problema. Se vuoi parlare a tuo padre, lui non è pronto ad ascoltare; né lo è tua madre. Oppure, se anche sono disposti a darti ascolto, pongono delle condizioni su ciò di cui si può parlare o su quello che non deve essere detto. Insistono nel dire: "Sei liberissimo di dire qualsiasi cosa vuoi", ma poi impongono condizioni, chiarendo che alcune cose non si possono dire. Il loro semplice sguardo ti fa sentire quell'insistenza, l'imposizione a parlare solo di ciò che è permesso. Inoltre, anche se sentono, non stanno ascoltando; hanno mille e un'altra cosa da fare...

Vuoi dire qualcosa a tua moglie, ma lei non ti ascolta. Infatti, se inizi a parlare scoppiano litigi, conflitti... lei inizia a reagire, anziché ascoltare. D'altra parte, come prima cosa, non ascolterà perché ha a sua volta qualcosa da dirti, e tu non sei disposto ad ascoltare, visto che vuoi già dirle qualcosa. Entrambi state ribollendo dentro di voi, a tal punto che nessuno può porsi come un ascoltatore simpatetico.

Ho sentito una barzelletta:

> Un sostituto barista si rivelò un tipo davvero cordiale, molto loquace; inoltre, conosceva un'infinità di aneddoti e barzellette con cui intratteneva i clienti... senza tuttavia attrarre più di tanto la loro simpatia.
> Alla fine il proprietario del bar lo chiamò e gli disse: "Figliolo, la cosa migliore che puoi fare è ascoltare. Lascia che siano i clienti a parlare; se volessero ascoltare, se ne starebbero a casa loro!".

Nessuno è disposto ad ascoltare, ecco perché diventano necessari ascoltatori professionisti. Uno psicanalista non è altro che un professionista dell'ascolto! In realtà, ciò che ti guarisce è il tuo parlare.

Dunque, inizia a parlare al muro – e fallo con totalità,

coinvolgendoti, senza trattenere nulla. Puoi spegnere le luci, oppure tienile molto basse, d'accordo?

Se mentre parli senti di voler urlare o di arrabbiarti, sbraita e va' in collera, perché l'esperimento andrà in profondità solo se viene fatto con partecipazione emotiva. Se lo confini a una chiacchierata mentale, continuando a ripetere delle parole come fossi un nastro registrato privo di vita, non servirà a nulla; e l'elemento primario – la cosa reale da mettere a fuoco – non affiorerà mai.

Parla con sentimento, facendo gesti e movimenti... come se l'altro fosse presente. E all'incirca dopo venticinque minuti ti sentirai davvero su di giri. Gli ultimi quindici minuti saranno bellissimi; te li godrai a fondo. E nell'arco di dieci giorni vedrai che, piano piano, quel chiacchierio interiore è scomparso; e tu sei arrivato a comprendere alcune cose di te stesso che non avevi mai capito.

Usa la musica per raffinare l'ascolto

La musica è ciò che si avvicina di più alla meditazione. Proprio al di là della musica, ecco la meditazione: è sufficiente un solo passo in più, e sei in meditazione.

La musica è dunque la soglia più bella...

Ascolta la musica con totalità tale da portare l'ascoltatore a scomparire nell'ascolto, così che sia presente soltanto la musica, tu non ci sei: sei un vuoto e la musica ti riempie.

Non esiste neppure l'osservatore, nessuno che apprezzi o giudichi.

Ascolta la musica senza alcun giudizio, senza dare alcuna valutazione... ed ecco che diventerà la tua meditazione più profonda. In quel caso, qualsiasi musica andrà bene.

Piano piano arriverai a sviluppare l'abilità dell'ascolto, è un vero e proprio gioco di destrezza... a quel punto, potrai usare qualsiasi suono. Il semplice rumore di un treno che passa sarà sufficiente a creare silenzio. Infatti, il suono è solo una polarità, il silenzio è l'altro polo della stessa energia: se sai come ascoltare nel modo giusto, ogni suono è in grado di generare silenzio.

Così come la luce e l'oscurità si accompagnano, anche il suono e il silenzio non possono essere separati: è un'unica energia, quelli sono soltanto i suoi due aspetti.

Se impari ad ascoltare nel modo giusto, ogni suono provoca in te il silenzio. E quella è la bellezza della musica. Non appena ti eserciti ad ascoltarla, diventi consapevole di questo incredibile fenomeno: nell'ascoltare diventi silenzioso. A quel punto, puoi provarci con altri suoni; esercitati passo passo, molto lentamente... e un giorno, all'improvviso, ti ritroverai nel bel mezzo di una piazza del mercato, circondato da ogni tipo di frastuono, e sarai incredibilmente silenzioso – il centro del ciclone!

Questo è il messaggio ai ricercatori del Vero che si accompagnano a me: devono essere silenziosi proprio nel cuore della tempesta dell'esistenza, nel ciclone della vita. Devono meditare nel mondo degli affari, sulla piazza del mercato: non devono diventare persone che fuggono dalla realtà.

È fondamentale trasformare la propria vita, e la trasformazione richiede la sfida dell'opposto.

Il lavoro da fare è arduo, ma è sufficiente scoprire la propria musica, raffinarla, portarla al culmine. È già presente, le si deve solo permettere di esplodere.

Esercitati ad ascoltare le persone

Impara ad ascoltare, piuttosto che esercitarti a parlare; in questo modo potrai goderti di più la presenza delle persone. Quando sei con qualcuno, esercitati a diventare un buon ascoltatore. Non è affatto necessario parlare molto, perché in realtà non c'è molto da dire; e se dici parole vuote, nessuno ti ascolterà. Quindi, anziché arrabbiarti perché nessuno ti ascolta, metti a fuoco se davvero hai qualcosa da dire: che cosa vuoi esattamente comunicare? Cosa vuoi esprimere?

E ricorda: *prima di poter dire qualcosa, occorre aver compreso qualcosa*.

Prima di poter cantare una canzone, nel tuo cuore deve affiorare un canto; altrimenti il tuo cantare sarà superficiale. Non sarà presente alcun palpito del cuore e nessuno vorrà ascoltare. La gente non ascolta più le parole, ne è stufa: tutti continuano a scaricare parole su di loro; è diventato uno sfogo collettivo. Si ha la sensazione di un'immensa partita a tennis collettiva, dove tutti tirano palline su tutti! La gente è esasperata, stanca di parole... prova dunque a essere in silenzio con le persone che incontri, ma fai in modo che non sia un silenzio negativo.

Ecco perché parlo di ascolto.

L'ascolto è un silenzio positivo. Tu sei attento e la tua presenza è intensa. Non sei disinteressato, non sei indifferente; non stai sbadigliando, né sei distratto da qualcosa che stai guardando: stai davvero ascoltando. Stai donando tutto il tuo cuore a chi è lì presente, stai aprendo te stesso all'altra persona.

Ascolta le persone. Imparerai molto di loro, e apprenderai molto di te stesso.

Ascolta le persone e avvertirai un'apertura, qualcosa in te che si scioglie. In te sentirai affiorare un incredibile calore; e non importa ciò che l'altro sta dicendo, può essere una cosa qualsiasi.

Presta semplicemente attenzione, partecipa a ciò che viene detto e permetti a quella persona di sentire che è stata ascoltata.

Vedrai che la gente penserà che sei un abile conversatore. E inizierà a dire ad altre persone che sei un ottimo oratore, ciò che dici è bellissimo... e tu non hai detto una sola parola! Potresti aver detto soltanto sì o no, o altre semplici esclamazioni; ma le persone conserveranno la sensazione che è davvero piacevole conversare con te. E questo perché stavano semplicemente cercando qualcuno disposto ad ascoltare, proprio come te!

Bertrand Russell ha scritto una novella ambientata nel venticinquesimo secolo, in cui ogni quartiere ha uno psicanalista, perché nessuno ascolta più nessuno! In quell'epoca per sgravare il proprio cuore, si dovrà pagare qualcuno... già adesso sono ormai passati i bei vecchi tempi in cui la gente era disposta ad ascoltare qualsiasi cosa tu volessi dire.

Il problema è ormai collettivo: tu pensi che nessuno ti ascolti, gli altri pensano che tu non li stia ascoltando. Ed è proprio vero: nessuno sta ascoltando... perché tutti vogliono sfogarsi e alleggerirsi. Le persone vogliono che tu sia ricettivo, così da potersi liberare da ciò che pesa sul loro cuore. E anziché trovarti ricettivo, ti trovano aggressivo – disperatamente alla ricerca di un modo per alleggerirti – e non resta che una soluzione: scappare!

Parla il meno possibile – bastano poche parole qui e là, così da aiutare la persona a continuare a parlare, così da non farla sentire a disagio. Sono sufficienti poche parole ogni tanto per stimolarla, per rassicurarla, per farle capire che la stai ascoltando. Dei semplici cenni con la testa potranno funzionare... e avvertirai dentro di te un'enorme apertura.

Inoltre, occorre capire una seconda cosa: se non ti diverti, se non sai goderti la tua stessa presenza, prima o poi ti sentirai frustrato. Le persone non sanno come divertirsi, godersi se stesse. Sanno come godersi altre cose: vanno al cinema e si divertono; fanno l'amore e ne godono; mangiano dell'ottimo cibo e ne traggono piacere... ma nessuno sa come godersi la propria presenza.

Puoi continuare ad andare al cinema, ma prima o poi ti stancherai. Puoi accompagnarti a una donna, ma anche questo ti stancherà perché diventerà una continua ripetizione degli stessi gesti. Puoi leggere racconti e romanzi, ma di nuovo ti stuferai perché si tratta sempre dello stesso triangolo, sarà la stessa storia d'amore trita e ritrita; cambieranno solo alcuni dettagli, ma la gestalt di fondo è sempre identica. Anche il cibo, col tempo, risulterà sempre lo stesso... e anche le giornate risulteranno ripetitive: le stesse mattine che sfumano nelle stesse sere, un'identica routine che si ripete all'infinito... a meno che non riesci a goderti te stesso.

Infatti, tu sei la sorgente di un costante rinnovamento, di una continua resurrezione. Nell'essenza più intima del tuo essere a ogni istante si manifesta una nuova vita. È un'esplosione, una continua esplosione.

Se non riesci a goderne, nulla potrà essere d'aiuto; tutto non sarà altro che un perenne rimandare. Potrai spingere la tua frustrazione un po' più in là, ma di nuovo tornerà a ripresentarsi, perché è sempre lì in attesa di incontrarti.

Inizia dunque a goderti te stesso. Stando semplicemente seduto in silenzio, sentiti deliziato. Guardando semplicemente le stelle, senza alcuna ragione specifica, inizia a cantare o a danzare; e non pensare che questa sia follia. La mente collettiva ha nozioni davvero strane: se qualcuno è felice senza alcun motivo, viene ritenuto pazzo. Tutti sostengono che per essere felici è necessario un motivo specifico.

Dal mio punto di vista, la felicità dovrebbe essere un semplice stato naturale delle cose. Sei vivo, questo è sufficiente; dovresti essere felice. Essere vivi è un motivo sufficiente per essere felici, per rallegrarsi.

Dunque, se la gente ti chiedesse perché sei felice, puoi semplicemente dire che lo sei perché sei vivo! Purtroppo tutti pensano che ci debba essere una causa specifica: hai vinto alla lotteria o alle corse dei cavalli; hai una nuova fidanzata o sei diventato famoso; hai ottenuto il Premio Nobel o sussiste un qualche altro motivo.

In questo caso, però, non si può essere davvero felici. Quel tipo di felicità è del tutto simile a un fulmine: viene e se ne va. Non è nulla che ti possa nutrire, non è qualcosa che potrai far tuo, come fosse un respiro.

Inizia dunque a essere felice senza alcun motivo. Perfino tu potresti pensare che c'è qualcosa di sbagliato in questo: senza motivo non si può essere felici! Ma io sostengo che il semplice essere vivi è sufficiente.

Nel Vangelo la parola "rallegrati" è ripetuta circa novecento volte. Di nuovo si dice: "Rallegrati", "Gioisci", "Deliziati" o un qualsiasi altro sinonimo. E il significato è splendido: gioisci semplicemente perché esisti. Provaci e sintonizzati con questa percezione.

Di nuovo è mattino... rallegrati e ringrazia dio, perché un giorno non ci sarà più un mattino.

Di nuovo la notte è piena di stelle... rallegrati e danza sotto quel cielo stellato, perché un giorno non ci sarà più e non sarà più possibile danzare. Di nuovo ti è stata data una notte... perché sprecarla?

E questo rallegrarsi dovrebbe essere semplice, irrazionale, libero da qualsiasi ragione. Inoltre, non dovrebbe aver nulla a che fare con nessun altro. Dovrebbe esistere semplicemente dentro di te, come una fiamma.

Nel momento in cui sei in grado di rallegrarti da solo, ecco che puoi entrare in relazione... avrai qualcosa da dire, qualcosa da condividere.

Perfino il tuo silenzio diventerà pregnante. Anche se siedi in silenzio con qualcuno, l'altro sentirà la tua presenza, e ne sarà ricolmo. Verrà toccato da te, si sentirà invocato, invitato a entrare nel santuario del tuo essere. Diventerà un ospite in te; e che tu dica qualcosa o stia zitto, sarà del tutto irrilevante.

Quando hai qualcosa da condividere, perfino il silenzio dice molto. E quando non hai nulla da dire, non fai che chiacchierare; quelle parole sono vuote. Non sono pregnanti di vita. In realtà, non sono tue, non stanno affiorando dal tuo essere; non portano con sé alcuna parte di te, non sono ricolme della tua presenza.

Dunque, come prima cosa, crea un'aura di gioia intorno a te, un ambiente di festa, un'atmosfera. In quel caso, puoi creare gioia da solo, nessun altro è necessario; e nel momento in cui sarai immerso nella felicità, sentirai che le persone sono attratte verso di te, come fossero spinte da un magnete. Qualcosa di interiore inizia ad attirare... infatti, chi non vuole essere felice? E chi non vuole essere vicino a qualcuno che è felice? Un uomo felice è diventato davvero una rarità!

La gente continua a tollerare persone infelici, perché

non si può fare altrimenti; quelle sono le uniche persone in circolazione. Sii felice e vedrai che perfino il tuo silenzio sarà ascoltato, che dire delle tue parole? La gente si sentirà bene, quando si trova vicino a te, e a quel punto ti aprirai ancora di più. *Si tratta di reciprocità*: se la tua presenza rende felici le altre persone, la loro felicità ti rende ancora più felice... e questo continua ad amplificarsi in onde sempre più alte.

La difficoltà all'ascolto e di ascolto va di pari passo con un protagonismo comunicativo che i social network hanno amplificato in modo davvero esponenziale, generando un sordo frastuono che annulla qualsiasi comunicazione reale.
Oggi i surrogati al dialogo sono talmente tali e tanti che si è addirittura persa la sensazione stessa di essere intrappolati all'interno di muri isolanti invisibili e al tempo stesso inamovibili. Anche perché le abitudini, i ritmi di vita, le distrazioni, il logorio stesso di una vita così fortemente connessa – in apparenza – con tutto e con tutti, portano di fatto a un non dialogo, a un inevitabile non sentire, a una superficialità che purtroppo non supera più la prova della realtà; allorché, per esempio, ci si trova a convivere, o anche solo a scambiare punti di vista, sensazioni o emozioni vere all'interno di una relazione.
Questa mancanza di comunicazione – o anche solo una sua maldestra gestione – è all'origine di drammi famigliari e di separazioni innumerevoli che lasciano comunque irrisolto il problema di fondo. Ovvero, non è possibile uscirne, o dare forma a un nuovo inizio, se non ci si apre diversamente... a partire da se stessi!
Ecco perché l'insieme dei suggerimenti di Osho richiama all'individuo e alla necessità di coltivare dentro di sé qualcosa che apra uno spazio di accoglienza, di sensibilità, di profondità da cui potrà poi sprigionarsi una reale comunicazione che assumerà forme diverse, non necessariamente verbali: per qualcuno risulterà più facile avvicinare il partner – o semplicemente gli amici, i conoscenti, le altre persone in generale – con qualcosa di scritto, altri si ritroveranno a parla-

re, altri ancora si esprimeranno con un gesto, oppure un segno o un'immagine in cui ci si scoprirà partecipi e dove sarà chiara la condivisione di una comprensione reale.

Pertanto, nel caso ci si rendesse conto di incomprensioni, o addirittura di assenza di una reale comunicazione, il consiglio migliore è iniziare a coltivare dentro di sé uno spazio di ascolto – partendo da quanto già suggerito nei capitoli precedenti, qualora non sia già stato sperimentato –, per poi aggiungere momenti condivisi, ma basati su un ascolto individuale. Ovvero: è bene andare insieme nella natura e ascoltarne i suoni, mettere una musica che piace a entrambi – meglio se classica o rilassante – e ascoltarla insieme, giocare all'ascolto dei suoni – anche andando insieme al mercato – o dei rumori circostanti.

Solo quando si è sicuri che la facoltà di ascoltare e di sentire si è attivata, è consigliabile passare a una condivisione diretta, sicuri che possa dare inizio o forma a un dialogo spesso mai partito; avendo anche la capacità reale di accogliere ciò che l'altro vuole comunicare. Qualcosa che è importante non dare per scontato... meglio dunque non tardare ad attivarsi in questo senso.

Inoltre, è importante scegliere il momento giusto per condividere qualcosa, soprattutto se è cosa delicata e di estrema rilevanza, con il proprio partner. Un suggerimento che si può estendere all'agire, evitando i momenti in cui ci si sente preda della negatività.

E questo perché spesso l'ombra della negatività si impossessa di noi con tale forza distruttiva, da portare a dire o a fare cose di cui poi ci si pente, amaramente.

È bene comprendere una cosa: non identificarti con la tua ombra negativa. Resta distaccato, altrimenti potrà esplodere in una distruttività terrificante. Se fai qualcosa, se crei qualcosa e poi ti identifichi con la negatività, tutto ciò che hai creato sarà di nuovo distrutto.

Il positivo è davvero fragile e il negativo è fortissimo. La positività è simile a una rosa e la negatività assomiglia a una pietra: è priva di vita, ma è molto forte; e se scagli quella pietra contro la rosa, quel fiore verrà schiacciato.

Ciò che è superiore è sempre fragile, ciò che è inferiore è forte. L'elemento più elevato è delicato, tenero; quello più basso è rozzo e rude. Il negativo è la parte più bassa; pertanto, nel momento in cui ti identifichi, spazzi via molto di ciò che stavi creando.

Stava accadendo qualcosa di bello, e di nuovo è caduta una pietra che ha distrutto ogni cosa. Dovrai ripartire dall'ABC un'altra volta... è qualcosa che devi osservare.

D'ora in poi devi stare attento, quando accade.

Quando ti senti in uno stato d'animo negativo, stabilisci un punto fermo: non dire nulla, mentre sei in quello stato d'animo; e non fare nulla finché non ne sei uscito.

In quello stato d'animo resta chiuso, ritirati in te stesso... staccati completamente da tutto e da tutti. Sdraiati sul letto; mangia e vai a dormire. Sdraiati nella vasca da bagno, rilassati semplicemente, ma non fare nulla. Non relazionarti, non prendere decisioni; perché quelle decisioni saranno sbagliate e distruggeranno il lavoro di giorni, di anni... e poi ne soffrirai.

Lascia perdere il mondo, non dargli colpe che non ha. Il mondo continuerà a cambiare, e anche tu di conseguenza dovrai cambiare spesso. Il problema non sta lì!

Mi riferisco alla tua crescita interiore, alla tua realtà: molte volte crei qualcosa di bello, e poi lo distruggi – e lo distruggi nel giro di pochi istanti!

Sii dunque consapevole, d'ora in poi, di questo tuo meccanismo. Stabilisci di agire e di interagire solo quando sei in uno stato d'animo positivo; quando sei felice, quando stai fluendo, quando ami e sei in fiducia. Quando sei in uno spazio negativo, non fare nulla... questo ti farà risparmiare moltissima energia. E ben presto ne vedrai i benefici.

3.
Svettare in amore

Nulla è più elevato dell'amore, è in assoluto l'esperienza più alta possibile nella vita.

Dio non è altro che il picco supremo dell'amore, l'esperienza di un orgasmo totale – nulla di sessuale, ma qualcosa di interiore e di spirituale.

Anche l'orgasmo sessuale offre un bagliore di ciò che è l'estasi interiore, attiva il processo di quella potenzialità interiore.

Qualsiasi momento di amore profondo è un istante divino: ogni volta che sei immerso in un profondo amore per qualcosa, in quel momento sei in uno stato di preghiera, è una mistica orazione.

Nella vita di Gesù si tramanda la presenza di Maria Maddalena, una donna che lo amò come nessun altro. Il suo amore dev'essere stato di un'importanza senza confronti nella vita di Gesù; di certo deve averlo tenuto ancorato alla terra; altrimenti questo tipo di persone trova difficilissimo restare nel corpo. Intorno a Gesù non c'era nessun altro discepolo con una simile profondità, con l'intensità e la totalità d'amore di Maddalena.

E poiché Maddalena si elevò proprio attraverso il suo amore per Gesù, la parola stessa è diventata sinonimo di "elevazione". All'inizio non aveva quel significato, il termine si riferiva alla città d'origine di Maddalena, Magdala: la donna che veniva da Magdala.

Ma il suo amore fu tale da dare a quella parola un significato, prima inesistente. Adesso il senso è questo: ciò che è elevato, ciò che è magnificenza, ciò che è splendore; e queste sono tutte qualità dell'amore.

Amore: un'alchimia che accade

L'amore giunge dal trascendente. È un raggio del paradiso che penetra l'oscurità della terra. Ecco perché è sempre un accadere, non qualcosa che si può fare.

Non puoi fare l'amore perché non può essere un manufatto umano. Se cerchi di "farlo", sarà qualcosa di falso; al massimo una finzione, una recita, un inganno ma non potrà mai essere reale.

Il vero amore può solo *accadere*. Qualcosa del trascendente ti possiede, ti travolge. Vieni preso e trascinato via da un'onda travolgente, strappato dal terreno del quotidiano.

Ecco perché le persone hanno paura del vero amore, perché sembra una vera e propria follia. Non lo puoi controllare, è qualcosa che ti fa paura. E poiché la mente non sarà in grado di imporgli una disciplina, desidera evitarlo: nell'amore di cui parlo, in nessun modo la mente potrà mai essere l'elemento dominante.

Quando l'amore sopraggiunge, diventa signore e padrone... e ogni altra cosa inizia a servirlo! L'amore è il sovrano... appartiene al sovrano, e quando viene, si presenta come tale. La sua stessa presenza fa in modo che ogni cosa – il tuo corpo, la tua mente, la tua anima – entri in sintonia e si metta al suo servizio.

Dunque, è naturale che la mente abbia paura di un simile immenso sconvolgimento. La mente non vuole perdere il proprio dominio, ecco perché crea un amore di plastica, forme d'amore sintetico, qualcosa di artificiale, di arbitrario. Con queste modalità d'amare si sente perfettamente a suo agio; con quegli stupidi manichini rimane l'elemento dominante.

Lascia che tutto questo diventi una profonda comprensione nel tuo cuore, e ricorda: dobbiamo provocare, invocare qualcosa del trascendente. E dobbiamo essere pronti ad arrenderci, a lasciarci andare a quell'avvento; perché proprio in quell'abbandonarci si nasconde la vera vittoria.

Quando ti annulli, quando il tuo io è assolutamente cancellato, ecco che sei arrivato a casa.

*

Domanda: *Trovo davvero molto difficile arrendermi, lasciarmi andare...*

È sempre difficile, non è una cosa facile. Se lo fosse stato, il mondo intero sarebbe un paradiso. La gente vive all'inferno perché non riesce a lasciarsi andare. È difficile, davvero arduo; riuscire ad abbandonarsi è una delle cose più eccelse della vita.

Ma è un ottimo segno che tu sia diventato consapevole di questa difficoltà, significa che ci stai provando. Ora sei consapevole che è qualcosa di difficile, non stai più fingendo, non ti stai più ingannando. Se rimani attento e presente, piano piano quell'ego svanirà.

L'ego è simile a una roccia, e lasciarsi andare ha le qualità dell'acqua: se continua a cadere, prima o poi polverizzerà la roccia.

All'inizio è davvero difficile, addirittura non si riesce a concepire che la delicatezza dell'acqua possa distruggere la roccia; sembra improbabile, eppure accade. Lao-tzu lo chiama "la via dell'acqua che scorre" – il potere del femminile, il potere della delicatezza, la forza della tenerezza.

Arrendersi, lasciarsi andare, abbandonarsi sono fenomeni del femminino, l'ego è un fenomeno mascolino. Dunque, l'ego è simile a una roccia: in superficie è durissimo, ma non può vincere contro una cascata.

Pertanto, provaci, sforzati, fa' tutto ciò che è nelle tue capacità per lasciarti andare. Sarà qualcosa di arduo, ma un giorno accade. E il giorno in cui accade, è un giorno di gioia, esulterai e ti rallegrerai con te stesso.

Quella sarà una vera e propria nascita. Da quel momento inizierai a vivere; prima di allora eri solo un morto vivente.

Amore: istruzioni per l'uso

A una giovane coppia, Osho suggeriva:

Alla donna: Ascolta la tua voce interiore e non fare mai compromessi che ti portino a non essere autentica, questo è un pilastro importante di una relazione sana.

All'uomo: Dai alla tua compagna una libertà assoluta, così che possa semplicemente sentire ciò che desidera. Concedile quanto più spazio possibile.
Questo è uno dei problemi fondamentali dell'amore. Ogni amante deve apprenderlo, non è una comprensione che si ha soltanto perché si è venuti al mondo. Giunge solo piano piano, occorre attraversare un'incredibile sofferenza; ma prima arriva, meglio è.
La verità è questa: ogni persona ha bisogno del proprio spazio, e non si dovrebbe interferire in quello spazio. Per gli amanti è naturale interferire, perché iniziano a dare per scontato il partner. Iniziano a pensare di non essere più realtà separate; non pensano in termini di "io" e "tu"; iniziano a pensarsi come un "noi".
Voi siete *anche* quello, ma solo ogni tanto. Il "noi" è un fenomeno raro; ogni tanto, per qualche istante, gli amanti toccano un punto in cui quella parola è ricca di significato. È una dimensione in cui si può dire "noi"; accade allorché l'io e il tu scompaiono l'uno nell'altro e i confini si sovrappongono. Ma si tratta di momenti rari, non si dovrebbe darli per scontati!
Non potete restare un "noi" ventiquattr'ore su ventiquattro; purtroppo è proprio ciò che ogni amante pretende... e, così facendo, si crea un'inutile infelicità.
Quando vi avvicinate, di tanto in tanto diventate un tutto unico, ma quei momenti sono rari, preziosi; attimi da

amare e da tenere cari, senza però pretendere che siano qualcosa di duraturo e perenne. Se vi sforzate di farne un'esperienza quotidiana, li distruggerete; in quel caso, l'intera bellezza di quegli istanti andrà perduta.

Quando quel momento se ne va, se n'è andato... e di nuovo vi ritrovate a essere un "io" e un "tu".

Fate in modo che ciascuno di voi abbia il proprio spazio. E siate rispettosi dello spazio del vostro partner: per nessun motivo e in nessun modo si dovrebbe interferire, non lo si dovrebbe mai invadere! Se lo si fa, si ferisce l'altra persona; si inizia a distruggerne l'individualità.

E poiché l'altro ti ama, continuerà a tollerarlo. Ma quel tollerare non è bello, comporta sopportazione; prima o poi il tuo partner si vendicherà. Non ti potrà perdonare e continuerà ad accumulare risentimento – un giorno, un altro giorno, un altro ancora... se non fai altro che interferire in mille e un modo, tutto ciò si accumulerà; e un giorno esploderà!

Ecco perché gli amanti continuano a litigare. Quel perenne conflitto è dovuto a questo continuo interferire; e se tu interferisci nell'essere della tua compagna, lei cercherà di interferire nel tuo essere... e a nessuno piace lo stato di cose che ne consegue.

Per esempio, lei potrebbe sentirsi alle stelle per la felicità e tu ti senti escluso, abbandonato, perché non riesci a provare quella stessa gioia. Avrai la sensazione che ti stia ingannando: "Perché mai si sente tanto felice?" ti chiederai.

Secondo te, dovreste avere le stesse sensazioni. E ogni tanto accade! Però, a volte può succedere che la tua compagna si senta felice, ma tu non lo sia; oppure, tu sei felice e lei non lo è. Occorre comprenderlo: l'altro ha tutti i diritti di essere felice anche se il partner non lo è... ma il solo pensarlo fa male!

Il tuo desiderio sarebbe quello di partecipare, però il tuo stato d'animo non te lo consente. Se pretendi un sentire comune in quel momento, puoi solo distruggere la felicità dell'altra persona... e in quel caso ne uscirete entrambi perdenti; infatti, se distruggi la felicità del tuo partner, la volta in cui tu sarai felice da solo, lui distruggerà la tua!

Piano piano, anziché diventare amici, vi trasformerete in nemici.

L'amore è un'arte sacra. Essere in amore vuol dire essere in una relazione sacra.

Ricorda, dunque: i momenti in cui siete un "noi" saranno rari. Sapendolo, non si pone il problema di interferire: in quei momenti non sarete separati. E sarà perfetto e bellissimo essere totalmente immersi nell'altra persona, in un istante in cui anche l'altro è in te: i vostri centri coincidono.

In quei momenti non si pone alcun problema di interferenza, non si sente alcun bisogno di privacy, nessuno avverte la necessità di avere una propria individualità; ma non sono istanti che si dovrebbero imporre con la forza, in nessun modo.

Occorre essere molto attenti, prestare cura, avere cautela, perché l'amore è un fenomeno delicato: ci vogliono anni per crearlo, e può essere distrutto nel giro di pochi minuti. È davvero la cosa più delicata che esista al mondo; la sua creazione richiede moltissimo tempo e una lunga intimità.

Ecco perché le persone che continuano a cambiare partner possono solo avere rapporti sessuali, non relazioni d'amore. Fanno l'amore, ma non sono *in amore*; e fare l'amore è qualcosa di brutto. La stessa parola "fare" è sgradevole. Fare l'amore vuol dire fornire un'ottima prestazione; diventa un fare, è un'azione, implica restare coscienti di sé. Fondamentalmente resta una gestione calcolata – tu hai ogni cosa sotto controllo – ma nulla di tutto ciò è qualcosa di amorevole.

L'amore non ha nulla che comporti un "fare" – è un *accadere*, ma perché qualcosa accada, devi aspettare. Inoltre, l'accadere richiede tempo; viene quando viene. Non lo puoi pretendere, non puoi equipararlo a un caffè istantaneo!

Non puoi dire: "In questo preciso momento voglio fare l'amore". Potete fare sesso, ma non conterrà alcun amore, sarà pura e semplice sessualità. E nel sesso non c'è nulla di sbagliato, ma nell'amore esiste molto più di quello e voi ve lo state lasciando sfuggire... e continuerete a mancarlo!

Quando due persone vivono vicine, insieme – nella tristezza, nella felicità, nella gioia, nella disperazione, in tutti gli stati d'animo, atmosfere di ogni tipo... a volte è molto nuvoloso, altre volte c'è il sole e tutto risplende – dopo aver vissuto ogni sorta di atmosfera e l'intero arcobaleno delle emozioni, dopo essersi visti vicendevolmente in modi d'essere differenti, dalle più diverse angolazioni, ecco che piano piano nasce un'intimità.

È qualcosa che non ha nulla a che vedere con il sesso. Il sesso potrebbe farne parte, ma non è affatto un sinonimo. La sessualità ne è solo una parte piccolissima; e a volte potrebbe non esserci. Sulle vette più alte dell'amore il sesso scompare completamente; si tratta perlopiù di preghiera: due persone che si ritrovano insieme in uno stato di estrema devozione.

Il semplice essere insieme è sufficiente, il semplice stare insieme è orgasmico. Sentire la semplice presenza dell'altro è sufficiente, non è necessario fare nulla di nulla!

Seduti in silenzio, sentendo la presenza l'uno dell'altra, ecco che si sente un canto non cantato, si avverte una musica non suonata. Si è trasportati! Ma tutto questo richiede tempo e necessita molta cura, molta attenzione e molto nutrimento.

Il requisito di base è questo: all'altro dev'essere data assoluta libertà di essere se stesso. Se è felice, gioiscine – la tua donna è felice; se riesci a essere felice anche tu e partecipare alla sua felicità, ottimo. Se non puoi farlo, lasciala sola. Se è triste, e puoi partecipare alla sua tristezza, benissimo; se però non puoi e vuoi cantare una canzone e sentirti felice, lasciala sola.

Non imporle qualcosa in base al tuo stato d'animo, lasciala in pace in ciò che sente. Se lo fai, piano piano prenderà forma un profondo rispetto reciproco. E quel rispetto diventa le fondamenta del tempio dell'amore.

Dunque, ho detto alla tua compagna di essere assolutamente se stessa, e ora dico anche a te che devi essere assolutamente te stesso. Incontratevi, state insieme, quando sopraggiunge un momento in cui vi fondete l'uno nell'altra; ma quando quel momento se n'è andato siate amici e rispettatevi profondamente.

Non trattare l'altra persona come un tuo possesso, e non permettere mai che l'altro ti tratti come un suo possesso. È qualcosa di umiliante, è qualcosa di disumano!

Se riuscite a prendervi cura di questo spazio d'amore, qualcosa d'immenso crescerà tra di voi... ma è qualcosa che può crescere solo se entrambi state davvero molto attenti.

Ricorda: tra di voi sta crescendo qualcosa di estremamente delicato, che può essere distrutto molto facilmente. Se però perseverate, se continuate a crearlo e riuscite a portarlo a vette di intensità sempre più alte, grazie a questo vissuto conoscerete cos'è la preghiera; e proprio attraverso questo amore conoscerete cos'è il divino che è l'esistenza.

Conviene far bene l'amore

Domanda: In uno dei discorsi che ho ascoltato, parlavi di una sintesi tra Zorba e il Buddha, di una fusione tra la sfera spirituale e quella materiale. Per favore, potresti definirmi l'illuminazione, in questa nuova prospettiva?

Illuminazione significa semplicemente diventare consapevole di te stesso. Di solito un uomo è attento e presente a tutto ciò che gli sta intorno, ma non è consapevole di colui che è attento e consapevole di tutto ciò che gli sta intorno.

Per questo restiamo alla periferia della vita e il centro resta nell'oscurità. Portare luce a quel centro, portarvi consapevolezza, questo è illuminazione. È essere assolutamente centrati in se stessi; si tratta di focalizzare tutta la propria consapevolezza su se stessi, come se non esistesse nient'altro: esisti solo tu!

D.: La tua illuminazione è accaduta quando avevi ventun anni, giusto?

Giusto.

D.: *L'hai paragonata a un'esplosione atomica. Hai detto che è stata come una luce che non ti ha mai abbandonato. Come differisce la tua percezione – di illuminato – da quella della gente che non si è ancora risvegliata alla propria illuminazione?*

È esattamente come quando una persona dorme... come definiresti la differenza tra una persona che dorme e una che è sveglia? La persona addormentata sta sognando e, anche se non sogna, una cosa è certa: non è consapevole di dormire. Una persona sveglia, qualsiasi cosa stia facendo, di certo sa di essere sveglia.

Questa è la sola differenza anche a livello spirituale. Una persona spiritualmente addormentata non è consapevole di dormire; e una persona spiritualmente risvegliata sa di essere sveglia. E naturalmente, è consapevole anche di tutti quelli che dormono.

La persona sveglia ha due comprensioni ben definite: prima di tutto sa di essere consapevole, come seconda cosa, sa che tutti quanti intorno a lei sono addormentati. Ma la persona addormentata non ha nessuna delle due: non sa di essere addormentata e non sa che anche chi le sta intorno dorme.

D.: *Che cosa blocca il risveglio nella maggior parte della gente?*

Soltanto un flusso costante di pensieri.

D.: *Puoi chiarire?*

Una continua sequenza di pensieri che funziona da barriera, è quello strato nebuloso a mantenerti inconsapevole: o pensi al passato o pensi al futuro, ma nessuno dei due esiste; e tra questi due c'è il minuscolo intervallo del presente, che continua a sfuggirti. Quello è il punto in cui accade il risveglio.

Quel minuscolo intervallo – io lo paragono a un intervallo atomico, il più piccolo possibile – scivola via così veloce che, se non sei completamente libero dai pensieri, ti sfuggirà.

D.: Ho visto dei cervi qui vicino ed erano ovviamente molto nel momento presente. È forse la mente intellettuale dell'uomo – questo bagaglio di nozioni che ci portiamo dietro – a bloccare la nostra stessa consapevolezza?

Quella è l'unica mente che avete... e i cervi non sono consapevoli del presente, sei tu che lo pensi, ma non è così. Non sono consapevoli del presente, così come non sono consapevoli del passato e del futuro: non hanno alcun processo di pensiero.

È prerogativa dell'essere umano essere consapevole del passato ed essere consapevole del futuro; e se si impegna, c'è in lui la potenzialità di diventare consapevole del presente. Nessun animale può illuminarsi.

Ogni essere umano ha la potenzialità di illuminarsi; se non accade è lui il responsabile, nessun altro.

D.: Parliamo di come arrivare all'illuminazione o come risvegliarsi all'illuminazione. Ho letto alcune delle tue opere; dici che ci sono due modi per arrivarci: la via solitaria, attraverso la meditazione, e un'altra via, che passa attraverso la relazione.

Puoi parlare delle relazioni, per favore? Perché noi tutti abbiamo una grande quantità di relazioni che vanno e vengono, vanno e vengono... ma non ci vedo quel risveglio di cui tu parli!

La cosa fondamentale è la meditazione, ma la meditazione può accadere in due modi: in assoluta solitudine, senza alcuna relazione con l'altro, puoi entrare dentro di te, nel tuo silenzio. Ti siedi in meditazione e osservi i tuoi pensieri che passano e, mentre osservi, diventi consapevole di uno strano fenomeno: gli intervalli tra i pensieri diventano sempre più grandi. I pensieri non sono più così fitti com'erano prima.

Soltanto pochi giorni seduto in silenzio, senza fare nulla, senza interferire con i pensieri, senza giudizi sul fatto che siano buoni o cattivi, proprio come essere seduti sulla riva di un fiume e il fiume scorre... ed ecco che arriva questa strana esperienza: più osservi e più i pensieri si diradano. Quando l'osservazione cresce, si evolve, i pensieri diventano sempre meno, sempre meno... arriva il momento in cui i pensieri si azzerano e la consapevolezza raggiunge la pienezza. È un'esatta proporzione: cento per cento consapevolezza significa zero pensieri; cento per cento pensieri significa zero consapevolezza.

Quindi è possibile nella solitudine ed è possibile in una relazione. In una relazione, la meditazione è particolarmente facile nei momenti in cui fai l'amore, perché quella stessa esperienza ti porta a un punto in cui i pensieri si fermano.

D.: *Ti riferisci all'orgasmo?*

Sì. Quando i pensieri si fermano e fai semplicemente esperienza del brivido... se sai che questo momento può diventare meditazione, è la maniera più semplice. Piuttosto che sederti sotto un albero della *bodhi* per sei anni, può accadere nella tua camera da letto, non c'è bisogno di isolarti in una foresta; e può accadere con molta più facilità, perché segui un corso naturale: sarà la tua stessa biologia a sostenerti, la tua fisiologia, la tua donna... tutto sarà a tuo favore.

Devi solo essere allerta: *quando l'orgasmo arriva non ti ci devi perdere dentro*. Resta un testimone, un osservatore. Quindi la cosa in sé è molto semplice, ma quello è il punto critico. Nelle relazioni il punto critico arriva perché nell'orgasmo ti senti così bene, così beato, che tendi a dimenticare la tua consapevolezza.

***D.**: Intendi dire di non attaccarsi all'esperienza?*

No, intendo proprio *non perdersi* in essa, non parlo di restarvi attaccati; l'attaccamento è una cosa diversa: è affogare nell'esperienza. No, non devi perderti nell'esperienza: la tua fisiologia vi è immersa, la tua biologia, la tua chimica, ma tu non lo sei. Tu non sei ciò che sta accadendo: sei soltanto un osservatore. Quindi nella tua camera da letto ci sono tre persone... addirittura quattro!

***D.**: Speriamo quattro! Stai definendo la parte eterna dell'essere eterno in quanto testimone?*

Quello è il testimone.

***D.**: Puoi spiegare un po' l'attaccamento, l'attaccarsi? Come può rivelarsi un blocco per il risveglio.*

L'attaccamento ti porta a diventare immediatamente inconscio. Si tratta semplicemente di essere consci, consapevoli. Nel momento in cui ti attacchi, nel momento in cui ti identifichi con l'esperienza, perdi la tua consapevolezza e questa è la tendenza naturale.

Milioni di persone conoscono l'esperienza dell'orgasmo, ma non tutti si illuminano, per la semplice ragione che la tendenza naturale è questa: quando giunge un momento così estatico, chi vuole essere un osservatore, un testimone? In qualche modo è come lasciarsi sfuggire l'esperienza; farsi da parte, mentre stai vivendo l'esperienza che hai desiderato follemente per tutta la vita.

Ed è un momento brevissimo: non andrà avanti per ore e ore in modo da poterne entrare e uscire. Non c'è tempo, è davvero istantaneo, atomico. La tendenza naturale è perdersi, lasciarsi inondare, annegare: per questo molte persone si avvicinano all'illuminazione, ma se la lasciano sfuggire per un soffio.

D.: *Ti interrompo... quando dici "fondersi nell'esperienza" è diverso da quando si parla di "unità", "essere una cosa sola con il Tutto"? Fai differenza tra queste due cose?*

Sono cose diverse.

D.: *Puoi spiegare? In che senso sono diverse?*

Essere una cosa con il Tutto è una conseguenza del diventare un testimone: è la sua ombra, non lo precede. Fondersi in un'esperienza invece lo precede; e se sei fuso con un'esperienza, sei in uno stato di ebbrezza: potrebbe essere amore o qualsiasi altra cosa, ma sei ubriaco. Non sei allerta, consapevole. E quando parlo di "diventare una cosa sola con il Tutto" non è nelle tue mani... arriva come una ricompensa dell'essere un testimone. Ciò che tu puoi fare è essere un testimone, là finisce il tuo fare. L'uomo non può fare più di questo...

D.: *Quindi una persona illuminata come te non reagisce mai a nulla? Se io mi arrabbiassi con te e ti saltassi addosso o ti insultassi, tu non reagiresti? Faresti qualcosa?*

No, non reagirei, ma risponderei. La reazione è impossibile, la reazione è sempre inconscia e la risposta è sempre conscia.

Per esempio, Gesù dice: "Se qualcuno ti schiaffeggia, porgigli l'altra guancia". Essendo tu cristiano, se io ti schiaffeggiassi, potresti ricordarti l'affermazione di Gesù e porgermi l'altra guancia. Questa sarebbe una reazione: non stai rispondendo al momento presente, ma la tua mente ti ricorda qual è la cosa giusta da fare, cosa bisogna fare. Quello è il momento giusto per dimostrare che sei un vero cristiano! Tutte queste cose non ti prenderanno molto tempo, accadrà in un lampo e sarà una reazione.

La risposta invece è imprevedibile...

D.: *Non è condizionata?*

No, non è condizionata, è imprevedibile perché non è cristiana, non è hindu, non è buddhista: è la mia individualità, quindi nemmeno io posso dire cosa farei, se tu ti arrabbiassi.

Fai dell'amore un'esperienza sacra

Prima di fare l'amore per quindici minuti, sedete semplicemente in silenzio, state insieme; tenetevi le mani, incrociandole. Sedete nell'oscurità, o in un ambiente con luci molto soffuse, e sentite l'uno la presenza dell'altra.

Entrate in sintonia; e il modo per farlo è respirare insieme: quando uno di voi espira, anche l'altro espira; quando inspira, anche l'altro inspira. Sono sufficienti due o tre minuti per sintonizzarvi con quel ritmo. Respirate come se foste un unico organismo, non due corpi ma un tutto unico.

E guardatevi negli occhi, non dev'essere uno sguardo aggressivo, ma qualcosa di molto soffice, delicato, tenero. Prendetevi il tempo per godere l'uno dell'altra, poi iniziate a giocare con il corpo dell'altra persona.

Non mettetevi a fare l'amore, a meno che quel momento non affiori da solo. Non sarete voi a fare l'amore, all'improvviso vi ritroverete in amore... qualcosa che accade: aspettate quel momento. Se non compare, non è necessario forzarlo. Va bene così, andate a dormire, non è necessario fare l'amore. Per uno, due, tre giorni, aspettate l'accadere di quel momento. Un giorno verrà; e quando viene, l'amore scende a profondità abissali e non creerà più la follia che ora sta generando.

Sarà qualcosa di estremamente silenzioso, una sensazione oceanica. Ma occorre aspettare quel momento, non lo si deve forzare.

L'amore è qualcosa che si dovrebbe vivere come una meditazione. È qualcosa che si deve accogliere con attenzione e cura, va assaporato molto lentamente, così che si diffonda in profondità nel tuo essere, fino a diventare un'esperienza che ti possiede al punto che tu non sei più presente. Non sei tu che stai facendo l'amore... tu sei amore.

L'amore diventa un'energia molto più grande di te e ti avvolge. È qualcosa che trascende entrambi... entrambi vi dissolvete in quell'accadere. Ma lo si dovrà aspettare.

Aspettate quel momento e molto presto ne coglierete il lampo, è del tutto simile a un gioco di prestigio. Lasciate che l'energia si accumuli, e permettete che accada spontaneamente. Piano piano diventerete consapevoli del momento in cui sta per affiorare: ne vedrete i sintomi, i presintomi... e a quel punto non ci sarà più alcuna difficoltà.

Da come vedo le cose, in questo momento non siete in grado di cogliere quei sintomi, non li conoscete. Per come siete, in qualche modo non siete in sintonia con la vostra essenza più intima: è quello a provocare un'esperienza nevrotica.

Non fatene un trip dell'ego, lasciate perdere ogni pretesa che dobbiate per forza fare l'amore. È qualcosa connesso alla mentalità occidentale: si ha l'idea che l'uomo in qualche modo deve farcela; se non ci riesce, non è un vero uomo!

È un'idea sciocca, stupida. L'amore è qualcosa di trascendente. Non è cosa che tu possa "fare"! Nessuno l'ha mai governato e chi ci ha provato si è lasciato sfuggire tutta la sua bellezza. In quel caso, al massimo diventa uno sfogo sessuale, ma tutte le dimensioni più sottili e più profonde non vengono mai neppure sfiorate.

Dunque, provateci... d'accordo?

Guarda il video:
OSHO: Making Love -- A Sacred Experience
Link breve: http://bit.ly/2a8yuLI
https://www.youtube.com/watch?v=xbyOE2_Yssw&index=49&list=PL94541630B0EA49F6

4
Amarsi oltre

Io affermo la vita per ciò che è. Questo non vuol dire che non esista la possibilità di crescere oltre la vita – esiste un'immensa possibilità di crescita – ma ogni crescita dev'essere trovata in un amore per la vita profondo e appassionato. *Solo sperimentando la vita avviene una trascendenza.*

Io vorrei che voi andaste oltre il sesso, ma non lo condanno. Il sesso è un desiderio naturale, ed è un'ottima cosa, nei suoi limiti; ma non ci si dovrebbe fermare lì: è solo un inizio, un bagliore fugace... è un'intuizione del trascendente.

In un profondo orgasmo sessuale, per la prima volta si diventa consapevoli di qualcosa che non è l'ego, di qualcosa che non è la mente, di qualcosa che non è il tempo. In un profondo orgasmo, la mente, il tempo, ogni cosa scompare: per un istante il mondo intero si arresta. Per un istante non si è più parte del mondo materiale: sei soltanto un puro spazio.

Ma questo è solo un bagliore fugace... e il prezzo è altissimo. Dovresti andare oltre. Dovresti cercare e indagare per trovare modi e mezzi tali per cui questo bagliore diventi lo stato del tuo essere: quello è ciò che io chiamo "realizzazione", illuminazione.

Una persona illuminata vive in uno stato di gioia orgasmica ventiquattr'ore al giorno. Ciò che una persona sessuale raggiunge soltanto una volta ogni tanto, con sforzo immane, la persona spirituale lo consegue senza alcuno sforzo e senza alcuno spreco. La persona spirituale vive semplicemente in quella dimensione; la sua dimora si trova su quelle vette supreme. Voi vedete soltanto quelle vette, da migliaia di chilometri di distanza.

Io non sono contrario al sesso, perché il sesso è la prima finestra che si schiude sull'esistenza spirituale. Io non sono contro il cibo, io non sono contro alcun divertimento. Godendovi le cose – il cibo, l'amore, la musica, la danza, la natura – incrocerete ogni sorta di esperienze... solo godendo tutte le cose del mondo, piano piano, diventerete consapevoli dell'invisibile.

La luna riflessa nel lago è pur sempre un riflesso della luna, sebbene non la troverete mai nel lago. Se balzate nel lago, potrete solo disturbare quel riflesso... e non vi troverete alcuna luna! Il riflesso non è la luna, il riflesso riflette semplicemente la luna. E se sei un po' intelligente, non ti butterai nel lago: guarderai verso l'alto, là dove si trova la luna reale.

Quando godi il cibo che mangi, dio viene riflesso. Quando godi il sesso, dio viene riflesso. Dio è riflesso in mille e un lago della vita. Da quel riflesso, prendi la chiave, prendi l'informazione, lo spunto, e inizia a muoverti verso l'originale.

Le tante chiavi condivise, le informazioni forse raccolte come semplici nozioni devono ora essere sostenute – possibilmente sostituite, di certo corroborate – dall'esperienza. Anche i brani che seguono andrebbero letti singolarmente, in giorni successivi, creando uno spazio di ascolto; e utilizzando la propria esperienza quotidiana per vedere in che modo il riflesso della vita echeggia le vette abissali che Osho dischiude.

E forse è tempo di creare il proprio sillabario, magari rivisitando il libro ed estrapolando le parole che si ritengono chiavi essenziali... ma provando poi a dar loro il significato che la propria esperienza suggerisce. Oppure, esercitando l'ascolto di sé per sentire su cosa è importante lavorare, in que-

sto momento, e in che modo... per poi avvicinare questi brani con una diversa sensibilità, e da una diversa prospettiva.

Incamminarsi verso la consapevolezza

L'essere umano è l'unico animale a essere consapevole di se stesso, ed è anche l'unico animale in grado di andare oltre se stesso.

Trascendenza significa "andare oltre il sé". Ma per andare oltre il sé, come prima cosa è necessaria la consapevolezza del sé. Nessun altro animale può andare oltre se stesso, e questo perché non è neppure consapevole di esistere. È vivo, ma è inconsapevole di esserlo; l'uomo è vivo, ed è consapevole di esistere. Da qui la presenza dell'ansia nella nostra vita; nessun altro animale soffre d'ansia, non può soffrirne.

Poiché l'animale non è consapevole di se stesso, non può aver paura della morte, non ci può pensare. Non può pensare al rispetto, al disprezzo, alla fama, al prestigio, alla rispettabilità. Non può avere alcuna preoccupazione; non può essere cosciente di sé, non può soffrire alcuna pena connessa con la consapevolezza di sé; di conseguenza, rimane in una sorta di sonno profondo.

L'uomo ha un minimo di attenzione – non è sveglio, non è addormentato, si trova nel mezzo... proprio come accade all'alba. Non sei né sveglio né stai dormendo: puoi sentire il lattaio che sta bussando alla porta, eppure il sogno persiste... e tu ti giri dall'altra parte, nascondendoti sotto la coperta. Senti la tua donna che prepara la colazione, i bambini che si preparano per andare a scuola, ma in modo vago, velato, molto ovattato. Nulla è chiaro, lucido – c'è foschia, nebbia, tutto appare offuscato – e tu torni a scivolare nel sonno. Per un momento affiori, poi torni ad assopirti; di nuovo il sonno ti avvolge, il sogno prosegue. Questo stato di dormiveglia è esattamente la condizione in cui si trova l'essere umano.

Non è più addormentato come un animale, eppure non

è ancora consapevole come un Buddha... in minima parte è consapevole, in minima parte è inconsapevole, ragion per cui è lacerato, dilaniato, perennemente in subbuglio.

Una parte si vuole svegliare, una parte della mente dice: "È ora, devi andare in ufficio, svegliati!"; e una parte dice: "Ancora un pochino, ancora cinque minuti – non sarà un gran problema, puoi concedermi altri cinque minuti di sonno. Ed è così bello, così dolce..." ed ecco che sei in conflitto.

L'uomo è spinto, tirato e attratto da queste due direzioni: l'animale e il divino.

Dio indica una totale consapevolezza, la trascendenza del sé. L'animale indica la totale inconsapevolezza, un regno al di sotto dell'idea del sé – laddove il divino è al di sopra dell'idea del sé. Ebbene, non è possibile regredire; si può solo ritardare il risveglio, ma non è possibile regredire. L'uomo non può tornare a dormire e diventare un animale, quello è impossibile; abbiamo superato quel punto, quel confine ce lo siamo ormai lasciato alle spalle.

Il regno animale non è più il nostro mondo, sebbene ne abbiamo una forte nostalgia.

Il corpo è abituato a essere un animale e conosce le gioie dell'essere un animale. Conosce la pace e la calma e l'assenza di preoccupazioni che accompagna la condizione animale. Conosce la spontaneità, la naturalezza dell'animale. Il corpo ha vissuto come un animale per milioni di anni. Quell'idea è ancora presente – il corpo vorrebbe tornare indietro – ma la mente ha assaporato anche qualcosa della consapevolezza, e quel sapore non può essere dimenticato.

L'unico modo per uscire da questo conflitto è diventare sempre più consapevoli... diventare così consapevoli che l'ombra del sé scompare in quella luce.

Quella è trascendenza: quando esiste solo consapevolezza senza che vi sia alcun centro: nessuno è consapevole, è presente soltanto semplice consapevolezza.

Tu sei colmo di luce, ma non c'è nessuno che possa rivendicare di essere illuminato, di essere diventato un Buddha. Se qualcuno può dichiarare: "Sono diventato un

Buddha", ha fallito. Essere un Buddha significa che ora all'interno non c'è nessuno; esiste un puro e semplice vuoto, un nulla vergine e assoluto. E quella è la meta.

L'iniziazione alla ricerca del Vero a cui ti invito è una iniziazione a quella vergine consapevolezza.

Con il tuo incamminarti in questa ricerca stai entrando in una nuova dimensione del tuo essere. Molte cose dovranno essere fatte, è necessario impegnarsi e dedicarsi, ma non è nulla di impossibile. È qualcosa di arduo, perché cambiare implica sempre una morte e una rinascita; ma qualsiasi cosa morirà non è altro che il passato – che non può più vivere, che non puoi più rivendicare; un luogo in cui non potrai più andare – e ciò che acquisirai è il futuro... con le sue infinite potenzialità. È rischioso, ma quel rischio vale davvero la pena!

Io ti insegno come rischiare... non faccio altro che persuadere le persone a rischiare, spiego come fare. Il viaggio è lungo – sebbene continuo a ripetere che non è poi tanto lungo!

> Ho sentito raccontare di un grande imperatore che si era perso nella giungla.
> Era andato a caccia e aveva perso ogni contatto con i suoi amici. Per tutto il giorno aveva vagato, senza riuscire a trovare la via di casa. Verso sera si imbatté in un vecchio, accompagnato da una donna, seduti sotto un albero – erano evidentemente due mendicanti.
> L'imperatore chiese al vecchio: "Potresti indicarmi la strada che porta in città, e dirmi quanto è lontana?".
> Il vecchio disse: "Sono circa dieci miglia".
> L'imperatore era così stanco, così mortalmente stanco, che quelle dieci miglia gli sembravano diecimila! Non aveva le forze di fare neppure un passo, era sul punto di stramazzare a terra.
> La donna se ne rese conto e disse al vecchio: "Riduci quella distanza a due miglia... guarda quest'uomo, è stremato. Fa' in modo che siano due miglia soltanto!".

Ed è quello il mio sforzo: se si tratta di dieci miglia, le riduco a due; quando avrai percorso quelle due miglia, ti proporrò altre due miglia. Piano piano, passo dopo passo, quelle dieci miglia verranno completate. Addirittura si potranno percorrere diecimila miglia!

Il viaggio è lungo, il viaggio è arduo, ma non è impossibile.

È una grande sfida, la sfida più grande… e nel momento in cui accetti una grande sfida, cresci grazie alle prove che ti offre.

Dunque, prendi la ricerca del Vero come una grande sfida, la più grande della tua vita; perché proprio grazie a questa ricerca tutto ciò che è bello, tutto ciò che ha valore, diventa possibile e sarà alla portata della tua mano.

L'oceano dell'amore

L'amore è qualcosa di oceanico, non conosce confini e non ha alcuna riva. L'amore è anche selvaggio, quanto lo è l'oceano. E l'amore ha profondità, proprio come l'oceano!

La persona che non ha conosciuto l'amore ha davvero vissuto una vita estremamente superficiale. Una persona simile non comprenderà mai la dimensione abissale, le sarà del tutto impossibile cogliere qualsiasi profondità. Ha vissuto una vita piatta, limitata a due dimensioni; e senza la terza, non esiste profondità alcuna.

Milioni di persone stanno vivendo una vita piatta, ecco perché sembrano tanto annoiate. E nel momento in cui una persona inizia a sentirsi stanca e annoiata, inizia a suicidarsi perché perde lo slancio vitale. In profondità nel suo inconscio inizia ad avere questa sensazione: "Sarebbe meglio non essere vivi, perché nella mia vita non c'è nulla che le dia senso o valore".

È l'amore a dare profondità, senso, significato. È l'amore che annienta e dissolve ogni noia e ti mantiene perennemente giovane, fresco, vivo e alimenta anche la tua capacità di stupirti e di meravigliarti, perché l'amore porta con sé un'infinità di doni, tutti inattesi e non richiesti.

Il dono supremo dell'amore è dio. Se si procede passo dopo passo e si va avanti, avanti e ancora più avanti – amando e amando e amando – il dono supremo dell'amore è dio stesso.

L'amore arriva, si completa e culmina nel divino che è l'esistenza.

Occorre creare il proprio sentiero, unico e inimitabile

L'amore è vittoria. L'amore è successo. L'amore è appagamento.

Una vita priva d'amore è un assoluto fallimento. Nessun'altra vittoria può porsi come un sostituto valido. Puoi essere il presidente del Paese, ma se nel tuo cuore non c'è amore, sarà del tutto futile. Puoi avere tutte le ricchezze del mondo, ma se nel tuo cuore non c'è amore, sarai povero, un mendicante.

L'unico tesoro che vale la pena ricercare è l'amore, perché nascosto nell'essenza più intima dell'amore c'è dio.

Ricerca l'amore e troverai il divino che è l'esistenza. Nessuno trova mai quell'essenza divina ricercando dio in quanto tale; infatti, non è possibile una ricerca diretta di dio. Quel mistero è estremamente elusivo: lo si può avvicinare solo indirettamente, non lo puoi penetrare come una freccia. Il sentiero è assolutamente a zig-zag, è un cammino simile a un viottolo di collina, una traccia data dai singoli passi... e il nome di quella collina è amore!

Quel tracciato non è propriamente presente; tutti lo devono creare con il loro semplice camminare. Non è qualcosa di prefabbricato, non è simile a una strada. Camminando lo crei; con i tuoi passi gli dai forma e sostanza. E nel momento in cui procedi oltre, dietro di te continua a scomparire; nessun altro ti può seguire.

Si dice che il Buddha abbia detto: "La via della verità è simile al volo degli uccelli in cielo; non si lasciano alcuna orma alle spalle, non c'è alcun modo di seguirli". Certo, si può cercare; ma non si può seguire!

Il maestro non è qualcuno che si possa seguire; il maestro va compreso, così da poter creare da soli il proprio sentiero che conduce al divino.

L'intero pellegrinaggio della vita è tutto qui

Il sesso è animale, l'amore è umano e la compassione è divina. L'intero pellegrinaggio della vita è tutto qui: dal sesso alla compassione.

L'energia sessuale dev'essere trasformata come prima cosa in amore e poi in compassione.

La condizione sessuale si basa sullo sfruttamento dell'altro, su un suo uso; l'altro è ridotto a una cosa, a un oggetto. Si tratta di un rapporto io-esso. L'unico intento è prendere, il sesso non sa come dare, non conosce quella prospettiva.

L'amore si sposta un po' più in alto. Diventa una relazione io-tu. L'altro non è più una cosa da usare e buttare via. L'altro è divino tanto quanto lo sei tu; l'altro è una persona.

L'amore dà dignità all'altro, il sesso porta via ogni e qualsiasi dignità.

L'amore sa come dare e come prendere. Il sesso conosce soltanto come prendere, ecco perché un rapporto sessuale rimane conflittuale. L'amore è più armonioso, è una relazione basata sul dare-e-prendere: si dà e si prende. In questo contesto esiste una maggior amicizia, rispetto a un rapporto sessuale; c'è meno antagonismo, un accordo più profondo.

La compassione è la forma di energia più elevata, in cui l'io-tu scompare. Non esiste alcun io, non c'è un tu – è presente soltanto un'energia pura. L'amato e l'amante sono scomparsi, si sono fusi, dissolti in quell'energia. Qualcosa di più elevato è sopraggiunto e predomina; non esiste più alcuna separazione: non c'è nulla da prendere e nulla da dare, perché ogni cosa è data e tutto è preso. Non sussiste alcuna separazione.

Il sesso rimane qualcosa di piccolissimo, di molto circoscritto; l'amore si espande; la compassione diventa infinita quanto il cielo.

L'intera esistenza è colma d'amore

L'amore è la luce del divino. Dio non giunge mai in un altro modo, in nessun'altra forma. L'essenza divina ti inonda come amore, tocca i recessi più intimi del tuo essere come raggi d'amore. E nel momento in cui percepisci che l'intera esistenza è colma d'amore, ecco che hai sperimentato il divino che è l'esistenza.

L'esperienza che porta a comprendere che l'esistenza è fatta della sostanza chiamata amore è l'esperienza di dio. Dio non è una persona; è simile alla bellezza: è un'esperienza.

E l'amore è l'esperienza più grande ed elevata che si possa fare – al tempo stesso la più elevata e la più profonda. Qualcosa che permette di toccare le vette più alte dell'Himalaya e di raggiungere simultaneamente gli abissi dell'Oceano Pacifico... e tutto questo accade in un lampo!

L'amore ti dona quell'espansione. Nel momento in cui sei in amore sei enorme, immenso, gigantesco. L'amante inizia ad avere la sensazione che il corpo non lo può contenere; sembra essere troppo piccolo, qualcosa che confina e imprigiona. E a mano a mano che l'amore cresce, perfino la totalità del cielo non lo può contenere.

Quando *tutto* è percepito come amore, si arriva a conoscere cos'è dio. Dio non è nei templi, non è nelle chiese, non si trova nelle sinagoghe; dio dimora nell'esperienza dell'amore, dio è l'esperienza dell'amore. *Dio è amore*.

Dimentica dio, ricorda l'amore!

Via dalla pazza folla!

Beatitudine significa unicamente questo: coraggio. È qualcosa che esiste già dentro di te, ma entrare dentro di sé non è cosa che si addice ai codardi; perché chi è timoroso ricerca sempre la compagnia, vuole una folla intorno a sé.

Ed è facile accompagnarsi a una folla; circondati dalla gente ci si sente al sicuro. Il codardo assomiglia a una pecora: perfettamente felice nella folla; da solo cade in preda a una paura ingestibile.

Un viaggio interiore è un cammino verso l'assoluta solitudine; non si può portare nessuno con sé.

Non è possibile condividere il centro del proprio essere con qualcuno, neppure con la persona che si ama; non è nella natura delle cose, non ci si può fare nulla.

È più facile andare sulla luna, perché lo si può fare in compagnia. E se anche non hai compagnia, puoi restare connesso con la terra; puoi chiamare, telefonare alla gente che conosci. Puoi avere istruzioni e indicazioni dall'esterno, dalla terra sebbene così lontana; perché comunque quella connessione rimane.

Nel momento in cui entri dentro di te, tutte le connessioni con il mondo esterno sono spezzate; tutti i ponti sono distrutti. In realtà, il mondo intero scompare.

È per questo che i mistici hanno definito il mondo "illusorio", *maya*; non perché non esista, ma perché risulta in pratica inesistente per chi medita, per chi entra nella dimensione interiore.

Dentro di te il silenzio è profondissimo, non vi penetra alcun suono; la solitudine è così intensa e totale che occorre coraggio. Ma è da quella solitudine assoluta che esplode la beatitudine. Da quella solitudine... ecco l'esperienza del divino che è l'esistenza. Non c'è altra via, non c'è altro modo; non ne è mai esistito un altro e non ci potrà mai essere.

Permetti al tuo amore...

L'amore è un fiume oscuro, e tu sei colui che dimora di fianco a quella corrente tenebrosa.

Quando l'acqua si fa profonda, diventa nera; anche l'amore quando si fa profondo diventa buio.

L'oscurità ha una profondità, nella luce quell'abisso viene a mancare. La luce è superficiale, fatua; l'oscurità è profonda. E tutto ciò che è misterioso accade nell'oscurità, perché avviene nella dimensione abissale.

Il bambino deve crescere nell'oscurità del ventre materno. Una poesia deve nascere nelle oscure profondità del cuore del poeta; e così un dipinto o un brano musicale. Tutto ciò che è grande, eccelso, è un frutto dell'oscurità. E l'amore è l'esperienza più misteriosa della vita.

Chi ha paura del buio avrà anche paura dell'amore; chi ha paura dell'oscurità avrà anche paura della morte. Amore e morte sono praticamente sinonimi, perché chi conosce come morire sa amare, e chi sa come amare può morire gioiosamente.

Permetti al tuo amore di diventare sempre più profondo, sempre più oscuro, più buio... perché l'oscurità ha una propria luce. Quel buio non è soltanto oscurità, non è vuoto: è luminoso.

Commiato
Per un nuovo inizio

Il bisogno reale

Se non hai radici nell'amore, non sei radicato. Non c'è altro modo per essere radicati.

Puoi avere soldi, puoi avere una casa, puoi avere sicurezza, puoi avere un conto in banca... ma nulla di tutto ciò ti darà alcun radicamento.

Si tratta solo di sostituti, ben miseri surrogati dell'amore. E potrebbero anche accentuare la tua ansia, aumentarla a dismisura, perché nel momento in cui hai delle sicurezze a livello fisico – quando hai soldi, prestigio sociale e quant'altro –, la tua paura aumenterà in proporzione, perché sarai assillato dal timore che tutte quelle cose ti possano essere portate via. Oppure ti preoccuperai fino allo spasimo, rimuginando su come poterne avere di più; questo perché lo scontento non conosce limiti... e il tuo bisogno primario rimane comunque l'essere radicato.

L'amore è il terreno nel quale si ha bisogno di essere radicati. Così come gli alberi sono radicati nel suolo, l'essere umano è radicato nell'amore.

Le radici dell'uomo sono invisibili, ragion per cui qualsiasi cosa di visibile non sarà d'aiuto.

Il denaro è visibilissimo, una casa è molto visibile e così lo è il prestigio sociale. Le radici dell'uomo sono invisibili; l'essere umano è un albero che ha radici invisibili; dovrai trovare un terreno invisibile – chiamalo amore, chiamalo dio oppure preghiera – ma dovrà essere qualcosa di quel tipo: invisibile, intangibile, elusivo, misterioso. Qualcosa che non puoi afferrare; al contrario, dovrai permettergli di afferrarti.

Non è cosa su cui puoi avere alcuna presa. Il denaro può essere afferrato; lo puoi prendere in mano, ma proprio per questo non potrà essere il tuo terreno. Ciò che puoi possedere non potrà mai diventare il tuo terreno; solo ciò che ti possiede può diventarlo!

L'amore ti possiede. Quella è la sua attrazione ed è anche motivo di repulsione.

Quello è il paradosso dell'amore: ti possiede! Da un lato ti dona la vita e dall'altro ti uccide completamente, totalmente... ti annienta. Da un lato c'è la croce e dall'altro ti dona una resurrezione; ma, come prima cosa, ci si deve confrontare con la croce; solo così si rinascerà.

L'amore è il tuo bisogno, è il bisogno di tutti e nessuno lo può evitare. Tutti dobbiamo sistemare i conti con l'energia che chiamiamo amore.

Dunque, ricorda questa priorità assoluta. Non puoi fraintenderla, pensando: "Se ho un sostanzioso conto in banca, delle sicurezze nel mondo, la possibilità di vivere una vita confortevole, un corpo sano, se il futuro è libero da paure e timori...".

Se lo fai, fraintenderai. E se sprecherai qualche anno dietro a questi malintesi, quegli anni saranno persi per sempre; non li potrai mai più riavere indietro. E con quegli anni, molte possibilità d'amore, molte opportunità d'amare, svaniranno.

La donna è la terra, l'uomo è radicato nella donna. Tu sei il frutto di un ventre materno, ti ha generato e, da un certo punto di vista, non ne sei mai uscito. Qualcosa di te rimane radicato lì. Da qui l'attrazione per le donne.

In realtà, la penetrazione sessuale non è altro che una ricerca, un tentativo di ritornare nel ventre. Adesso non puoi più rientrare nel ventre materno totalmente, per cui lo penetri sessualmente ma, fondamentalmente è una ricerca del ventre, una ricerca delle radici.

Se non trovi una donna in cui ti puoi sentire radicato, una donna che ti possa nutrire, soffrirai.

Soltanto con un amore che permetta quel radicamento diventerai consapevole che esistono dimensioni e reami d'amore più grandi. Ti renderai conto che le prospettive dell'amore non sono affatto confinate, né si concludono con un maschio e una femmina.

L'uomo e la donna funzionano solo come delle soglie. Esistono reami e mondi e dimensioni dell'amore ben più grandi, possibilità di appagamento e pienezza sublimi.

A un certo punto, ci si ritrova alla ricerca del divino che è l'esistenza. Ci si innamora di un nuovo amore: l'amore per l'ignoto, l'amore per la madre suprema, l'amore per l'oggetto d'amore assoluto.

Ma il primo bagliore di tutto questo giunge grazie all'amore umano.

Dunque, vivi la tua quotidianità, ma non dimenticare mai queste prospettive.

Ricorda che non esiste alcuna sicurezza, all'infuori dell'amore; e qualsiasi cosa tu stia cercando altrove, è una ricerca vana.

Continua dunque a meditare e permetti all'amore di accadere... non occorre altro.

Si deve semplicemente permettere che accada... e così si ritorna a casa.

Profilo dell'Autore
Osho: chi sei?

Osho è un mistico contemporaneo che al risveglio della consapevolezza ha dedicato la propria esistenza, chiarendo che il suo lavoro ha lo scopo di aiutare a porre basi reali per la nascita di un nuovo tipo di umanità, un essere umano che ha definito "Zorba il Buddha": un individuo in grado di godere sia dei piaceri terreni come uno Zorba il Greco – il personaggio creato da Nikos Kazantzakis – sia della serenità silenziosa propria di un Gautama il Buddha.

La sua è una proposta esistenziale che si fonda sulla sperimentazione, il solo modo per cogliere la vera essenza dietro alle parole. In questo senso, l'invito al risveglio è sempre stato accompagnato da suggerimenti pratici, che tengono conto del particolare equilibrio dell'uomo di oggi e del diverso ritmo della vita. Da qui il successo del suo rivoluzionario contributo alla scienza della trasformazione interiore: le tecniche di Meditazione Attiva – le OSHO® Active Meditations™ – da lui create rimangono uniche e risolutive, in quanto si fondano su una comprensione essenziale che fa la differenza. Come spiegato nel testo, è fondamentale iniziare alleggerendosi dalle tensioni, dalle repressioni e liberarsi da qualsiasi stress fisico e mentale, se si vuole facilitare – o addirittura rendere possibile – l'esperienza dell'assenza di pensiero e l'immersione nello stato di quiete proprio alla meditazione.

A voler ben vedere, ciò che Osho suggerisce è qualcosa di ben più ampio di un semplice adattamento alla normale routine quotidiana, magari arricchito da un po' di quiete interiore... come spiega in questa intervista...

Lo stile di vita che proponi assomiglia a una rivoluzione permanente, a un perenne mutamento. Vorrei chiederti: nella tua visione esiste un nucleo immutabile?

Sì, la mia consapevolezza, la mia presenza consapevole. Ma quella non puoi trovarla nei libri, puoi trovarla soltanto in te stesso.

Io sono assolutamente allerta, presente e attento. Tutto ciò che dico non lo dico in base a qualche dogma e nemmeno si fonda su una mia filosofia, costruita e consolidata fino a questo istante.

No, io *rispondo* semplicemente a questo momento, a te; e in questo momento non mi interessa nient'altro. Sono un uomo che vive momento per momento e qualsiasi cosa accada nel momento mi trova pronto, disponibile.

Sbaglio se cerco di descrivere il nucleo della tua visione come celebrazione della vita?

No, quella è solo una conseguenza. Il nucleo è la consapevolezza, consapevolezza assoluta. Da questa scaturiranno molte cose: la celebrazione della vita, l'amore, le risate. Nasceranno un'infinità di rami e tantissimi fiori, ma il nucleo resta la consapevolezza: è la sola cosa che non ho mai contraddetto, per tutta la vita. Non posso, perché tutto ciò che ho detto l'ho detto in piena consapevolezza... ma era la consapevolezza *di quel momento*!

Per esempio posso innamorarmi di una donna e in quel momento posso dirle che l'amerò per sempre e non sto mentendo, non la sto ingannando: è la mia risposta a quel momento e mi è assolutamente chiara. Ma questo non significa che domani non cambierò, non sto dicendo che non cambierò mai, sto semplicemente affermando la mia risposta a questo momento: nessuno sa cosa accadrà nel momento seguente e io non mi ritroverò mai incatenato al mio stesso passato.

Quindi il mio approccio è continuare a morire al passato in modo da poter essere vivo nel nuovo momento che sta arrivando: morte al passato e vita al presente. E il futuro arriverà come presente, mai come passato.

Questo significa, credo, cercare di vivere senza tradizioni.

Certamente.

L'idea che hai esposto – vivere nella pienezza della tua consapevolezza e in questo momento, quieora – non è anch'essa un prodotto della tradizione?

No, perché nessuno l'ha mai detto prima; non esiste alcuna tradizione basata su questa idea. Il Buddha era molto coerente: in quarantadue anni di insegnamenti non troverai una singola contraddizione. In Maometto non troverai mai una contraddizione, neppure in Gesù troverai mai una contraddizione. Queste persone hanno vissuto seguendo determinati dogmi, erano prigioniere.

Io sono un uccello libero, senza alcuna gabbia a costringermi. E voglio distruggere tutte le gabbie, per tutti quanti, in modo che il cielo intero possa essere vostro. A volte è un'alba, a volte è un tramonto, a volte è giorno, a volte è notte... le cose continuano a cambiare nell'esistenza e un uomo di consapevolezza resta in armonia con l'esistenza, con il flusso continuo dell'esistenza. Le mie affermazioni del passato sono morte così come è morto ciò che io ero in passato.

Definiresti "sonno" ciò che normalmente la società considera salute mentale, normalità?

La società di oggi è ritardata, la sua età mentale è al di sotto dei tredici anni, è peggio che addormentata. Cosa puoi aspettarti da un uomo di settant'anni che ha l'intelligenza limitata di un ragazzo di tredici anni? La distanza tra la sua intelligenza e la sua vita è enorme! Questo è sonno.

La persona risvegliata si muove come un'unità organica: insieme alla sua età fisica anche l'età mentale continua a crescere e con la sua età mentale anche la sua consapevolezza spirituale continua a crescere. Soltanto se una persona continua davvero a crescere – *simultaneamente*, a tutti i livelli della vita –, solo allora, un giorno diventa un maestro perfetto. Altrimenti i cosiddetti maestri, sono maestri solo per i ritardati... i cosiddetti santi, santi per ritardati! E nessuno vuole – né i vostri politici, né i vostri preti –, proprio *nessuno* vuole che l'uomo sia intelligente, perché è contro gli interessi costituiti. Un uomo intelligente non può essere cattolico, un uomo intelligente non può credere nei confini delle nazioni, un uomo intelligente non può concepire che il colore della pelle – bianca o nera – possa fare qualche differenza. Un uomo intelligente avrà una visione della vita totalmente diversa.

Gli interessi costituiti non possono permettere alla terra di risvegliarsi. Prima che questo accada sono pronti a distruggerla con le armi nucleari, è una terribile calamità. Per me il vero problema non è la distruzione della vita, il vero problema è che l'uomo sta toccando il punto in cui migliaia di persone possono illuminarsi e i politici si stanno preparando a distruggere questo splendido pianeta vivente.

Vuoi dire che tra i ricercatori del Vero che si accompagnano a te, si trovano queste migliaia di persone che possono illuminarsi?

Molti non sono nemmeno ricercatori del Vero, eppure si possono illuminare. L'uomo ha raggiunto una certa maturità... ci sono persone che sono potenziali ricercatori, proprio come lo sei tu... Tutto dipende dal tuo coraggio! Di fronte a me vedo un uomo intelligente, in grado di comprendere che vorrebbe veder fiorire la sua consapevolezza al massimo.

Capisco, ma sarebbe per me un salto nel buio, puntare alla cieca.

Ogni ricerca è un salto nel buio. Coloro che hanno paura di scommettere al buio restano bloccati e affamati, non crescono mai. Si deve correre il rischio, bisogna scommettere tutto quanto e da ciò che ho visto, chi ha corso rischi non è mai stato un perdente; e io non gioco mai a essere perdente, in nessun modo. Tutto ciò che posso dire alla mia gente è: "Scommettete il tutto per tutto"; posso dirlo con certezza, categoricamente, perché so che se saranno capaci di scommettere e rischiare, rinasceranno.

> Si narra un'antica storia... un uomo stava viaggiando e si perse di notte, in montagna. Era veramente spaventato, solo; il posto gli era sconosciuto, aveva smarrito la strada, non c'era luce. Fin dove riusciva a vedere non c'erano villaggi, neanche il chiarore di una lampada. Ma continuò a cercare la sua strada, finché scivolò in un crepaccio e rimase lì appeso, aggrappato alle radici di un albero.
> La notte era sempre più fredda e quell'uomo sapeva che presto non sarebbe stato più in grado di tenersi alle radici, le sue mani si stavano congelando, la morte era vicina. Si guardò intorno e vide solo un buio abissale, sapeva che al di sotto di quella montagna c'era soltanto una valle profonda... non c'era possibilità di sopravvivenza.
> Alla fine le sue mani iniziarono a scivolare e non c'era modo di impedirlo. Ma lo attendeva una grande sorpresa. Quando le sue mani persero la presa, pensò: "Ecco, questo è l'ultimo istante della mia vita" e pregò il dio in cui credeva... la radice gli sfuggì e si ritrovò in piedi sul terreno. Non c'era mai stato alcun pericolo e aveva sofferto tutta la notte! Cominciava ad albeggiare e riusciva ormai a vedere; e la cosa strana era questa: si era ritrovato in piedi sul sentiero sottostante!

Il rischio esiste, ma io conosco il sentiero, so che se sei pronto a mollare la presa... ti ritroverai immediatamente su un terreno libero, sulla Via. Non perderai nulla. Questa è la funzione del maestro.

La funzione del maestro non è darti un credo o una filosofia; la sua funzione è darti fiducia in te stesso, trasformarti da uomo d'affari in un giocatore d'azzardo.

Per approfondimenti biografici vedi:

Una vertigine chiamata vita, Mondadori
Bagliori di un'infanzia dorata, Edizioni Mediterranee

Per approfondire

"Per ciò che concerne la tua vita, non hai bisogno di istruzioni da nessuno; tuttavia si deve fare una cosa: devi entrare dentro di te e immergerti nel tuo essere. In questo modo puoi udire la piccola e sottile voce interiore. Una volta udita, quando sai che è possibile sentirla, tutta la tua vita è trasformata. A quel punto, tutto ciò che fai è la cosa giusta.

Socrate dice che la conoscenza è virtù; ma con questo non intende il sapere, la cultura; si tratta di intuizione, di percezione. La sua massima – 'conosci te stesso' – ha un significato fondamentale: la conoscenza intuitiva è virtù; perché l'essere umano che basa la sua conoscenza sull'intuizione, l'uomo in grado di udire la propria essenza più intima, sarà inevitabilmente virtuoso, non potrà mai essere malvagio.

È inevitabile: una volta udita quella piccola voce silente, non potrai mai andare contro ciò che suggerisce; e questo perché nessuno può essere così sciocco, è inimmaginabile!

Dunque, tutto il mio sforzo – e questo è sempre stato lo sforzo di tutti i maestri: il Buddha, Gesù, Zarathustra – è aiutarti ad ascoltare il tuo stesso centro. Io non ti do alcuna disciplina, mi limito ad aiutarti ad ascoltare il tuo stesso centro e poi a seguire il tuo cuore.

Quella sarà la tua virtù, quello sarà il tuo carattere reale, quella è vera moralità. Ma tutto questo affiora dai tuoi

recessi più intimi e segreti; dall'esterno non sussiste alcuna imposizione."
Osho

Come molti percorsi di risveglio esistiti in passato, Osho suggerisce un viaggio che prevede, quale primo passo, ripulire il sentiero che conduce a se stessi. Negletto, ignorato, abusato, quel sentiero comunque esiste ed è sufficiente liberarlo da quanto lo ostruisce, per ritrovare la via di casa.

In questo senso, va compreso l'invito di Osho a iniziare il viaggio interiore utilizzando tecniche di meditazione di tipo dinamico – le OSHO® Active Meditations™ –, che permettono di equilibrare il peso delle tensioni e delle repressioni che accompagnano la nostra vita, così da avvicinare la dimensione interiore liberi da oppressioni, inibizioni, tensioni, pesi o gravami inutili.

Queste tecniche, ideate da Osho, sono quanto di più attuale perché prendono in considerazione la struttura psicologica dell'uomo moderno, la sua corazza caratteriale, le sue difese e quant'altro costituisce il disagio della civiltà con il quale tutti oggigiorno ci troviamo a confronto.

Per ulteriori approfondimenti, si veda *Cogli l'attimo* – l'opera di Osho edita da Feltrinelli che rappresenta l'ideale complemento di questo libro.

Tutte le Meditazioni Attive sono accompagnate da musiche che ne scandiscono le diverse fasi. Per informazioni o per ordinarle, scrivere a:

Associazione Oshoba
Via Morazzone 5
21049 Tradate (Varese)
Tel. & Fax: 0331.810.042
info@osho.it

Questi metodi possono anche essere sperimentati da subito, connettendosi in rete al sito **osho.com** – basta sottoscrivere un abbonamento "free" per accedere alla sezione **Imeditate**. Qui si possono provare alcune delle quattro

Tecniche Attive primarie, ciascuna introdotta da un video e accompagnata dalla musica specifica che ne scandisce le diverse fasi: non hai bisogno d'altro, per immergerti nelle profondità del tuo essere! Se poi decidi di meditare con continuità, puoi abbonarti con la formula "all access" e utilizzare questo servizio a piacere.

Inoltre, fare pratica delle Meditazioni Attive di Osho e avvicinare il percorso di risveglio che questo maestro ha attivato, risulta più semplice se facilitato da persone che già si sono inoltrate lungo questo sentiero di ricerca interiore. Per corrispondere a questa esigenza, in Italia si organizzano eventi e campi di meditazione in cui è possibile fare esperienze dirette della propria dimensione interiore. Per informazioni contattare: **info@osho.it**

Per acquisire un'esperienza globale nuova e di trasformazione, consigliamo il ricercatore attento di compiere un viaggio a Pune, in India, e visitare il Resort internazionale di meditazione che alla visione di Osho si ispira. Qui si possono sperimentare alcuni processi "meditativo terapeutici" davvero rivoluzionari, messi a punto da Osho per scuoterci e liberarci da comportamenti e abitudini che contribuiscono a inibire l'intima connessione con la propria essenza, in quanto frenano il libero fluire della nostra energia vitale: *Mystic Rose*, *No-mind* e *Born Again*, descritti in un testo introduttivo: *Meditazione: la Soglia Interiore*.

Non solo: in questo contesto è anche possibile meditare in un'atmosfera che Osho ha descritto come "un campo di energia del tutto particolare in cui il Buddha presente dentro di te può giungere a completa maturazione e fiorire". Qualcosa che può fare la differenza; infatti, un'esperienza di meditazione vissuta all'interno di un ambiente in cui il centro dell'essere è reso prioritario, rispetto alla sfera del mondo e dell'azione, può cristallizzare qualcosa di prezioso e impagabile, soprattutto se sostenuta dalla presenza di altri ricercatori, riunitisi con la stessa intenzione. Osho ha infatti chiarito che: "Da solo non puoi elevarti più di tanto. Da solo, sei semplicemente solo: hai ogni sorta di limite.

Quando sei insieme a molti altri ricercatori, entri in contatto con un'energia sconfinata. Allora iniziano ad accadere cose che in solitudine non potranno mai accadere".

Se si desidera visitare il Resort di Pune, per informazioni contattare:
Osho International Meditation Resort
17 Koregaon Park, Pune 411001 (MS), India
resortinfo@osho.net

Trovi tutti i programmi, in particolare la nuova opzione "due settimane di esperienza", e le diverse proposte di soggiorno su: **osho.com/livingin**

E Osho ha anche spiegato il senso di meditare insieme ad altri ricercatori, chiarendo: "Un meditatore ha bisogno soltanto di una cosa: l'atmosfera della meditazione. Ha bisogno di altri meditatori, dev'essere circondato da altri meditatori. Perché qualunque cosa sta accadendo nel nostro intimo non è soltanto dentro di noi, si riflette nelle persone che sono vicine".

Un messaggio che migliaia di persone nel mondo hanno recepito e che ha portato a creare decine di Centri di Meditazione e diversi Istituti di Terapia Spirituale aperti a chiunque desideri connettersi ed evolvere le proprie potenzialità. In Italia, in particolare, sono più di cinquanta le realtà che alla visione di Osho si ispirano. Ognuna, nella sua peculiarità, ha messo a fuoco e a frutto l'aspetto a essa più consono di una visione che abbraccia, in verità, la totalità dell'esistenza; e ciascuno può dunque scegliere, nel caso, il contesto che ritiene più in risonanza con lo spirito della propria ricerca.

Ricerca che si nutre anche delle intuizioni che Osho condivide nei suoi discorsi, raccolti in più di 700 volumi. In italiano sono più di 200 le opere disponibili. E diversi dei contenuti tracciati in questo libro sono approfonditi altrove.

Quanti fossero interessati possono rivolgersi all'Associazione Oshoba per ricevere informazione su libri, dvd, Mp3 su cui sono digitalizzati centinaia di discorsi di Osho.

In effetti, tutti i discorsi di Osho vanno al di là della semplice lettura dei libri in cui sono trascritti. E ascoltarli è un'esperienza impagabile, che può facilitare quanto suggerito nel testo come "arte dell'ascolto"; infatti, diventa possibile immergersi con incredibile facilità in uno stato di "presenza attenta, priva di qualsiasi sforzo" che in realtà è l'essenza della meditazione.

Per avvicinare a questa opportunità anche coloro che non sanno l'inglese, esistono discorsi di Osho con doppiaggio o sottotitoli: a un primo ascolto in italiano (o a una prima lettura) che permette di placare il bisogno della mente di capire, se ne può far seguire un altro in cui ci si immerge nelle parole come fossero una musica, o suoni naturali... Ben presto ci si ritroverà in una sottile dimensione al di là delle parole stesse, dove è il silenzio a trasmettere i veri significati e a risvegliare in noi "qualcosa" di indubitabile: la nostra radice nell'esistenza.

Su **osho.com/guarda** trovi un'intera sezione gratuita di anteprime, ma puoi anche sottoscrivere un abbonamento "premium" alla **Osho.tv** che ti permette di vedere discorsi video completi, proposti e rinnovati con regolarità. Quasi tutti i filmati sono sottotitolati in italiano.

Su YouTube esiste poi una nutrita selezione di video sottotitolati.

Per la playlist italiana, digita: **http://goo.gl/PqKaY**

Per informazioni, per conoscere meglio la visione di Osho e il suo lavoro, per qualsiasi aggiornamento in tempo reale o novità, consultare: **osho.com**

Questo sito multilingue, con una sezione anche in italiano, include un tour virtuale del Resort di Meditazione di Pune, il calendario dei corsi, l'elenco dei centri di Osho in tutto il mondo e decine di pagine con selezioni dei suoi discorsi sulle tematiche di maggior attualità.

Inoltre, nella sezione *library* è possibile consultare gratuitamente più di trecento raccolte di discorsi di Osho in inglese.

Registrandosi, si può ricevere una newsletter (anche in italiano) che aggiorna sulle novità del Meditation Resort e del "mondo di Osho".

Per una visione di insieme delle realtà on line connesse alla visione di Osho, visita: **osho.com/tuttosho**

Su Facebook, in sincronia con il sito **osho.it** è attiva una comunità virtuale di ricercatori con cui condividere intuizioni che aiutino lungo il sentiero cui la vita ci invita.

Puoi seguirci alla pagina di **Osho Italia** oppure visitando il sito web: **osho.it**.

Su questo sito esistono alcune sezioni che offrono ampliamenti e approfondimenti di quanto offerto come tracce di base nel testo. Per eventuali dubbi o specifiche domande, potete scriverci: **info@osho.it**

Le attività di meditazione e di ricerca suggerite nel testo possono anche essere approfondite a OSHO Miasto, in Europa il più grande Istituto per la Meditazione e la Crescita Spirituale ispirato alla visione di Osho. Situato nella quiete e nella bellezza delle colline senesi, Miasto offre un vasto programma di meditazioni quotidiane, gruppi di crescita, percorsi antistress – anche in acqua calda – e altre attività mirate allo sviluppo del proprio benessere.

Il programma annuale delle attività può essere richiesto a:
Istituto Osho Miasto
tel. 0577 960124 – **oshomiasto@oshomiasto.it**
oppure consultato on line: **oshomiasto.it**

Questo libro è nato grazie alla collaborazione con diverse persone che da anni conducono seminari e gruppi di crescita personali, facilitando la presa di coscienza delle potenzialità individuali e delle risorse interiori.

In particolare si ringrazia Leela Waduda per i suoi suggerimenti sul rispetto, la fiducia e il coraggio. Chi volesse avventurarsi alla riscoperta di sé, fondamentale per una vita di piena realizzazione e per una relazione sana, troverà un utile sostegno nel percorso da lei proposto insieme ai suoi partner, Alvina e Prasad, presso l'Istituto Osho Miasto.

E si ringrazia Shanti Yuki Abragams per gli approfondimenti sui diversi processi emozionali, fattori importanti che necessitano di un'attenzione più profonda e di uno specifico allenamento, e per le condivisioni sull'ascolto e la dignità; e soprattutto per gli spunti frutto del suo lavoro, nel quale accompagna le persone a riconoscere i propri punti di forza, le qualità, e ad accettare le fragilità per ritrovare la propria integrità.

Yuki ha fondato la scuola Artista di Vita®, un percorso di consapevolezza verso l'armonia. Un processo da lei descritto così: "Riconnettersi all'amore, ritrovare dentro di sé la fiducia e la gratitudine sono una delle chiavi verso la guarigione, l'essere naturali e la gioia alla vita; così si recupera l'autostima, la dignità, il rispetto, la leggerezza, si esce dall'isolamento, l'essere fiorisce e ci sentiamo parte dell'esistenza".

Se sei interessato, la si può contattare al suo indirizzo mail: shanti.yuki@alice.it

Indice

7 Premessa dell'Autore. *Risvegliarsi all'amore*
17 **Prendi contatto con la tua confusione**

21 Prefazione. *Destinazione infinito, quieora!*
   di Anand Videha
35 **Avvertenza e dichiarazione di non responsabilità**

37 Come usare questo libro
39 *Un primo esperimento*
40 *Sull'utilizzo delle tecniche*
40 *Il percorso suggerito*
41 *È nel viaggio la meta!*

45 Prologo dell'Autore. *Tracce d'amore*
46 **Ascolta con il cuore**
48 *Una meditazione per immergersi nella quiete*
49 **La chiave universale**
50 **Un errore di fondo**
51 **Il fiume dell'amore ti attende**
52 **Amore e beatitudine**
53 **Beatitudine: la nostra vera natura**
54 **Lo sforzo non è tutto: dai spazio alla ricettività**
55 **Se vuoi conoscerti, sperimenta!**
56 **Il coraggio di abbandonare i sogni**

61	Parte prima. Amico di te stesso
63	**Amarsi e rispettarsi**
67	1. Riconoscere: vedere ciò che si è e dove si è
67	**Il volto e la maschera**
75	**Dare il giusto spazio alle emozioni negative**
77	**Fare le boccacce allo specchio**
80	**Liberarsi dal vulcano interiore**
82	*Metodi nuovi per esseri umani nuovi e diversi*
89	2. Accettare se stessi e la realtà della vita
94	**Ciò che è frivolo è profondo**
100	**Il respiro è il ponte e la via alla vita**
103	*Armonizzare il respiro*
108	*L'accettazione in tutte le sue colorazioni*
108	*Un cambio di prospettiva*
110	*Visualizza la beatitudine come un'onda bianca*
111	*Perché tanta fiducia nella sfiducia?*
112	*Attaccamento: liberatene, se vuoi goderti la vita*
113	*Riconosciti come il più piccolo di ciò che è piccolo*
113	*Contempla le potenzialità dell'amore*
115	*Non reprimere, non negare...*
116	3. Affronta i tuoi demoni
116	**Faccia a faccia con la paura**
121	**Gestire la paura**
121	*Immergiti nella paura*
122	*Un'altra prospettiva: muoviti e agisci malgrado le tue paure*
124	*E ricorda sempre: non identificarti!*
125	**Gestire la rabbia e altri elementi negativi**
133	**Trova la tua voce interiore**
133	*Coltiva l'arte dell'ascolto*
135	*Attiva la voce della tua essenza*
136	*La tecnica per coltivare la propria voce interiore*

139	Parte seconda. L'altro: quell'inferno sei tu!
141	**Stai *vivendo* l'uomo sbagliato**
147	1. Coltiva le tue qualità essenziali
148	**La forza e la debolezza**
150	**Coltiva l'arte di osservare**
151	***...e nel frattempo, valorizza il tuo tesoro nascosto***
154	**Coltiva l'arte dell'ascolto**
155	***...e non scordare il coraggio dell'istante***
156	**Allontana l'ambizione dalla tua vita**
157	***...e coltiva le tue qualità femminili***
158	**Coltiva la solitudine**
159	**Coltiva l'arte di rilassarti**
162	***...e rilassati!***
165	2. Metti a fuoco i tuoi lati oscuri: tu sei il tuo primo nemico!
168	**Accetta il ritmo naturale delle cose**
171	3. Vertigini di fronte a vette abissali
171	**L'amore è una crescita**
177	**Innamorati dell'ignoto**
179	**La sorgente di ogni chiarezza**
180	4. Il corpo e i sensi: non farne un problema!
180	**Giocare con il corpo**
184	**Giocare con i sensi**
186	*Connettersi con i sensi...*
188	*Guarda come se fosse la prima volta*
190	*Amplifica i sensi interiormente*
192	5. Il tuo vero destino: suggerimenti per una vita reale
193	**Estasi e Beatitudine**
195	**L'esistenza ti ama**
196	**Essere degni, sentirsi indegni**
197	**Aprirsi all'amore: il dono dell'esistenza**
198	**Sperimentati in quanto "essenza"**
198	**Un destino da realizzare**
200	**Signore di te stesso**

201   Parte terza. Di fronte all'ignoto
203   **Una divina avventura**

205   1. Vita nascente
205   **La promessa dell'amore**
206   *Vacuità: il frutto della meditazione*
207   **L'amore ha un significato? Quale?**
212   **Amore sacro**
213   **Quel bagliore sei tu, è la tua essenza!**
214   **Che uso fare della propria energia?**

219   2. Risvegliare i sensi
219   **Più sei sensibile, più sei vivo e consapevole**
222   **Permetti alla tua energia vitale di diffondersi nei sensi**
223   **Assapora l'esistenza**
225   **Torna a sentire**
227   *Uno sguardo consapevole è sufficiente...*
228   *Ascolta senza la testa*
229   *Amplifica l'ascolto e l'osservazione...*
230   *Raffina l'olfatto*
230   *Allenati a toccare con il cuore*
230   *Assaporare è un'arte*

233   3. Rigenerarsi, ricrearsi, amarsi, nutrirsi
235   **Coltivare il silenzio**
235   *Accogliere il dono*
236   *Inizia dal silenzio*
238   **Il richiamo della natura**
240   *Vivi nella tua foresta interiore*
241   *Durante la gravidanza stai nella natura*
241   **Scegli e privilegia i momenti di beatitudine**

243   4. Le sfumature del desiderio
244   **Il desiderio è un'opportunità per comprendere**
247   **La natura del desiderio**
250   *Allenati e coltiva l'arte di osservare*
253   **Desiderio di totalità**

254 Non lasciarti dominare dai desideri
255 Al di là del desiderio: la beatitudine

257 Parte quarta. Amore consapevole

263 1. Consapevolezza: la marcia in più
263 **Il viaggio verso casa**
264 *Allenati a sentire la fragranza*
265 *Un semplice esistere quieora*
265 *Il paradiso è uno spazio interiore*
266 *Rompere il sonno della coscienza*
267 **Il male più grande: l'identificazione**
271 **Coltivare la consapevolezza**
274 **Comprensione: una parola chiave... da comprendere!**

280 2. Ascoltarsi e comprendersi
281 **Non occorre fare nulla... un puro e semplice ascolto**
283 **Impara ad ascoltarti**
286 **Usa la musica per raffinare l'ascolto**
287 **Esercitati ad ascoltare le persone**

295 3. Svettare in amore
296 **Amore: un'alchimia che accade**
298 **Amore: istruzioni per l'uso**
302 **Conviene far bene l'amore**
308 **Fai dell'amore un'esperienza sacra**

310 4. Amarsi oltre
312 **Incamminarsi verso la consapevolezza**
315 **L'oceano dell'amore**
316 **Occorre creare il proprio sentiero, unico e inimitabile**
317 **L'intero pellegrinaggio della vita è tutto qui**
318 **L'intera esistenza è colma d'amore**
318 **Via dalla pazza folla!**
319 **Permetti al tuo amore...**

321 Commiato. *Per un nuovo inizio*
321 **Il bisogno reale**

324 Profilo dell'Autore. *Osho: chi sei?*

330 Per approfondire